高等继续教育财经专业精品教材系列　　　财智睿读

微观经济学
Microeconomics（第二版）

张远超　张亦工　周广艳　韩庆华　主编

中国财经出版传媒集团
经济科学出版社
Economic Science Press

图书在版编目（CIP）数据

微观经济学/张远超等主编．—2版．—北京：
经济科学出版社，2022.2（2023.12重印）
高等继续教育财经专业精品教材系列
ISBN 978-7-5218-3431-4

Ⅰ.①微… Ⅱ.①张… Ⅲ.①微观经济学 - 成人高等教育 - 教材 Ⅳ.①F016

中国版本图书馆 CIP 数据核字（2022）第 024079 号

责任编辑：于　源　陈　晨
责任校对：杨　海
责任印制：范　艳

微观经济学

（第二版）

张远超　张亦工　周广艳　韩庆华　主编
经济科学出版社出版、发行　新华书店经销
社址：北京市海淀区阜成路甲 28 号　邮编：100142
总编部电话：010 - 88191217　发行部电话：010 - 88191522
网址：www.esp.com.cn
电子邮箱：esp@esp.com.cn
天猫网店：经济科学出版社旗舰店
网址：http://jjkxcbs.tmall.com
北京密兴印刷有限公司印装
787×1092　16 开　18.75 印张　310000 字
2022 年 2 月第 2 版　2023 年 12 月第 2 次印刷
印数：20001—22751 册
ISBN 978-7-5218-3431-4　定价：36.00 元
(图书出现印装问题，本社负责调换。电话：010 - 88191510)
(版权所有　侵权必究　打击盗版　举报热线：010 - 88191661
QQ：2242791300　营销中心电话：010 - 88191537
电子邮箱：dbts@esp.com.cn)

前　言

在习近平新时代中国特色社会主义思想指导下，为贯彻落实党中央制定的科教兴国、人才强国战略以及党的十九大提出的"办好继续教育"的要求，推动高等继续教育提质增效，内涵式发展，同时也为了适应互联网技术快速发展带来的教育领域教学模式和学习方式的新变化，山东财经大学在原有成人高等教育财经专业精品教材系列的基础上，重新组织编写制作了新的高等继续教育财经专业精品教材系列。

该系列教材的编写制作，在内容上紧扣财经类专业课程设置和教学大纲，科学、系统地涵盖了专业教学的基本内容，适用于经济、管理学科，尤其是经济学、会计学、金融学和工商管理等专业高等继续教育的教学，对指导和帮助学生获取专业基础知识和基本技能具有较强的针对性；在形式上，注重突破传统纸媒局限，将课程内容中的重点、难点等用微课的形式加以呈现，实现教师授课"一扫即现"，知识点讲解深入浅出，满足学生在学习传统网络课程的基础上利用互联网进行移动学习、远程学习、在线学习等信息化学习需求，为学生提供更直观、更便捷的学习方式。

另外，这套教材的作者都是多年从事一线教学的教师，经验丰富，了解学生的学习特点和需求，在篇章安排及体例设计方面融合了国内外相应领域优秀教材的编写方法，每章开头提示"本章要点"，结束进行"本章小结"，前后呼应，并根据章节重点内容设计相应的练习题，对知识点加以巩固，符合学生学习的认知规律。该系列教材在使用范围和地域上，具有广泛的适应性。

《微观经济学》是高等继续教育财经专业精品系列教材之一。本书在编写时力图准确、简练、系统地阐述现代经济学的基本理论和方法，培养学生用现代经济学的常用方法和工具分析现实经济问题的能力。

本书有以下几个特点：

第一，力求把基本原理讲清楚，尽量避免使用复杂的数学工具，主要运用初等数学方法。较难的高等数理推导部分则以例题形式标注，对于没有接受系统数理方面训练的学生来说，略去这部分内容，并不影响对基本原理的了解和掌握。

第二，针对成人教育的特点，将不确定性分析、博弈论、信息经济学等现代微观经济学理论的新发展给予简明介绍。

第三，注重理论联系现实。运用基本原理分析现实与政策，以培养学生运用所学知识和技巧解决实际问题的能力。

第四，为方便自学，每章后面均以"本章小结"形式概括这一章的关键要点。每章的复习思考题都做了相应调整，这些习题可以帮助学生巩固和加深对所学内容的理解，避免死记硬背。

本书第1章和第2章介绍经济学的基本概念和方法，第3章分析消费者的行为和需求，第4章和第5章则讨论生产者行为理论，第6、第7、第8章进行市场结构分析，第9章研究要素的需求与供给，第10章介绍一般均衡和福利经济学，第11章讨论市场失灵问题。

本教材由山东财经大学张远超教授、张亦工教授、周广艳副教授、韩庆华教授拟定大纲并编写，张远超撰写第1、2、3、10、11章，张亦工撰写第4、5、6章，周广艳撰写第7章，韩庆华撰写第8、9章，全书由张远超教授修改定稿。

在本教材的编写过程中，我们参考了大量国内外已有的研究成果，得到了不少同仁的热情支持和帮助。在此表示衷心感谢。当然，书中出现的一切疏漏和不足由我们负责，期待读者批评指正。

编者

2021年10月

目 录

第1章　导论 ·· 1
　1.1　经济学的基本问题 ··· 1
　1.2　经济学的研究方法 ··· 5
　1.3　微观经济学 ·· 9
　本章小结 ·· 11
　关键概念 ·· 11
　复习思考题 ·· 12

第2章　需求、供给与均衡价格 ·· 13
　2.1　需求 ·· 13
　2.2　供给 ·· 18
　2.3　均衡价格 ·· 22
　2.4　需求弹性与供给弹性 ·· 27
　2.5　价格管制与税收 ·· 37
　本章小结 ·· 43
　关键概念 ·· 44
　复习思考题 ··· 44

第3章　消费者行为理论 ·· 46
　3.1　基数效用论 ·· 46
　3.2　消费者偏好 ·· 53
　3.3　预算约束 ·· 61
　3.4　消费者最优选择 ··· 63
　3.5　收入、价格的变动与需求 ······································ 67
　3.6　替代效应与收入效应 ··· 71
　3.7　不确定性下的消费者选择 ······································ 77

本章小结 ··· 85
关键概念 ··· 86
复习思考题 ··· 86

第4章 生产理论 ··· 88

4.1 生产函数 ·· 88
4.2 短期生产函数 ·· 91
4.3 长期生产函数 ·· 96
4.4 最优投入组合 ·· 104
4.5 企业的本质 ·· 109
本章小结 ·· 111
关键概念 ·· 112
复习思考题 ··· 112

第5章 成本理论 ··· 114

5.1 成本的含义 ·· 114
5.2 短期成本函数 ·· 116
5.3 长期成本函数 ·· 120
本章小结 ·· 129
关键概念 ·· 129
复习思考题 ··· 129

第6章 完全竞争市场 ····································· 130

6.1 完全竞争市场的特征 ··· 130
6.2 完全竞争市场的短期均衡 ·································· 135
6.3 完全竞争市场的长期均衡 ·································· 141
6.4 完全竞争市场的经济效率 ·································· 147
本章小结 ·· 150
关键概念 ·· 151
复习思考题 ··· 151

第7章 完全垄断市场 ····································· 153

7.1 完全垄断的特点 ··· 153
7.2 垄断厂商的短期和长期均衡 ······························ 158
7.3 价格歧视 ·· 161
7.4 完全垄断市场的经济效率 ·································· 167

本章小结 …………………………………………………… 171
　　关键概念 …………………………………………………… 171
　　复习思考题 ………………………………………………… 171

第8章　垄断竞争与寡头垄断 ……………………………… 173
　　8.1　垄断竞争 ……………………………………………… 173
　　8.2　寡头垄断市场 ………………………………………… 178
　　8.3　博弈论 ………………………………………………… 189
　　本章小结 …………………………………………………… 196
　　关键概念 …………………………………………………… 197
　　复习思考题 ………………………………………………… 197

第9章　要素市场的均衡 …………………………………… 199
　　9.1　竞争性要素市场 ……………………………………… 199
　　9.2　不完全竞争市场的均衡价格 ………………………… 208
　　9.3　劳动市场与均衡工资 ………………………………… 213
　　9.4　土地市场与地租 ……………………………………… 217
　　9.5　资本市场与利率 ……………………………………… 220
　　9.6　要素分配原理 ………………………………………… 226
　　本章小结 …………………………………………………… 228
　　关键概念 …………………………………………………… 229
　　复习思考题 ………………………………………………… 230

第10章　一般均衡与福利经济学 …………………………… 231
　　10.1　一般均衡 …………………………………………… 231
　　10.2　福利经济学 ………………………………………… 240
　　10.3　效率与公平 ………………………………………… 246
　　本章小结 …………………………………………………… 251
　　关键概念 …………………………………………………… 252
　　复习思考题 ………………………………………………… 252

第11章　市场失灵与公共决策 ……………………………… 253
　　11.1　信息不对称 ………………………………………… 253
　　11.2　外部性 ……………………………………………… 262
　　11.3　公共产品 …………………………………………… 270
　　本章小结 …………………………………………………… 278

关键概念 …………………………………………………… 279
复习思考题 ………………………………………………… 279

各章复习思考题答案 ……………………………………… 280
参考文献 …………………………………………………… 289

第 1 章
导　论

本章要点

◇ 了解资源配置；
◇ 理解经济模型；
◇ 理解理性人；
◇ 理解并掌握实证分析与规范分析。

经济学源于希腊文，原意是家庭管理。1776 年亚当·斯密的《国民财富的性质和原因的研究》一书的出版，标志着经济学真正成为一门独立的社会科学。阿尔弗雷德·马歇尔 1890 年出版的《经济学原理》和里昂·瓦尔拉斯 1874 年出版的《纯粹经济学要义》，将边际效用论和供求论、节欲论、生产费用论等综合起来，建立了一套完整的理论体系，构成了现代西方经济学的基础。本章简要介绍经济学的基本问题，讨论经济学的基本研究方法。

1.1　经济学的基本问题

1.1.1　稀缺性与资源配置

经济学的产生和发展源于人类社会经济活动的基本问题。人类社会产生伊始，就面临着一个基本矛盾，这就是人类需要的无限性和满足需要的物品即资源的稀缺性之间的矛盾。

需要即欲望、偏好。人类需要是指人们期望得到的东西，它包括物品、劳务以及环境。人类的需要是多样的。不同的人或同一个人在不同时期内的需要有很大的差别，有些人喜欢运动，而另一些人喜欢书籍。人类的需要又是无限的。美国心理学家马斯洛曾把人的欲望分为生理需要、安全需要、归属和爱的需要、自尊需要、自我实现需要等五个层次。这几个层次的需要由低到高，较低层次的需要总是首先得到满足，而既定需要的满足或一定程度的满足，又总是伴随着新的需要产生。人类的需要是无限多样、永无止境的。

无限多样性的需要必须靠资源所生产的物品和劳务来满足。资源分为自由资源和经济资源。自由资源是不需要任何代价就能够取得的物品，经济资源是需要付出代价才能够取得的物品。一种资源到底是自由资源还是经济资源可以通过价格来检验。自由资源的数量是无限的，取用时不需要花费任何代价，这种资源的使用价格为零。在人类经济活动中，自由资源的种类很少。历史上许多资源曾经被视为自由资源，如空气、阳光等。随着人口的增加、社会的发展和技术进步，人类的需要不断提升，自由资源的种类越来越少。空气也许取用不尽，但新鲜清洁的空气却非常有限，为了取得它，人们往往需要花费金钱或时间到未被污染的大自然中寻求满足。类似地，安静的环境曾经被视为自由资源，随着噪声污染的增加，在许多地方，安静的居住环境已成为一种奢求。

相对于人类的无限多样性需要而言，经济资源不仅数量是有限的，而且具有多种用途。某种特定的经济资源一般可以用于多种物品和劳务的生产。例如，某一块土地既可以种粮食，也可以建厂房；既可以修公路，也可以放牛羊。但是，在土地数量相对有限的情况下，用于这个方面多了，用于那个方面的就少了。如果仅用于一种用途，其他用途就必须全部放弃。这就是说，使用经济资源是要付出代价的，经济资源有一个大于零的价格。这种相对于无限多样性需要而言的资源有限性，称为稀缺性。

用于某种物品生产中的经济资源也被称为生产要素。除了时间与信息这两种重要的资源外，经济学所讨论的经济资源或生产要素一般可以分为土地、劳动、资本和企业家才能。土地，是对各种自然资源的总称；劳动，无论是体力劳动还是脑力劳动，都是人类的一种努力——人力资源；资本也叫作资本品，它是由劳动和土地生产出来，再用于生产过程的生产要素，包括机器、厂房、设备、道路、原料和存货等；企业家才能，是把其他经济资源组织起来并使之具有活力的另一种生产要素，它包括组织、经营、管理、创新、承担风险等活动。

资源的稀缺性是任何社会和任何时代都存在的一个基本事实。如何有效地利用稀缺资源以满足人类需要，就成为任何社会都共同面临的基本经济问题。由于稀缺性的存在，使得每一时期人们都必须做出选择，以决定将稀缺的资源配置于哪一类物品和劳务的生产，满足人们哪一方面的需要。归纳起来，就是回答下面三个问题：

第一，生产什么（what）？面对稀缺的经济资源，人们需要权衡各种需要的轻重缓急，确定生产什么物品，生产多少，何时生产，以满足比较强烈的需要。

第二，如何生产（how）？由于各种生产要素一般都有多种用途，各种生产要素之间也大多存在着一定的技术替代关系，所以同一种产品的生产往往可以采用多种方法，但它们的生产效率并不尽相同。经济社会必须在各种可供选择的资源组合中，选择哪一种组合是成本最低、效率最高的生产方法。

第三，为谁生产（for whom）？因为存在稀缺性，没有人能获得他想要的一切。每个社会都必须建立某种机制来为其成员分配产品。

上面三个问题被称为资源配置问题。因此，经济学就是研究人类社会如何有效地分配使用稀缺资源于各种用途，以满足社会成员多样化需要的科学。

资源配置：把稀缺的资源分配于各种可供选择的用途，以满足人们多样化的需要。

1.1.2 资源配置与经济体制

资源配置问题离不开具体的经济体制或经济制度。由于不同社会经济条件下的经济体制不同，解决选择问题的方式也就不同。

经济体制或经济制度主要是由财产权与资源配置权的性质来定义的。产权分为公共产权和私人产权。公共产权是由整个社会所拥有的，任何个人都不可能使资源仅供自己使用或支配；私人产权是指资源由私人拥有、按现有的法律供自己使用支配的权利。

资源配置权可分为"习惯"或自然、"命令"或计划、"市场"三种方法。

人们最初用来进行资源配置的方法是"习惯"。所谓习惯是指人们在社会经济活动中长期形成的，并共同接受和普遍遵守的惯例。这种惯例通常具有法律的或道德的约束力，从而成为传统社会中人们用来处理社会基本经济问题、进行资源配置时的一种方法和制度性约束。在由习惯支配的传统社会中，人们通常以家庭、部落或村庄为单位，通过世袭的分工制度来解决社会的生产和分配问题，其中"子承父业"构成了这种世袭分工制度的基本特征。在这种分工制度中，习惯作为一种稳定的社会力量保证了社会经济活动的秩序及其延续。但是，习惯在带来秩序和稳定的同时，也窒息了社会的创新。正因为如此，传统社会的生产发展极其缓慢，社会呈现出相对静止的状态，并且只能提供极其有限的物品来满足人类的需要。

资源配置的第二种方法是"命令"或计划。古埃及的法老们就是用这种方法来解决生产什么、如何生产和为谁生产等问题的。命令可能源自中央权威。在社会动荡或经济危机时期，命令方法也许是解决社会经济问题的唯一有效的方法。但是在社会经济发展的正常时期，命令方法则绝对不是解决社会经济问题的一种好方法。这是因为命令方法势必会造成经济决策权的集中和社会组织的等级制度，并导致社会经济活动服从于上层特权阶层的偏好与利益，而不利于增进社会福利的消极后果。古埃及法老们所拥有的巨额财富和人民贫困现象就足以证明这一点。

苏联、东欧国家和中国都曾实行过中央计划经济体制。这种经济的主要特征是资源配置权实行中央集权制，政府通过计划决定生产什么、怎样生产和为谁生产。个人和企业都必须按照国家经济计划进行他们的活动。实践证明，在这种计划体制下，资源配置效率较低。

资源配置的第三种方法是"市场"。市场的概念不仅仅局限于买卖双方在一起交换物品这种传统村镇市场，而是包括任何进行交易的场合。在市场经济中，生产什么、如何生产和为谁生产的问题主要是由一种竞争的价格机制来决定的。国家在市场经济中的作用非常有限。消费者、生产者和要素所有者拥有充分的自由选择权，他们从各自的经济利益出发，分散地、个别地进行经济决策，并通过市场交换和竞争达到他们的目的、调整他们的行为。与传统社会的习惯和命令方法相比，市场方法在发展经济和提高资源配置效率方面显示出了巨大的优越性。

但是，市场经济不是万能的，市场机制存在着缺陷，即存在着所谓"市场失灵"的现象。比如，竞争的压力造成环境的污染和恶化；竞争的不完全性或垄断所造成的效率的降低，国防、治安和义务教育等公共物品不会在供求作用下生产出来等。

当前世界上许多国家的经济体制都是市场与计划不同程度的结合，西方经济学家把这种经济体制称为"混合经济"。许多过去采用计划经济体制的国家纷纷转向市场经济。也就是说，现在世界上绝大多数国家采取的是有国家宏观调控的市场经济体制。本书所介绍的微观经济学，就是研究在市场经济体制下，稀缺资源配置的科学。

1.2 经济学的研究方法

1.2.1 经济模型

如同任何一门学科一样，经济学对经济现象的解释和预测是通过构建理论模型实现的。经济模型是用来描述与研究对象有关的经济变量之间相互关系的理论结构。任何经济现象都是由许多复杂的因素和变量决定的，通过对具体事件的抽象化，我们有意识地略去那些对所要了解的现象无必要联系的细节，才能集中精力去关注真正的要素。一般来说，我们要采用的是最简单的并且能够描绘出正在考察的经济状况的模型。在这个基础上，可以逐渐加进已经抽象掉的因素，考察这些因素加入后所产生的影响，使模型变得更为复杂，同时也更符合实际。

一个完整的经济理论模型包括定义、假设、假说、检验和预测。

定义是对经济学研究的各种变量所规定的明确含义。变量是一些可以取不同数值的量，在经济分析中常用的变量有内生变量与外生变量、存量与流量。内生变量是一种理论内所要解释的变量，外生变量是一种理论内影响其他变量，但本身由该理论外的因素所决定的变量。存量是指一定时点上存在的变量的数值。其数值大小与时间维度无关，例如，在某一时点上一国的人口量、货币供给量。流量指一定时期内发生的变量的数值。其数值大小与时间维度相关，例如在一年内某国的人口出生量。

假设是某一理论所适用的条件。因为任何理论都是有条件的、相对的，所以在理论的形成中假设非常重要。经济学家在分析问题时特别重视假设条件。离开了一定的假设条件，分析与结论都是毫无意义的。在形成理论时，所假设的某些条件往往并不完全符合现实，但没有这些假设就很难得出正确的结论。例如，在物理学中，牛顿揭示的物质机械运动的力学三大定律就是以无摩擦力的理想状态为假设条件的。

假说是在一定的假设下利用定义来确定变量之间的规律性，提出合乎逻辑的论断。

检验是对比分析理论结果和实际数据。假说往往是对某些现象的经验性概括或总结，但要经过验证才能说明它是否成为具有普遍意义的理论。在经济学中，一般有两种检验途径：一种是直接检验，即检验理论模型的基本假设和描述是否有合理的现实依据；另一种是间接检验，即检验所揭示的规律和论断是否与实际经验相符。如果实践检验与理论推测不相符，则否定这个模型或重新加以修改。

预测是根据假说提出经济现象未来发展的看法，它是一种有条件性的说明。预测是否正确，是对假说的验证。正确假说的作用就在于它能正确地预测未来。经济模型不仅能反映经济系统是如何运行的，而且能够对某些条件变化后我们所关心的经济变量做出预测，否则经济模型就会失去它的本意。

经济模型可以用文字叙述方法、几何图形方法和数学表达式来描述。作为经济分析工具，这三种表示方法没有什么本质区别。对于经济个体行为的模型处理，传统的方法多采取文字来说明，现在多采用数学工具。因为经济个体所面临的决策问题都可以抽象为有约束条件的优化问题，而约束条件下的优化问题在数学方面有比较完善的理论，数学自然地成为经济学的有力工具。我们借助数学定理，比较容易处理多个变量，确定各个经济变量之间的相互关系。

1.2.2 实证分析和规范分析

经济学家除了对经济活动进行纯粹的科学描述，提供合乎逻辑的论断和预测之外，有时也常对经济系统应该怎么运行发表意见。这就是所谓实证分析和规范分析的区别。

实证分析试图如实地描述经济活动并揭示出有关经济变量之间的相关关系或因果关系，分析和预测经济活动的效果。它旨在回答事物"是什么"的问题。实证分析是一种根据事实加以验证的陈述，而这种实证性的陈述则可以简化为某种能够根据经验数据加以证明的形式。在运用实证方法来研究经济问题时，就是要提出用于解释事实的理论，并以此为根据做出预测。

实证分析的命题具有客观性。实证分析的命题最终要用经验事实来验证，如果经过验证，该命题是正确的，那么就加以肯定；反之，如果经过验证该命题是错误的，那么就加以否定，或者进行修改，使之正确后再加以肯定。实证分析不表明某种经济现象是否好或坏——它们只是试图描述这个现象。

规范分析则从一定的价值判断出发，提出经济行为的标准，试图回答事物"应该是什么"的问题。比如，"应该对高收入者征收高额累进所得税"就是一种规范分析的命题。规范分析的命题不具有客观性。规范分析由于人们的立场、观点和伦理道德标准不同,对同一事物的好坏,不同的人会得出不同的、甚至是相反的看法,我们不能够根据数据资料要求来加以确认。当经济学家推荐某项政策方案时,实际上自觉或不自觉地表达了自己的价值观念和判断标准,规范分析不具有"科学"的属性。

实证分析和规范分析之间也有重要联系。一方面,规范分析并不能独立于实证分析。凡是经济学家倡导、赞同或反对某一经济政策,其论据都来自对该政策的实证分析。尽管不同的经济学家可以强调不同的方面因而对同一政策有不同的主张,但他们的结论,一般都是运用普遍接受的实证经济理论,通过对政策的社会经济效益的分析比较而得出的。实证分析的结果能够告诉我们怎样才能以最佳方式达到规范目标。另一方面,实证分析是建立在一定的规范性假设前提之上的。经济学家在分析、寻求经济活动的客观规律时,不可避免地受到其个人的经济地位、价值观念等的影响。毕竟,经济学研究的是人类的活动,经济学家作为社会成员之一,很难超然于经济利益之外,如研究自然科学一样客观地研究经济科学。他们的价值判断会不自觉地在实证分析中产生影响。例如,现代经济学家总是以效率尺度来衡量经济活动的成败得失。这就隐含着,在经济学家的价值系统中,效率准则高于其他社会准则。在涉及公共政策的经济分析时,如市场调节、税收补贴、财政政策、货币政策、社会福利等,实证分析和规范分析是很难分开的。

本书所进行的分析,除少数外,基本上属于实证分析。但这些实证分析都是建立在一定的规范性假设前提之上。如果事先不搞清楚实证分析是建立在什么样的规范前提之上,不搞清楚这些规范前提的适用范围,那么,不论所进行的实证分析如何无懈可击,都有可能得出错误的结论。

知识拓展:经济学家为什么存在意见分歧?

1.2.3 均衡分析

均衡是物理学中的概念。当某一物体同时受到方向相反的两个外力的作用,这两种力量恰好相等时,该物体因受力相等而处于静止状态,这种状态就是均衡。在经济学中,均衡是指独立经济主体之间相互影响和相互约束所产生的一种稳定性结果,即每一个独立经济主体做出各自的最优决策时,都意识到重新调整资源的配置方式已不可能获得更多的利益,从而不再改变其经济行为。

经济学中的均衡分析通常用来描述经济系统达到稳定状态所需要的条件，预测当相关条件变化时经济系统变动的方向。为此，经济学中的均衡含义还涉及以下三点：（1）均衡的存在性，即符合经济意义的均衡必须要求经济变量的数值不能为负。（2）均衡的唯一性，即均衡点是否只有一个。（3）均衡的稳定性，即任何偏离均衡的情况出现，系统自身是否会自动产生一种力量恢复到均衡状态。

均衡分析可分为局部均衡分析和一般均衡分析。局部均衡分析在考察一种商品的价格决定时，假定"其他条件不变"，即假定该种商品的价格不受其他商品的价格和供求的影响，仅取决于其本身的供求状况。这种分析方法由英国经济学家马歇尔创立，用于考察单个市场的均衡的建立与变动。一般均衡分析在考察一种商品的价格决定时，不仅考虑其本身的供给与需求，而且还要考虑其他商品的价格及供求情况。也就是说，一种商品价格和供求的均衡，以所有商品的价格和供求的均衡为前提。一般均衡分析方法由瓦尔拉斯首创，用于考察多个市场的均衡的建立和变动。

按照分析经济活动时是否考虑时间因素，均衡分析还可以分为静态分析、比较静态分析和动态分析。

静态分析就是分析经济现象的均衡状态以及有关的经济变量达到均衡状态所需具备的条件。这种分析方法抽掉时间因素，不论及达到均衡状态的过程，只考察某一时点上的均衡状态，注重经济变量对经济体系影响的最终结果，这是一种静止地孤立地分析经济问题的方法。例如，在天气、人们对小麦的口味、农业政策、国际小麦市场情况均保持不变时，小麦生产者和购买者各自最优化所决定的小麦供求相等，就是一种均衡，我们可以获得这种情况下小麦市场达到的均衡产量和价格。

比较静态分析要说明事物从一种均衡状态变动到另一种均衡状态时，考察或比较原有已知条件变化后均衡状态发生了何种相应的变化，并把新旧均衡状态加以比较。这种分析方法不论及从原有的均衡状态变动到新的均衡状态所经过的时间及变化过程。例如，由于外部某一因素，如天气干旱导致小麦减产，在对小麦购买保持不变的情况下，原来的均衡就被打破了。经过一定时间的调整，会形成一个新的均衡供求量和均衡价格，而且会发现，新均衡状态下，均衡供求量小于原有均衡水平，而均衡价格则高于原来均衡水平。这时，可以通过比较原有均衡和新均衡之间的差别，寻找某些规律性的东西。但是，其并不涉及原有均衡是如何过渡到新均衡状态这个过程的分析。

动态分析则是考察均衡的实际变化过程或路径，说明某一时点上经济变量的变动如何影响下一时点上该经济变量的变动，以及这种变动对整个均衡状态变动的影响。这种分析方法注重时间因素对经济体系变动的影响，把经济现象的变化当作一个连续不断的过程看待，考察经济变量在继起的各个期间里的变化情况，是一种时间序列分析方法。

1.3 微观经济学

1.3.1 微观经济学的研究对象

经济学分为微观经济学和宏观经济学两个部分。微观经济学是以单个经济主体作为考察的出发点，研究单个经济主体的经济行为以及相应的经济变量的单项数值是如何决定的。

微观经济学的对象是经济个体，包括单个的消费者、单个企业、单个行业、单个市场等。它主要研究构成整个经济的消费者和企业的行为及其后果。包括单个的消费者如何把有限的收入分配在各种商品的消费上，以获得最大的效用；单个的企业如何把有限的资源分配于各种商品的生产上，以获取最大的利润。

微观经济学的中心理论是价格理论。微观经济学着重论证市场经济下价格机制这只"看不见的手"在资源配置中的作用，因此，有时又称"价格理论"。

1.3.2 微观经济学的基本假设

在微观经济分析中，根据所研究的问题和所要建立的模型的不同需要，假设条件存在着差异，但基本假设有以下三个：

第一，理性人。理性人是指在经济活动中总是以利己为动机，追求个人利益最大化。行为合乎理性的人也称为"经济人"。理性人假设的出发点是单个的个人，每个个人总是做出让自己觉得是最好的决策，而不会做出于个人无利的事情。需要指出，理性人的利己性并不等于通常意义上所说的"自私自利"，因为这里所讲的个人利益是广义的个人利益，它既包括物质上的享受，也包括精神上的满足。从个人利益出发的个人也可能有利他行为（如捐物捐款给慈善机构，或

从单个的个人来看，人都是利己的；从社会的个人看，利己并不排斥利他行为。

者捐资兴建一所学校可能使自己感到更快乐）。

第二，完全信息。在微观经济学中，一般假定经济活动的所有当事人都拥有充分的和相同的信息，获取信息不需要支付任何成本，经济活动中不存在不确定性。例如，每一个消费者都能充分地了解每一种商品的性能和特点，准确地判断一定商品量给自己带来的消费满足程度，掌握商品价格在不同时期的变化，能够确定最优的商品购买量；每一个生产者都能准确地掌握产量和生产要素投入量之间的技术数量的关系，了解商品价格和生产要素价格的变化，以及在每一个商品价格水平下消费者对产品的需求量等全部信息，从而能够做出最优的生产决策。

第三，市场出清。在市场价格可以自由升降的情况下，市场上一定会实现供求均衡状态。

1.3.3　微观经济学的内容和体系

为了理解经济的运行，我们构建一个简单的循环流向图来解释经济是如何组织起来的，并说明经济的参与者如何相互交易，以便大致了解微观经济学的内容和体系。

在图1-1中，经济决策由消费者和企业做出。企业使用土地、劳动和资本这些生产要素来生产产品，消费者拥有生产要素并购买企业生产的所有产品。

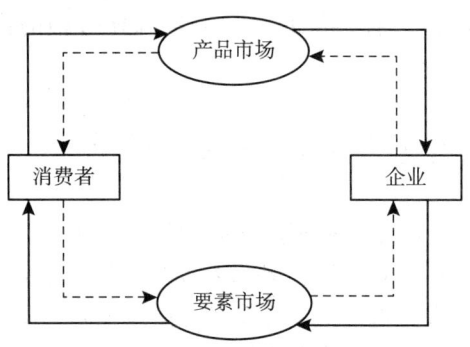

图1-1　产品市场和要素市场循环流向

消费者和企业在两个市场上相互交易。在产品市场上，消费者是买者，企业是卖者。消费者对产品的需求和企业对产品的供给，决定产品市场的均衡价格和数量。在要素市场上，消费者是卖者，而企业是买者。消费者对生产要素的供给和企业对生产要素的需求，决定了该要素市场的均衡价格和均衡数量。

循环图中的内圈（用虚线表示）代表消费者和企业之间产品与要素的流向，即生产要素从消费者流向企业，而产品由企业流向消费者。循环图中的外圈（用实线表示）代表相应的货币流向。消费者支出货币购买企业的产品，收入以工资、利息、租金和利润的形式从企业流向消费者。

微观经济学主要内容包括：消费者行为理论、生产者行为理论、市场结构理论、收入分配理论、一般均衡理论与福利经济学、市场失灵与微观经济政策。

本章小结

1. 每一个社会都面对资源稀缺性的问题——没有足够的资源来满足每个人的所有需要。经济学就是研究人类社会如何有效地分配使用稀缺资源于各种用途，以满足社会成员多样化需要的科学。

2. 所有经济社会都必须在某种程度上解决三个基本经济问题：在一切可能被生产的物品和劳务中，生产什么种类和多少数量？在生产这些物品时如何使用经济资源？为谁生产物品，即如何在不同的个人之间分配消费品？

3. 不同的经济社会解决选择问题的方式各不相同——或者依靠习惯和自然；或者凭借命令和中央控制；在混合经济中，主要是依靠价格和市场制度。

4. 经济学的研究是通过对社会各种现象建立模型来进行的。经济模型就是用来描述同研究的经济现象有关的经济变量之间的依存关系的理论结构。

5. 模型运用于实证分析，即对有关经济变量之间的相关关系或因果关系做出描述，分析和预测经济活动的效果，旨在说明经济系统究竟是如何运转的。规范分析则从一定的价值判断出发，提出经济行为的标准，试图回答经济系统应该如何运转。

6. 许多经济模型是建立在均衡分析的基础上的。所谓均衡分析方法，就是假定经济体系中的经济变量为既定时，考察体系达到均衡时所出现的情况以及实现均衡所需要的条件。在均衡状态下，经济活动达到最优化。

关 键 概 念

稀缺性　　　资源配置　　　经济模型　　　实证分析
规范分析　　　均衡　　　　　理性人

复习思考题

1. 判断正误：

(1)"沙特阿拉伯可以开采出它所需要的全部石油。因此，石油在沙特阿拉伯是免费的。"

(2)"人们的收入差距大一点好还是小一点好"的命题属于实证经济学问题。

(3) 2000 年 12 月 31 日零时的人口数量是存量。

2. 经济学中的稀缺与我们平时所说的短缺有何区别？在一个不受管制的市场经济中，稀缺是否存在？短缺是否存在？

3. 如何理解理性人的含义？

第 2 章
需求、供给与均衡价格

本章要点

◇ 理解需求和供给的变动；
◇ 理解均衡价格的决定与变动；
◇ 掌握需求弹性与供给弹性；
◇ 分析税收与价格管制的结果。

微观经济学的中心问题是价格决定理论。价格决定于需求与供给。需求与供给是经济学中最基本的概念。作为微观经济学的入门和开端，本章简要介绍微观经济学中最基本的市场模型：需求—供给模型。

2.1 需 求

2.1.1 需求表、需求曲线和需求函数

一种商品的需求是指一定时期内，在各种可能的价格下，消费者愿意并且能够购买的该商品的数量。需求包括两层含义：第一，消费者具有购买欲望；第二，需求是有支付能力的需求，它以消费者的货币支付能力为前提。如果消费者对一种商品虽有购买欲望，而没有货币支付，则不能称作需求；同样，如果消费者持有大量货币，而没有

需求原理

购买商品的欲望，也不能形成需求。因此，需求是购买欲望与货币支付能力的统一。

需求与需求量是两个相互联系又相互区别的概念。需求量是消费者在某一价格下愿意并且能够购买的某种商品的数量。需求是指商品需求量与该商品价格之间的对应关系，它反映了在不同价格下消费者对某商品的需求量。

需求关系可以用表格、图形或代数函数的形式来表示。每一种形式都可以说明需求关系。

1. 需求表

需求表是说明需求关系的最简单的形式。需求表是一张列表，它表示某种商品在每一可能价格上相应的需求量。表 2-1 是某商品的需求表。从这个需求表可以看到，价格越低，该商品的需求量越大。

表 2-1　　　　　　　　　　某商品的需求

价格（元/单位）	需求量（单位）
8	30
7	40
6	50
5	60
4	70

2. 需求曲线

把需求量与价格之间的关系在平面直角坐标系中描绘出来，就是需求曲线。当用图形表示需求关系时，通常的做法是在横轴上代表商品的需求量，在纵轴上代表商品的价格。这与数学上纵轴表示因变量、横轴表示自变量的惯例相反。图 2-1 中的需求曲线是根据表 2-1 绘制的一条需求曲线。

需求曲线 dd 向右下方倾斜，斜率为负值。这表明商品的需求量与其价格之间存在着反方向变化的关系。这一特征被称为需求法则。

图 2-1 中的需求曲线是一条直线。实际上需求曲线既可以是线性的，也可以是非线性的。为了方便分析，我们通常采用线性需求曲线。

需求可分为个人需求和市场需求。个人需求是指对应于某种商品的每一可能的价格，以及某个消费者或家庭愿意并有能力购买的商品的数量。与每一可能价格相对应的所有个人需求的总和就是市场需求。

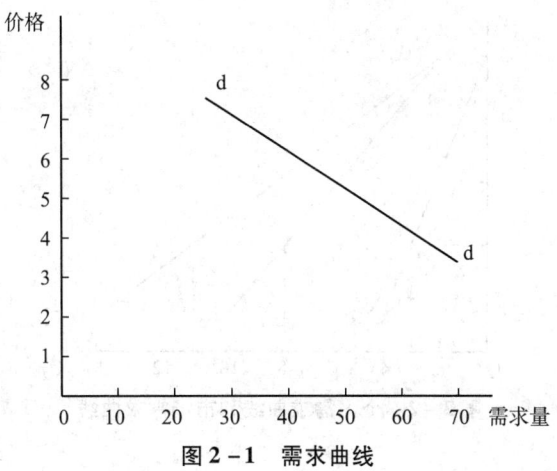

图 2-1 需求曲线

假设某种商品市场上只有两个消费者,表 2-2 列出了每个消费者的价格—数量组合。由两个人构成的市场需求是通过每一价格水平上的需求量水平相加得到的①。例如,当价格为每单位 2 元时,消费者 1 和消费者 2 将分别购买 3 单位和 8 单位,由此形成的市场需求量为 11 单位。

表 2-2　　　　　　　　确定市场需求曲线

价格 (元)	消费者1 (单位)	消费者2 (单位)	市场 (单位)
1	4	10	14
2	3	8	11
3	2	6	8
4	1	4	5
5	0	2	2

相应地,某种商品的市场需求曲线就是任一既定价格下每个消费者需求量的横向加总。如图 2-2 所示。由于所有的个人需求曲线是向下倾斜的,所以市场需求曲线 D 也是向下倾斜的。

---

① 对于可以共享的商品,如音乐会,市场需求是单个需求者愿意支付金额的垂直相加。

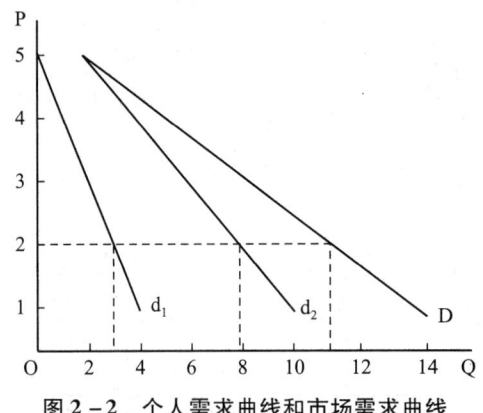

图 2-2　个人需求曲线和市场需求曲线

3. 需求函数

消费者对某种物品的需求量取决于许多因素。除了该商品的价格外，需求量依赖于消费者的收入、其他商品的价格、消费者偏好以及其他因素。

第一，消费者的偏好。需求量是消费者希望购买的商品数量，它必然受到消费者偏好的制约。如果消费者对商品 X 的偏好强于对商品 Y 的偏好，他对商品 X 的需求量就会大于对商品 Y 的需求量。消费者的偏好及其变化取决于人们生活于其中的社会环境。生产者进行广告宣传的目的不仅在于告诉人们有什么商品，而且还在于通过改变人们的偏好而增加对某种商品的需求量。

第二，消费者的收入。需求量是有效的需求量，因而它还取决于消费者的收入。当消费者的收入水平逐渐提高时，他们将改变所购商品的数量和结构。这样，一些商品的需求量会增加得快些，一些商品的需求量会增加得慢些，而另一些商品的需求量将会出现下降。

第三，其他商品的价格。某种商品的需求量不仅取决于自身的价格，而且还取决于其他商品的价格。这种影响可以分两种情形分析：一是其他商品是替代品。例如，牛肉是猪肉的替代品，饼干是面包的替代品。因为替代品可以满足相似的需要，所以当饼干的价格上涨时，如果人们以面包来代替饼干，那么饼干价格的升高会增加面包的需求量。这就是说，一种商品的需求量与它的替代品的价格是同方向变化的。二是其他商品是互补品。例如，汽车与汽油、网球与网球拍就是互补品。因为它们必须同时使用，所以当汽油价格上涨时，会导致小汽车需求量的减少。这就是说，一种商品的需求量和它的互补品的价格是反方向变化的。

第四，消费者对未来的预期。当消费者预计某种商品的价格不久可能上涨，则这种商品的现期需求量就会增加；反之，当消费者预计某种商品的价格不久可能下降，则这种商品的现期需求量就会减少。当消费者预期收入不久会大幅度上升，则这种商品的当期需求量就可能会增加。

除了以上列举的因素之外，商品的需求量还受到其他因素的影响。例如，季节性商品的需求量因季节变换而波动，政府的税收或补贴政策，以及人口结构及其数量也会影响某商品的需求量。

如果以影响需求量的各因素作为自变量，以商品的需求量作为因变量，那么，我们可以得出某一特定时期内某种商品的各种可能的购买量与影响因素之间的函数关系，即需求函数。记作：

$$Q^d = f(P, I, P_s, P_c, T, P^e, \cdots)$$

其中，Q^d 表示需求量，P 是商品自身价格，I 为收入，P_s、P_c 分别表示替代品和互补品的价格，T 代表偏好，P^e 代表预期价格。f 则规定了 Q^d 与 P、I、P_s、P_c、P^e、T 之间的特定关系。

在所有影响商品需求量的因素中，最主要的因素是商品本身的价格，因此，为了简化分析，假定其他条件不变，把商品的需求量仅看成是其价格的函数，这样，需求函数就简化为：

$$Q^d = f(P)$$

这一简化便于我们重点讨论需求量与其自身价格之间的关系，同时也使我们能够用二维图形描绘需求关系。为了方便分析，我们通常采用线性需求函数：

$$Q^d = a - bP$$

其中，a、b 为任意的正常数。

2.1.2 需求变化与需求量变化

需求表或需求曲线是在假定其他因素不变的条件下描述价格—数量关系的。如果其中一个因素发生了变化，那么需求曲线将会发生什么变化？

假定其他因素不变而收入增加了，消费者在相同的价格下可能会购买更多的商品。在图 2-3 中，我们以 D_0 表示原来的需求曲线，D_1 表示收入增加而其他因素均不变的需求曲线。当收入增加时，在每一价格下，消费者都愿意购买比以前更多的商品数量。于是，需求曲线 D_0 向右移动至 D_1，表示需求增加了。显然，我们可以用同样的方式来分析偏好、其他商品价格等因素的变化对需求的影响。

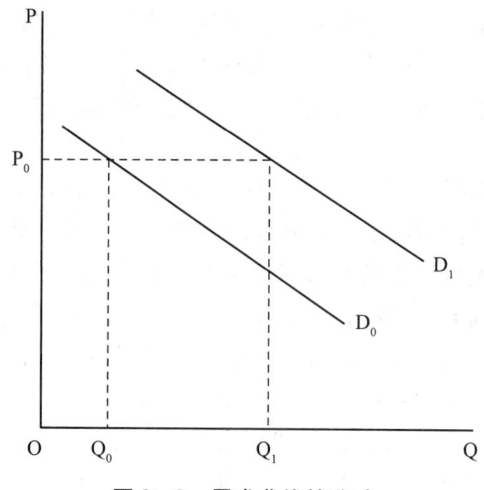

图 2-3 需求曲线的移动

这里需要区分需求的变化与需求量的变化。如前所述，需求量是消费者在某一价格下愿意购买的某种商品的数量，在需求曲线上是指某一点的横坐标；需求量的变化是指在其他因素不变的条件下，商品自身价格的变化所引起的对该商品需求量的变化，在需求曲线上表现为曲线上的点沿着需求曲线移动。需求则是消费者在各个可能的价格下愿意购买的某种商品的数量。它是指整个需求曲线。需求的变化是指在商品自身的价格不变的条件下，由于其他因素（比如收入、偏好、其他商品价格等）中的任一因素的变化所引起的需求数量的变化，也就是说，需求变化是同一价格下需求量的变化，表现为整条需求曲线的移动。

按照需求和需求量的定义，需求的变化都将引起需求量的变化。但是，需求量的变化不一定引起需求的变化。例如，当需求量随着价格的上升而减少时，需求可以不变。

供给原理

2.2 供 给

2.2.1 供给表、供给曲线和供给函数

一种商品的供给是指在一定时期内，在各种可能的价格下生产者

或卖者愿意并且能够提供出售的商品数量。供给包括两层含义：第一，供给者有供给的欲望；第二，供给是有供给能力的供给，即有效的供给。供给是供给欲望和供给能力的统一。如果卖者愿意出售商品，但自己却没有商品可以出售，就不可能形成供给；同样，如果卖者拥有商品，但不愿意出售，也不能形成供给。

供给与供给量是两个相互联系、又相互区别的概念。供给反映了供给量与其价格之间的对应关系。供给量是在某一个价格水平上生产者愿意或打算提供出售的商品数量，而不是实际出售的商品数量。

供给可以分为个别供给和市场供给。个别供给是指单个卖者或生产者对应于某一商品的各种可能售价愿意并且能够提供出售的商品数量。市场上所有个别供给的总和便构成市场供给。

供给关系可以用表格、图形或代数函数的形式来表示。每一种形式都可以说明供给关系。

1. 供给表

供给表表示某种商品在每一可能价格上相应供给量的一张列表。表2-3是某商品的供给表。这个供给表表明，如果商品价格为10元，将提供20单位的供给量。可以看出，价格越低，该商品的供给量越小。

表2-3　　　　　　　　　　某商品的供给

价格（元/单位）	供给量（单位）
10	20
20	40
30	60
40	80
50	100

2. 供给曲线

把供给量与价格之间的关系在平面直角坐标系中描绘出来，就是供给曲线。图2-4中的供给曲线是根据表2-3绘制的一条供给曲线。

供给曲线SS向右上方倾斜，斜率为正值。这表明，在其他因素保持不变的条件下，商品的供给量随着价格的上升而增加，随着价格的下降而减少，商品的供给量与价格之间存在同方向变动的关系。这就是供给法则。当然，有些商品则不是这样。在后面的有关章节中将加以分析。

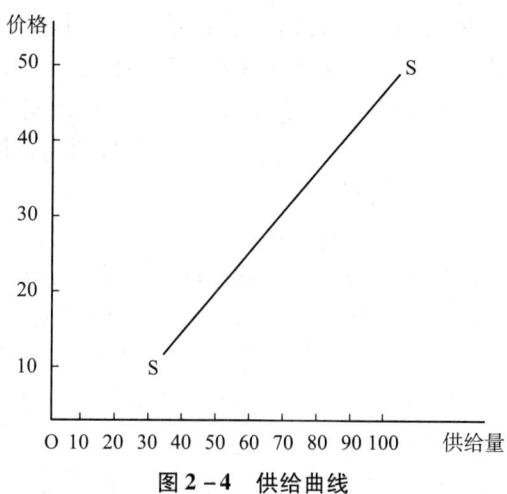

图 2-4 供给曲线

3. 供给函数

影响商品供给量的因素很多，经常起作用的因素有：

第一，生产技术水平和管理水平。生产技术水平高，管理效果好，产品的生产成本低，商品的供给量就多；反之，商品的供给量就少。

第二，商品自身的价格。假定其他条件不变，特别是生产要素的成本和其他商品的价格不变，那么某种商品的价格愈高，生产者就愈有利可图，商品的供给量就愈多；反之，商品的供给量就愈少。

第三，生产要素的价格。生产要素的价格的高低直接影响到商品的生产成本。在商品价格不变的条件下，生产要素的价格愈高，产品成本就越高，利润就越少，商品的供给量也越少；反之，商品的供给量就越多。

第四，其他商品的价格。如果生产者生产的商品价格不变，但其他商品的价格提高了，或者生产者生产的商品价格有所提高，但赶不上其他商品价格提高的幅度，那么，生产者就会转而生产其他商品，生产者原来生产的商品的供给量就会减少。反之，生产者原来生产的商品的供给量就会增加。

第五，生产者对未来的价格预期。如果生产者预计自己商品的价格不久会上涨，就会囤积居奇，待价而沽，这种商品现期的供给量就会减少；反之，商品现期的供给量就会增加。

第六，时期的长短。时期愈长，生产者越容易重新配置资源，商品的供给量就越多；反之，商品的供给量就越少。

商品的供给量随着影响供给量的各因素的变化而变化，如果把影响供给量的各因素作为自变量，把商品的供给量作为因变量，我们就可以得出一定时期内某种商品的各种可能的供给量与其影响因素之间的对应关系，即供给函数。

在影响商品供给量的各因素中，最重要的是商品自身的价格。因此，在分析供给函数时，通常假定影响商品供给量的其他因素保持不变，只讨论商品的供给量与其价格之间的关系，把供给量仅看作是其价格的函数。这样，供给函数就简化为：

$$Q^S = f(P)$$

供给函数可以是线性函数，也可以是非线性函数。在经济分析时，我们通常采用线性供给函数，其形式为：

$$Q^S = -c + dP \text{ 或 } P = c/d + Q^S/d$$

式中，c、d 为给定参数且 c、$d > 0$。因为生产者提供的产量不可能是负值，所以商品的价格必须高于 c/d 生产者才可能提供产量。

2.2.2 供给的变化

供给的变化是指在价格因素不变的情况下，由于影响供给量的其他因素，如生产技术水平和管理水平、其他商品的价格、生产要素的价格、生产者对未来价格的预期等等因素的变化，而引起的供给量的变化。

例如，假定生产技术水平提高了，但其他因素保持不变，生产者在相同的价格下将提供更多的商品数量，在图 2-5 中可以看到，在价格为 P_0 时，供给量由 Q_0 增加到 Q_1。从供给曲线来看，供给的变化表现为整个供给曲线从 S_0 移动到 S_1。供给量的变化是指其他条件不变，仅由于商品自身价格变化而引起的商品供给数量的变化。在供给曲线上表现为曲线上的点沿着供给曲线移动。

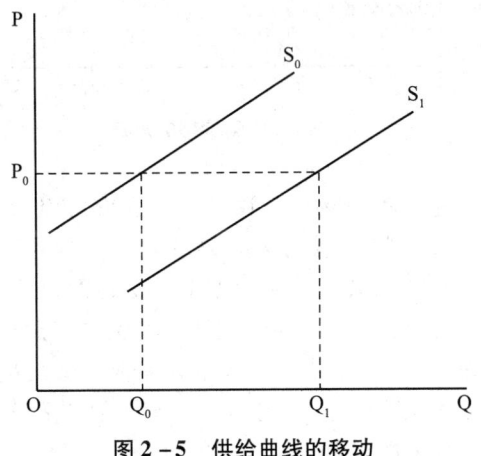

图 2-5 供给曲线的移动

2.3 均衡价格

市场均衡

市场： 物品买卖双方相互作用并得以决定其交易量和价格的一种组织形式或制度安排。

2.3.1 均衡价格的决定

市场是由需求一方和供给一方共同组成，市场上的价格由需求和供给这两股相反的力量共同决定。根据需求法则和供给法则，某种商品的价格上升，其需求量减少而供给量增加；相反，某一种商品的价格下降，其需求量增加而供给量减少。在上面的分析中，我们得到表示某种商品的需求与供给的表示方法。现在我们把需求曲线和供给曲线画在同一张图上就可以研究在自由竞争的市场上，商品的均衡价格是怎样形成的。如图2-6所示。

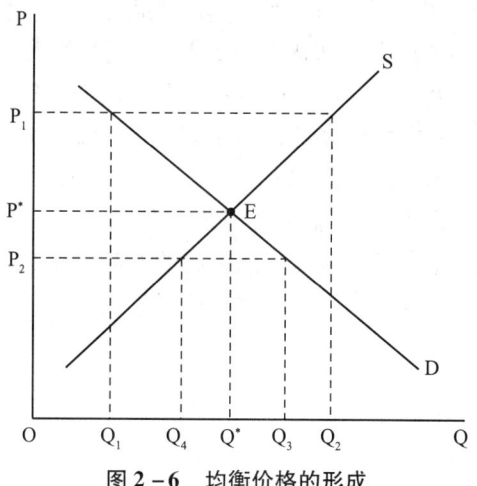

图2-6 均衡价格的形成

假定某商品的交易市场上，由一个喊价员报价。当所报价格为 P_1 时，消费者按此价格愿意购买的数量为 OQ_1，生产者按此价格愿意提供的数量为 OQ_2，供给量大于需求量，超额供给量为 Q_1Q_2。生产者之间的竞争会迫使生产者降低要价，而无法在此价格下成交。当喊价员的报价为 P_2 时，商品的需求量为 OQ_3，供给量为 OQ_4，需求量大于供给量，超额需求量为 Q_4Q_3。这时，消费者为了能够买到他们所希望购买的数量而愿意支付更高的价格，生产者也发现提高商品的价格是有利的,从而迫使价格上升。

当报价为 P^* 时,商品的需求量与供给量同为 OQ^*,市场上既不短缺也不过剩,愿意支付价格 P^* 的消费者可以购买到所需要的数量,而生产者也愿意按这一价格售出他们所提供的商品。无论消费者还是生产者均没有理由改变他们的行为,市场价格在 P^* 水平上保持稳定状态。因此,在需求曲线和供给曲线的交点上,商品的需求价格等于供给价格,商品的需求量等于供给量,市场出清。需求量等于供给量,称为均衡数量;需求价格等于供给价格,称为均衡价格。

在现实中,除了在拍卖市场和特定的市场,这样的喊价者并不存在,但市场达到均衡的原理是相似的。商品均衡价格与均衡数量的形成是市场供求力量自发作用的结果。在一个竞争性的产品市场上,如果需求曲线的斜率始终为负数,供给曲线的斜率始终为正数,只要实际价格高于均衡价格,市场上就会存在这种使价格向下的压力。同样,只要实际价格低于均衡价格,市场上就会存在一种使价格上升的压力。所以,在现实中,实际价格总是趋向于均衡价格运动。

假定需求曲线和供给曲线均为线性。均衡价格的决定,用数学表达式,即:

$$Q^d = a - bP_d$$
$$Q^s = -c + dP_s$$
$$Q^d(P_d) = Q^s(P_s)$$

$Q^d = Q^s$ 就是均衡条件,a、b、c、d 是决定这些线性曲线的截距和斜率的参数,解得均衡价格和均衡数量为:

$$P^* = \frac{a+c}{b+d}, \quad Q^* = \frac{ad-bc}{b+d}$$

在一般情况下,均衡价格和均衡数量是由需求曲线和供给曲线共同决定的。但是在某些情况下,价格和数量是分开决定的。一是供给数量是某一给定量,并与价格无关,供给曲线是垂直的。这时,均衡数量完全由供给条件决定,均衡价格完全由需求条件决定。二是供给曲线是一条完全水平的曲线。它意味着在某一给定价格上,生产者能够提供任意多的、消费者所需要的商品,而一旦低于这个价格,供给量为零。在这种情况下均衡价格由供给条件决定,而均衡数量由需求曲线决定。如图 2-7 所示。

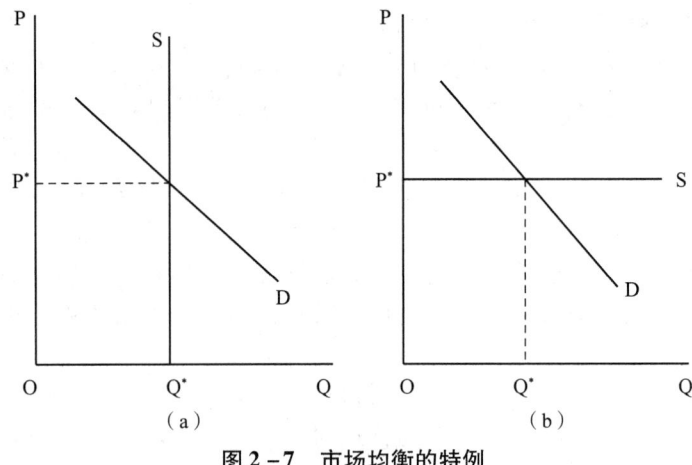

图 2-7　市场均衡的特例

2.3.2　均衡价格的变化

均衡价格是在假定影响需求和供给的因素保持不变的前提下形成的价格。或者说，它是在一定的市场条件下形成的价格。当市场条件发生变化时，需求和供给将发生变化，商品的均衡价格也将发生变化。

市场条件的变化可以导致下述四种情形：需求增加，即需求曲线向右移动；需求减少，即需求曲线向左移动；供给增加，即供给曲线向右移动；供给减少，即供给曲线向左移动。

第一，供给不变，需求变化。在图 2-8 中，假定需求增加了，需求曲线从 D_1 移向 D_2。这时，如果价格还停留在原来的水平 P_1 上，短缺为 Q_1Q_3，价格趋于上升。随着价格的上升，供给量逐渐增加，需求量不断减少。直到供给量和需求量在新的水平相等时，形成了新的均衡价格 P_2 和均衡数量 Q_2。同理，假定供给不变而需求减少了，需求曲线从 D_2 移向 D_1，均衡价格和数量分别从 P_2 和 Q_2 移向 P_1 和 Q_1。

第二，需求不变时，供给发生变化。如图 2-9 所示，假定供给增加了，供给曲线从 S_0 移向 S_1。这时，如果价格还停留在原来的水平 P_1 上，存在过剩供给量，价格趋于下降。随着价格的下降，需求量逐渐增加，供给量不断减少，直到需求量和供给量在新的水平相等时，形成新的均衡价格 P_2 和均衡数量 Q_2。同理，假定需求不变而供给减少了，供给曲线从 S_1 移向 S_0，均衡价格和数量分别从 P_2 和 Q_2 移向 P_1 和 Q_1。

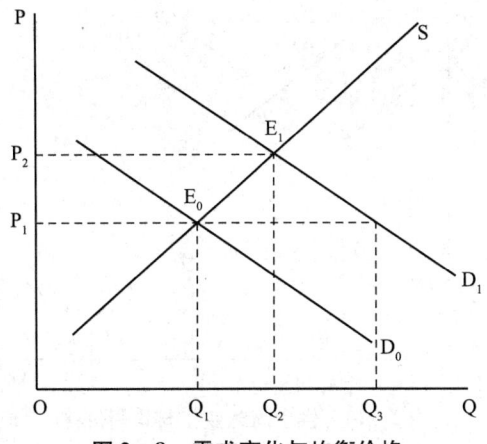

图 2-8 需求变化与均衡价格

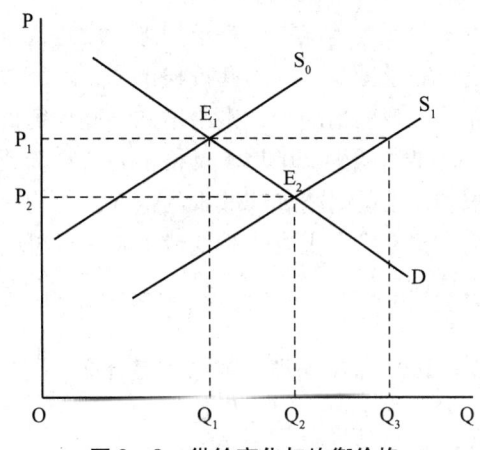

图 2-9 供给变化与均衡价格

第三，需求和供给同时发生变化。现在假定需求和供给都提高了，如图 2-10 所示，需求曲线由 D_1 向右上方移动到 D_2，供给曲线由 S_1 向右下方移动到 S_2，那么，均衡点 E_1 也就移动到 E_2，均衡数量增加为 Q_2。值得注意的是，变化后的均衡价格并不一定高于原来的均衡价格。因此，在供给和需求同时提高的情况下，均衡数量增加，而均衡价格的实际变化取决于需求变化和供给变化的程度。如果前者大于后者，则均衡价格上升；如果后者大于前者，则均衡价格下降；如果二者相等，则均衡价格不变。同理，在供给和需求同时下降的情况下，均衡数量减少，而均衡价格也有上升、不变和下降三种可能。

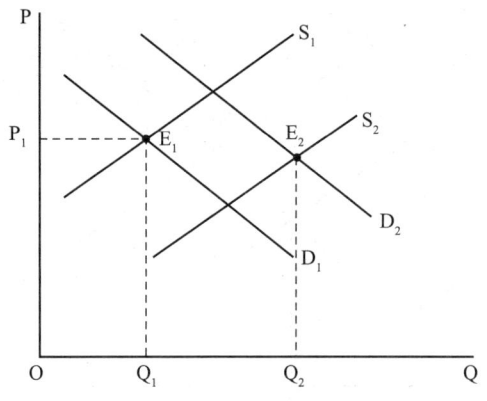

图 2-10 供求同时变化与均衡价格

通过以上分析，可以得出以下结论：

第一，在供给不变的情况下，需求增加，则均衡价格上升，均衡数量增加；反之，需求减少，则均衡价格下降，均衡数量减少。

第二，在需求不变的情况下，供给增加，则均衡价格下降，均衡数量增加；反之，供给减少，则均衡价格上升，均衡数量减少。

第三，需求和供给同时增加或减少的情况下，均衡数量会同时增加或减少，而均衡价格则有上升、不变或下降三种可能。

这就是供求规律。

[案例分析 2-1] 2007 年猪肉涨价的原因是什么？

分析图 2-11 观察全国猪肉均价走势。

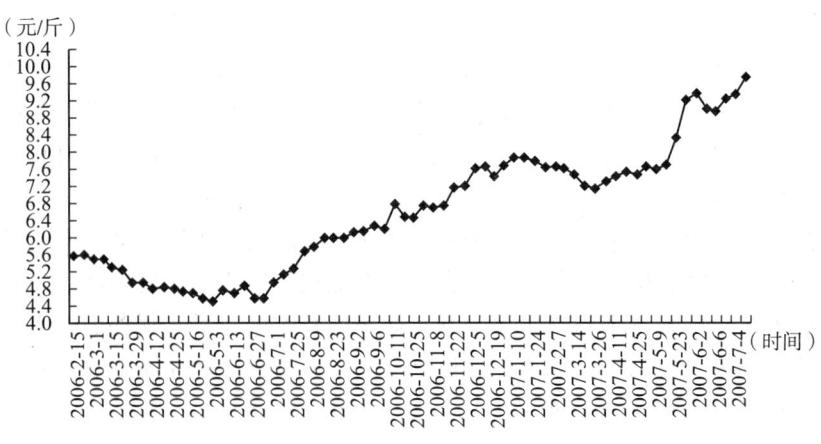

图 2-11 全国猪肉均价走势

(1) 哪些因素使需求曲线移动、供给曲线移动，还是两条曲线同时移动？
(2) 曲线向左移动还是向右移动？
(3) 用供求图解释猪肉涨价现象。
(4) 预测猪肉价格变动趋势。
(5) 查阅资料，分析 2020 年猪肉涨价的原因与 2007 年有何不同？

2.4 需求弹性与供给弹性

2.4.1 需求的价格弹性

虽然各种商品的需求量都随着它们价格的变化而变化，但是商品的种类不同，它们的需求量对价格变化反应的敏感程度也是不同的。有的商品的需求量对价格变化的反应很敏感，价格稍有变动就会引起需求量很大的变化；有的商品的需求量对价格的变化不那么敏感，价格发生较大变动也不会引起需求量多大的变化。我们需要知道，如果价格上升1%，需求量会下降多少？收入上升1%，需求量增加多少？我们借助弹性来解决诸如此类的问题。

弹性理论

弹性是用来度量一个变量对于另一个变量的敏感程度。具体说来是一个变量发生1%的变化将会引起另一个变量的百分比变化。

1. 需求价格弹性的定义

需求的价格弹性衡量需求量变化对于该商品价格变化的敏感程度。需求的价格弹性的计算公式是：

$$需求的价格弹性 = \frac{需求量变化的百分比}{价格变化的百分比}$$

如果用 Q 和 ΔQ 表示需求量和需求量的变化量，用 P 和 ΔP 表示价格和价格的变化量，用 e_P 表示需求的价格弹性，那么，

$$e_P = \frac{\Delta Q/Q}{\Delta P/P} = \frac{\Delta Q}{\Delta P} \cdot \frac{P}{Q}$$

在价格或需求量的相对变化很小时，如果要计算需求曲线上某两点 A、B 间的价格弹性，即需求曲线上一段弧线的价格弹性，以变化前的量或是变化后的量作基值来计算百分比变化，应分别把点 A 或

点 B 的需求量和价格作为变化的初始值，所得结果不会相差很多；但当价格或需求量变化幅度很大时，选用不同的基值就会得到截然不同的百分比变化。例如，某商品价格从 1 元涨到 2 元，需求量从 2 单位减至 1 单位。若以价格 1 元、需求量 2 单位为基值，则涨价 100%，需求量下降 50%，需求弹性为 -0.5；价格从 2 元降到 1 元，需求量由 1 单位增至 2 单位，若以价格 2 元、需求量 1 单位为基值，则降价 50%，需求量增长 100%，需求弹性为 -2。在这种情况下，我们可以采用两点间的平均价格和平均需求量为基值。用这一方法，价格弹性的计算公式为：

$$e_P = \frac{\Delta Q}{\frac{1}{2}(Q_1+Q_2)} \div \frac{\Delta P}{\frac{1}{2}(P_1+P_2)} = \frac{\Delta Q}{\Delta P} \cdot \frac{P_1+P_2}{Q_1+Q_2}$$

这样，不管价格上涨还是下降，需求曲线两点间弧线弹性值都是一样的。在上例中，价格弹性都是 -1。

如果价格和需求量的相对变化微小时，需求弹性即是需求曲线上某一点的弹性，称为点弹性。点弹性的计算公式为：

$$e_P = \frac{dQ/Q}{dP/P} = \frac{dQ}{dP} \cdot \frac{P}{Q}$$

在计算需求的价格弹性时，需求量和价格的变化之所以要用相对数表示，是因为变化的绝对数可以是很大的，也可以是很小的。例如：面粉涨价 1 元是很大的变动，但对电脑等昂贵商品涨价 1 元则微不足道。比较合理的表达应该是相对变化的大小，即用百分比变化来度量、比较变动的程度。同样道理，对需求的变动也要用相对量来衡量，相对变化的好处还在于它不因度量单位的不同而不同。不管价格以人民币还是美元来表示，相对变化总是一样；不管商品的度量以千克、米或件数来表示，相对变化也总是一样。因此，相对变化量便于我们比较不同商品和服务的需求对价格的敏感性。

由于需求量和价格变化是反方向的，需求的价格弹性一定是负数。但是在价格弹性的分析中，通常不考虑负号，只考虑绝对值。

需求的价格弹性 e_P 在数值上可以从零到无穷。

(1) $|e_P|$ 等于零，意味着当价格发生变化时，需求量完全没有变化，这种情况叫作需求完全无弹性。

(2) $|e_P|$ 等于无穷，意味着价格任何微小的变化都可以导致需求量无穷的变化，这种情况叫作需求完全有弹性。

(3) $|e_P|$ 等于 1，意味着需求量变化百分比与价格变化百分比相等，这种情形叫作单位弹性。

(4) $|e_P|$ 大于 1，意味着需求量变化的百分比大于价格变化百分比，这种情形叫作需求富有弹性。

(5) $|e_P|$ 小于 1，意味着需求量变化的百分比小于价格变化的百分比，这种情形叫作需求缺乏弹性。

图 2-12 表示完全无弹性和完全弹性的需求曲线。

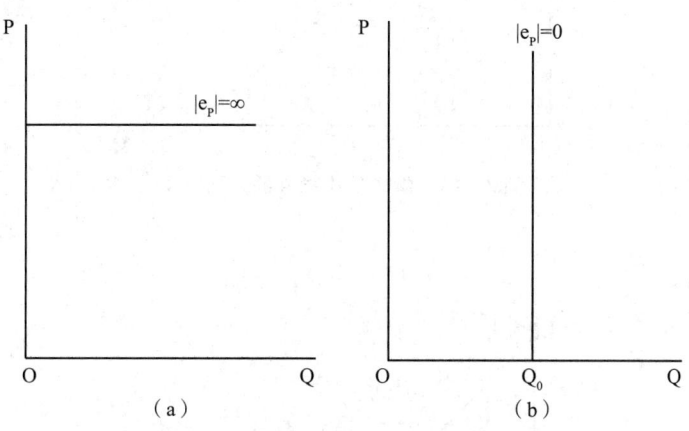

图 2-12　完全弹性和完全无弹性的需求曲线

需求的价格弹性和需求曲线的斜率是两个不同的概念。需求的价格弹性等于价格与数量的比值（P/Q）与需求曲线斜率的倒数的乘积。但当我们沿着需求曲线向上移动时，dP/dQ 可能发生变化，而价格与数量比值则始终在变化，因此，需求的价格弹性必须在需求曲线某一特定的点上来进行度量，而随着点在需求曲线上的移动，这一弹性值一般也会变化。

这种情况在线性需求曲线上表现得最为明显。我们以线性需求函数为例，来讨论需求价格弹性的几何意义。如图 2-13 所示，需求线 AB 上任一点 E 的弹性，根据需求价格弹性的定义表示为：

$$e_P = \frac{\Delta Q}{\Delta P} \cdot \frac{P}{Q} = \frac{OB}{OA} \cdot \frac{OC}{OD} = \frac{CE}{CA} \cdot \frac{DE}{CE} = \frac{DE}{CA} = \frac{BE}{EA}$$

或

$$e_P = \frac{\Delta Q}{\Delta P} \cdot \frac{P}{Q} = \frac{CE}{CA} \cdot \frac{OC}{OD} = \frac{CE}{CA} \cdot \frac{OC}{CE} = \frac{OC}{CA}$$

需求价格弹性的几何意义表明，需求曲线上各点的价格弹性是不同的。观察图 2-14，当我们在需求曲线上向上移动时，比率 P/Q 也在增大，相应的价格弹性的绝对值也越大。在靠近需求曲线与数量轴的交点处，P=0，e_P=0。在靠近需求曲线与价格轴的交点处，P 是很高的，而 Q 则很小，$e_P = -b(P/Q)$ 绝对值非常大。

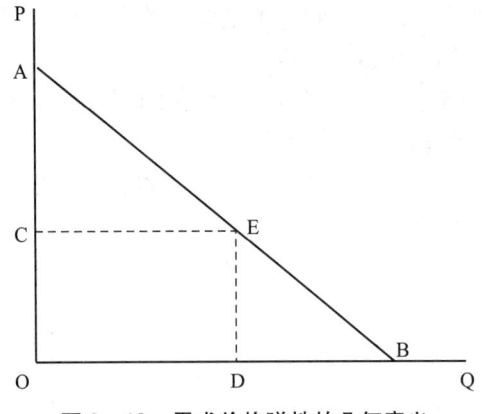

图 2-13 需求价格弹性的几何意义

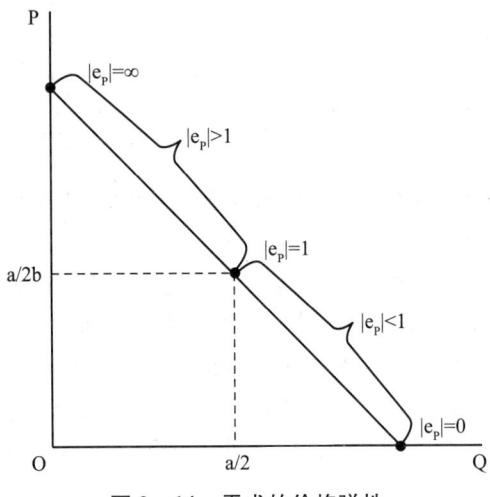

图 2-14 需求的价格弹性

在经济分析中，就线性需求曲线而言，如果坐标系中价格－数量比 P/Q 相同，一般可以认为相对陡峭的需求曲线较为缺乏弹性，相对平坦的需求曲线较为有弹性。或者说，需求曲线纵轴截距大者，需求价格弹性小；需求曲线纵轴截距小者，需求弹性大。在图 2-15 中，需求曲线 D_1 比需求曲线 D_2 陡峭，当价格从 P_1 下降到 P_2 时，对于相对陡峭的需求曲线 D_1 来说，需求量的变化幅度较小，因此必然有 $|e_1| < |e_2|$。

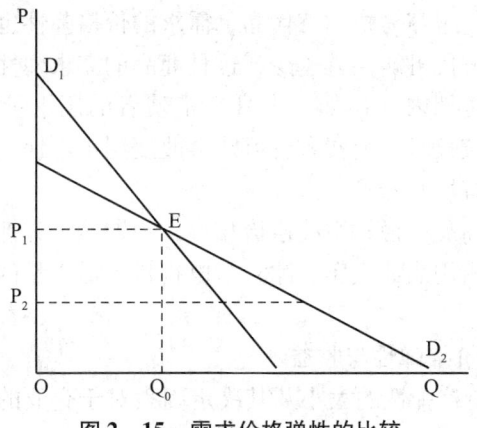

图 2-15 需求价格弹性的比较

2. 影响需求价格弹性的因素

一种商品的需求价格弹性的大小主要受到以下几个因素的影响：

(1) 消费者对商品的需要程度。有些商品是生活中必不可少的，如油盐酱醋；有些商品并不是人们的日常生活所不可缺少的，如首饰等。一般来说，消费者需要程度高而稳定的商品，其需求弹性小；消费者需要程度低而不稳定的商品，其需求弹性大。

(2) 商品支出占收入的比重。人们花在某商品上的支出在消费者的总收入中所占的份额较小，那么它的价格的变化对消费者的影响无关紧要，消费者不会大幅度地改变对它的需求量，其需求弹性较小，如肥皂、食盐等商品；如果花在某商品上的支出在消费者的总支出中所占的份额较大，则其需求弹性较大，如高档家具、小汽车等比较昂贵的商品。

(3) 替代品数量和可替代程度。某商品的替代品数目多，越互相接近，即可替代的程度高，消费者选择的余地也就越大。这种商品一旦涨价，消费者就会马上转向购买这种商品的替代品，因而它的需求的价格弹性较大，如可口可乐与雪碧；如果某商品的替代品数目少，可替代程度低，其需求的价格弹性较小。

(4) 商品用途的多少。商品的用途多，其需求弹性大；商品的用途少，其需求弹性小。例如，电既可以用于照明、看电视，也可以使用电热水器淋浴、启动空调等。如果电价较高，消费者可能仅使用少量的电，用于照明与看电视等。如果电价降低，则消费者有可能大量地使用电，启用电热水器、空调等。

(5) 时间的长短。对于许多商品来说，长期需求比短期需求富有弹性。原因之一就是调节需求需要一定的时间。时间越长，可调节的幅度也越大，越容易找到替代品，需求的价格弹性也越大；时间越短，某商品的替代可能性就越少，这种商品的需求弹性就越小。如生活用水提价，短期内（比如一个月）消费者的用水量不会有太大的变化。当时间较长时，消费者就可能会改变用水习惯，考虑选用节水器具以替换原有用水器具。

对于有些商品来说，情况恰恰相反，短期需求弹性要大于长期需求弹性。一些耐用品如汽车、冰箱、电视机，需求量的长期变化比短期变化小得多。

3. 需求的价格弹性与收益

探讨需求价格弹性的大小及其决定因素对于企业的决策是非常重要的，因为企业所生产产品的需求弹性的大小与企业的收益有关。收益就是一种商品的价格乘以它的销售量的积。如果一种商品的价格上升，那么这种商品的销售量就会下降，而收益有可能增加，也有可能减少。究竟是增加还是减少，显然取决于需求对价格变动的敏感程度。

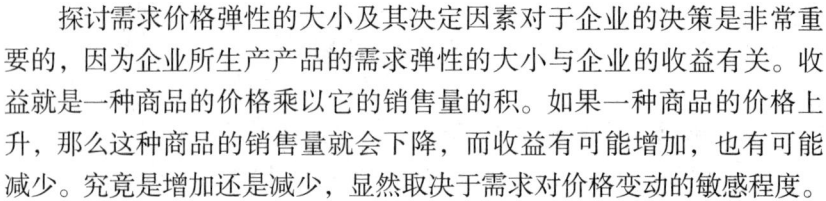

弹性与总收益（收入）

当价格上升时如果需求量下降很多，那么收益就会减少。如果价格上升时需求量只降一点儿，那么收益就会增加。这说明收益变动的方向同需求弹性有关。

如果需求弹性$|e_P|$小于1，当价格上升时收益就会增加。反之，价格下降则收益减少；如果需求弹性$|e_P|$大于1，当价格上升时收益就会下降，价格下降则收益增加；如果需求弹性$|e_P|=1$，无论价格上升或下降1%，销售量就会减少或增加1%，收益保持不变。

由于各种商品的需求量对价格变化的反应程度是不一样的，提高价格不一定能增加总收益，降低价格不一定减少总收益。所以，生产者要正确地制定商品的价格以增加总收益，必须对商品的弹性做出正确的估算。

推导价格弹性与总收益之间的关系

以 R 表示收益，$R = PQ$。假定价格变动到 $P + \Delta P$，相应地，商品的销售量（消费者对商品的需求量）变动到 $Q + \Delta Q$，那么，新的收益为：

$$R_1 = (P + \Delta P)(Q + \Delta Q) = PQ + Q\Delta P + P\Delta Q + \Delta P \Delta Q$$

$$\Delta R = R_1 - R = Q\Delta P + P\Delta Q + \Delta P \Delta Q$$

当 ΔP 和 ΔQ 十分微小时，$\Delta P \Delta Q$ 可以忽略不计。这样，我们可以得到收益变动表达式：

$$\Delta R = Q\Delta P + P\Delta Q$$

收益的变化由两部分组成：$P\Delta Q$ 是收入因销售量变动 ΔQ 而增加的部

分；Q∆P 则表示收益因价格变动 ∆P 而增加的部分，如图 2-16 所示。

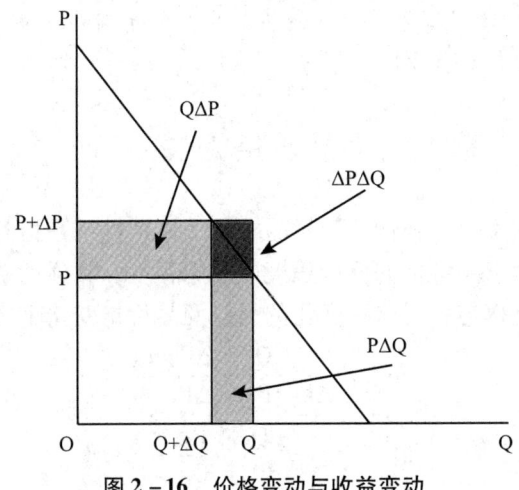

图 2-16　价格变动与收益变动

我们将表达式两边除以 ∆P，就得到下式：
$$\Delta R / \Delta P = Q + P \cdot \Delta Q / \Delta P$$
要使价格变动后收益的增加值为正值，应满足下列不等式：
$$\Delta R / \Delta P = Q + P \cdot \Delta Q / \Delta P > 0$$
整理得到：
$$\frac{P}{Q} \frac{\Delta Q}{\Delta P} > -1$$
或表示为：
$$|e_P| < 1$$

证明这一点的另一个方法是将公式 ∆R/∆P 做如下整理：
$$\frac{\Delta R}{\Delta P} = Q + P \frac{\Delta Q}{\Delta P} = Q \left(1 + \frac{P}{Q} \frac{\Delta Q}{\Delta P}\right) = Q(1 - |e_P|)$$

该式同样表明，如果弹性的绝对值大于 1，那么 ∆R/∆P 就一定为负值。

[案例分析 2-2]　公园门票降价或涨价的启示

苏州乐园的门票价格为 60 元，正常情况下，每天的游客总数在 3 000~4 000 人。2001 年夏，苏州乐园门票从 60 元降到 10 元，十天内该园日均接待游客 25 万人，累计实现营业收入 400 万元以上。

(1) 为什么苏州乐园通过降价获取了巨大的经济效益？

(2) 为什么后来苏州乐园不降价了？假若继续降价苏州乐园还能盈利吗？

(3) 你对目前许多公园的高票价现状持什么意见？为什么这些票价降不下来？

(4) 对于像公园这样的准公共用品，其价格应该由什么来决定？政府在其中起什么作用？

2.4.2 需求的交叉价格弹性

需求的交叉价格弹性，简称需求的交叉弹性，是指某种商品的需求量对另一种商品价格的反应程度或敏感程度，其弹性系数等于商品需求量的变化率与引起这种变化的另一商品价格变化率之比：

$$e_{XY} = \frac{\Delta Q_X / Q_X}{\Delta P_Y / P_Y} = \frac{\Delta Q_X}{\Delta P_Y} \cdot \frac{P_Y}{Q_X}$$

或者

$$e_{XY} = \frac{dQ_X}{dP_Y} \cdot \frac{P_Y}{Q_X}$$

式中，X、Y 分别代表两种不同的商品，e_{XY} 表示商品 X 对商品 Y 的交叉价格弹性。

需求的交叉弹性系数可以是正值，也可以是负值。如果两种商品是互替品，商品 Y 价格下降将引起商品 X 需求量的减少，需求交叉弹性系数是正值。如牛肉与羊肉；如果两种商品是互补品，一种商品的价格变化将导致另一种商品需求量的相反方向变化，需求交叉弹性系数是负值，如汽车与汽油；如果两种商品既非替代品，又非互补品，需求交叉弹性系数是零。当然也可以反过来推论，即如果两种商品需求的交叉弹性为正值，则它们是替代品；如果两种商品需求的交叉弹性为负值，则它们是互补品；如果两种商品需求的交叉弹性为零，则它们既非替代品，也非互补品。

[案例分析 2-3] 汇源果汁并购案

2008 年汇源果汁占据了中国国内 10.3% 的市场份额，可口可乐占据国内果汁行业 9.7% 的市场份额。2009 年 3 月 18 日，商务部宣布：根据中国《反垄断法》，对可口可乐拟出资 24 亿美元收购汇源果汁做出裁决，认定此项集中将对竞争产生不利影响，禁止可口可乐收购汇源。这是《中华人民共和国反垄断法》自 2008 年 8 月 1 日实施以来首个未获通过的案例。

(1) 可口可乐并购汇源果汁的动机是什么？

(2) 在该案件中如何界定相关产品市场？

(3) 此项集中为什么将对竞争产生不利影响？

2.4.3 需求的收入弹性

需求的收入弹性是指某种商品的需求量对消费者收入变动的反应程度或敏感程度,其弹性系数是需求量的变化率与相应的收入变化率之比:

$$e_I = \frac{\Delta Q/Q}{\Delta I/I} = \frac{\Delta Q}{\Delta I} \cdot \frac{I}{Q}$$

或者

$$e_I = \frac{dQ}{dI} \cdot \frac{I}{Q}$$

式中,I 与 ΔI 分别表示收入和收入的变化量,Q 与 ΔQ 表示需求量和需求量的变化量,e_I 表示需求的收入弹性。

对于大多数商品来说,消费者收入的增加一般都会引起这些商品需求量的增加,所以它们的收入弹性是正值。但也有个别商品,消费者收入的增加反而导致这些商品需求量的减少,所以它们的收入弹性是负值。我们把收入弹性为正值的商品称为正常品,收入弹性为负值的商品称为低劣品。

不同商品在一定的收入范围内具有不同的收入弹性。正常品需求的收入弹性在数值上可以小于1、等于1或大于1。它们也分别称为缺乏弹性、单位弹性和富有弹性。我们一般把收入弹性小于1的商品称为必需品,而把收入弹性大于1的商品称为奢侈品。同一商品在不同的收入范围内具有不同的收入弹性。

需求收入弹性为投资决策、经济规划,甚至个人理财提供了十分有用的信息。由于各种商品的需求收入弹性不同,当经济繁荣或萧条时,不同市场或行业扩张或萎缩的程度也不一样。当整个经济趋于繁荣时,如果某种商品的收入弹性是0.2,这就意味着收入每增长1%,对该商品的需求仅增长0.2%,说明该商品或该行业在国民生产中的相对地位会变得越来越小,厂商或行业就不需要盲目地扩大生产规模;如果另一种商品的收入弹性为3,即收入每增长1%,该商品的需求增长3%,该商品的发展速度就会超过国民收入的平均发展速度,厂商就可以扩大生产能力以满足随收入增长而迅速增长的需求。而当经济趋于萧条时,这些行业就需要及时压缩生产,以应付需求急剧下降的局面。

收入弹性还可以用来测度不同行业或产业的收入增长趋势,为产业结构调整、个人的投资方向和就业选择提供信息。例如,大多数农产品的收入弹性一般小于1,当经济繁荣时,农民的收入增长就可能会落后于城市居民收入的增长。因此,农民需要通过适当调整其产品结构或产业结构来增加他们的收入。

2.4.4 供给弹性

供给弹性包括供给的价格弹性、供给的交叉价格弹性和供给的收入弹性等等。这里只分析供给的价格弹性。

1. 供给的价格弹性

供给的价格弹性,通常简称为供给弹性,是指商品的供给量对其价格变化的反应程度或敏感程度,其弹性系数(e_P)等于供给量(Q)的变化率与价格(P)的变化率之比,即:

$$e_P = \frac{\text{供给量变动的百分比}}{\text{价格变动的百分比}} = \frac{\Delta Q/Q}{\Delta P/P} = \frac{\Delta Q}{\Delta P} \cdot \frac{P}{Q}$$

或者

$$e_P = \frac{dQ}{dP} \cdot \frac{P}{Q}$$

由于商品的供给量与价格是同方向变化的,所以供给弹性系数为正值。

不同商品有不同的供给弹性,就是同一商品,在不同的价格水平下其供给弹性也不相同。如果 $e_P > 1$,则称供给富有弹性;如果 $e_P = 1$,则称供给单元弹性;如果 $e_P < 1$,则称供给缺乏弹性;如果 $e_P = 0$,则称供给完全缺乏弹性;如果 $e_P = \infty$,则称供给弹性无穷大,或称供给完全富有弹性。如图 2 - 17 所示。

供给弹性不同于供给曲线的斜率,供给弹性等于 P/Q 与供给曲线斜率的倒数的乘积。当供给曲线是通过原点的直线时,不管斜率是多少,在它的整个线段上供给弹性都等于 1。

2. 决定供给弹性的因素

供给价格弹性的大小,主要取决于以下因素:

(1) 时间的长短。在影响供给弹性的众多因素中,时间因素是一个很重要的因素。当商品的价格发生变化时,厂商对产量的调整需要一定的时间。在很短的时间内,厂商若要根据商品的涨价及时地增加产量,或者根据商品的降价及时地缩减产量,都存在程度不同的困难,供给量限于已有库存,供给弹性较小,近乎为零;在短期内,厂商能够在固定设备不变的情况下增加流动要素(如劳动力、原材料)来扩大产量,因而弹性增大;在长期内,生产规模的扩大与缩小,甚至转产,都是可以实现的,供给量可以对价格变动作出较充分的反应,供给弹性较大。

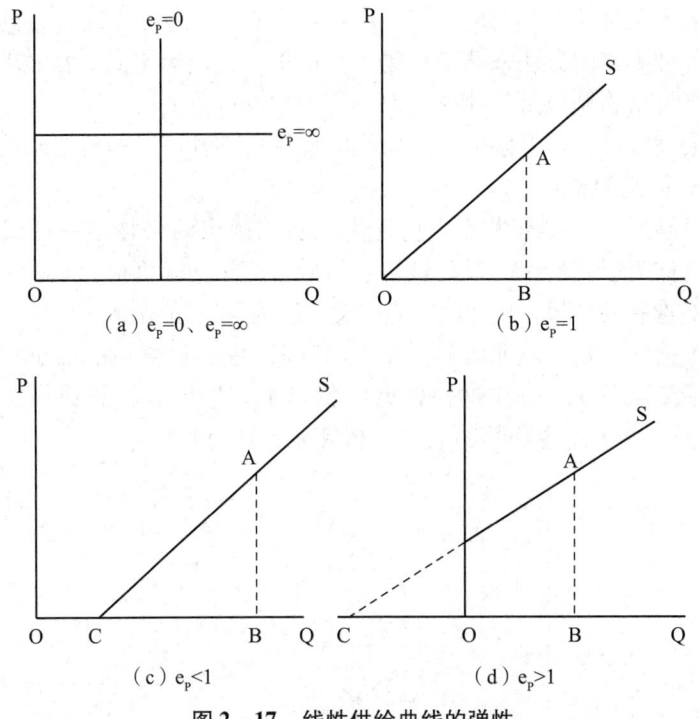

图 2-17 线性供给曲线的弹性

（2）厂商进入与退出某一行业的难易程度。如果某一行业进入与退出的技术、法律或关税壁垒很小，厂商可以灵活根据价格和需求情况进入或退出该行业，则该产品的供给弹性较大，反之则相反。

（3）生产成本的变化、产品的生产周期的长短也是影响供给弹性的重要因素。就生产成本来说，在其他条件不变时，如果产量增加引起的产品成本提高幅度小，则供给弹性较大。相反，如果产量增加引起产品成本提高幅度较大，则供给弹性较小。就产品生产周期而言，某种产品生产周期越长，该产品供给价格弹性越小。相反，产品生产周期越短，其供给价格弹性越大。

2.5 价格管制与税收

2.5.1 价格管制的影响

市场运行通过供求和价格的自动调节实现均衡，价格是调节市场的"看不见的手"。在绝大多数工业化国家,政府出于某种目的,经常用各种不同的方法来调节市场。在这里,我们运用供给和需求曲线来分析价格管制以及其他形式的政府干预和调节的后果。

最高限价与最低限价是政府经常使用的干预市场的价格政策。

1. 最高限价

最高限价是政府为了防止物价上涨而规定的某种产品的最高价格,也称为限制价格。最高价格总是低于市场均衡价格。图2-18显示价格管制的结果。P_e 和 Q_e 是在没有政府调节的情况下将会形成的均衡价格和数量。然而政府觉得 P_e 太高,规定价格不能高于它所允许的最高限价 P_{max}。在这一较低的价格上,生产者愿意提供的数量 Q_1 小于消费者愿意购买的数量,超额需求量为 Q_1-Q_0。

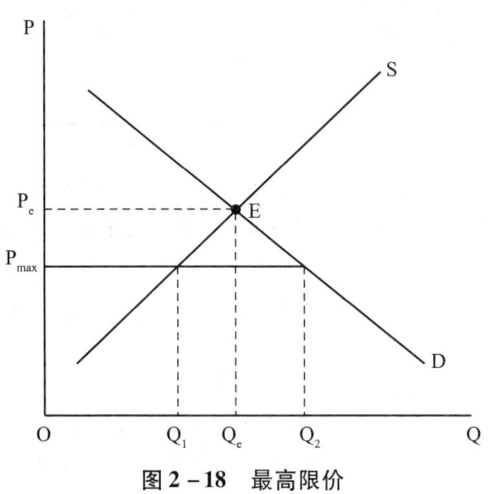

图2-18 最高限价

限制价格会导致一系列不良后果。由于商品短缺不能通过价格来调节,就只能将产品通过排队的形式来满足部分需求。在20世纪六七十年代,中国对吃、穿之类的日用品规定最高限价后,人们必须排队购买商品。有时,这种短缺以配给制为主要形式,人们凭票证购买商品。这时,最高限价会形成非法市场,即票证买卖市场或黑市,那些急需某种配给商品的人,或者不愿意花长时间排队的人,就会购买票证,或者以很高的价格在黑市上购买该商品。

这种价格管制迫使生产者接受较低的价格,一部分生产者退出该行业。一部分消费者能以较低的价格购买该商品,而那些在配给外的或无力出高价的人无法从中获益。对价格管制所带来的利益和损失的详细讨论留待后面有关章节。

2. 最低限价

所谓最低限价是政府为了支持某一行业的发展而规定的该行业的最低价格。最低限价总是高于市场均衡价格。图 2-19 表示价格控制的后果。P_e 表示市场均衡价格，P_{min} 表示政府所实行的最低限价。在这种支持价格下，生产者愿意提供的数量 Q_2 超过消费者愿意购买的数量，过剩供给量为 $Q_2 - Q_1$。为了维持最低限价，政府必须购买这些过剩产品。

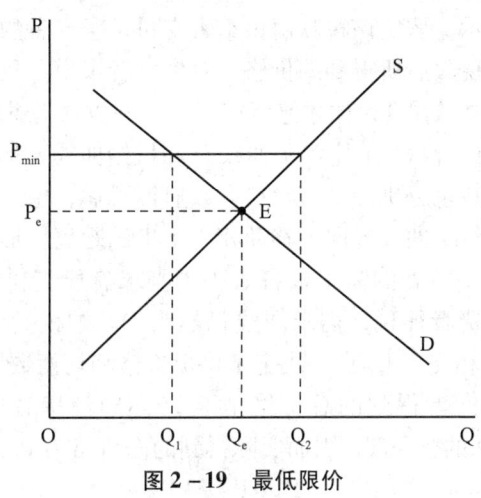

图 2-19 最低限价

最低限价政策虽然保护了某些生产者的利益，但是对过剩产品的收购必然增加政府的财政支出。因此，政府在规定价格下限后必须对产品数量进行控制。

可见，价格管制导致生产者或消费者接受错误的价格引导，往往引致数量管制。因此，除非在特殊的情况下，比如发生战争或通货膨胀不可收拾的情况下，否则不应对竞争性的产品实行限价政策。

[案例分析 2-4] 最低工资标准

"全国没有一个省市的最低工资达到国家要求，即当地月平均工资 40%~60% 的标准。"2006 年 4 月 22 日，在北京大学举行的一个关于企业社会责任的研讨会上，深圳当代社会观察研究所所长刘开明一语惊人。4 月 24 日，国家劳动和社会保障部劳动工资研究所所长苏海南向《中国经济周刊》证实了这一说法，他表示，"假如是按照国际上通用的方法——"社会平均工资法"，即月最低工资一般是月平均工资的 40%~60% 的话，目前没有任何一个省份达到了这个要求"。随后,《中国经济周刊》在采访中发现,各地的劳动保障部门均认为目前的最低工资是偏低的。

提高最低工资标准将如何影响工人的就业和工资水平?是否会增加失业?哪些人受损?哪些人受益?

知识拓展:谷贱伤农

2.5.2 税收或补贴的影响

如果政府对商品的每单位数量征收一定数额的税款——称为数量税——用 T 表示。假定该税款由供给者支付,生产者的供给量将取决于生产者支付税收后所得到的价格。对生产者来说,只有把每单位商品的价格均提高数量 T,他才愿意按照原来的数量提供商品。

如图 2-20 所示,假定需求曲线 D 和供给曲线 S 都是线性的,均衡价格和均衡数量分别为 P^* 和 Q^*。政府征税后,生产者的供给减少了,纳税前的供给曲线 S 向上移动相当于 T 的距离,形成纳税后的供给曲线 S_1。而消费者的需求量将取决于需求者所支付的价格,由于政府没有对消费者征税,需求曲线仍然为 D。纳税后的供给曲线 S_1 和需求曲线 D 相交于 E_1 点,决定了均衡价格和均衡数量分别为 P_d 和 Q_1。结果,生产者得到的总价格是 P_d(亦即消费者所支付的价格 P_d),扣除缴纳的款税 T,因而实际得到的净价格为 P_S:

$$P_S = P_d - T$$

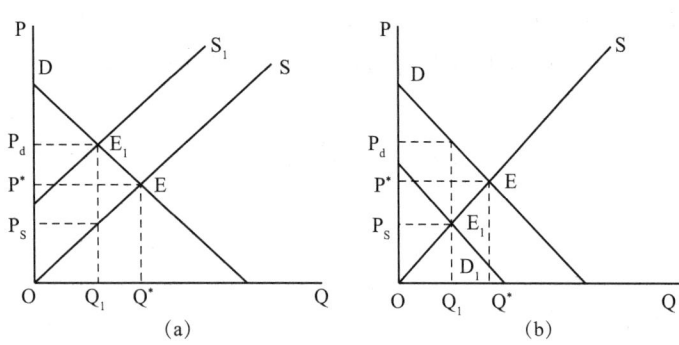

图 2-20 征税对均衡价格的影响

现在假定政府对消费者购买的每单位商品征收数量税额 T。在政府征税以后,消费者的需求减少了,纳税前的需求曲线 D 向下平行移动相当于 T 的距离,形成纳税后的需求曲线 D_1。由于政府没有对生产者征税,供给曲线仍为 S。纳税后的需求曲线 D_1 和供给曲线 S 的交点 E_1,决定了均衡价格和均衡数量分别是 P_S 和 Q_1。在这里,消费者实际支付的总价格（以 P_d 表示）等于生产者所得到的价格 P_S 加上税款 T，即：

$$P_d = P_S + T$$

可以看到，只要政府对商品交易征税，不管是对生产者一方征税，还是对消费者一方征税，最后形成的总价格都是一样的，消费者最终支付的价格是一样的，对均衡价格和均衡数量的影响是一样的。一般说来，税收总会提高消费者支付的价格，降低生产者得到的价格，减少了均衡交易量。

对于线性需求曲线和线性供给曲线，当向市场交易征税时，市场均衡由下列方程决定：

$$a - bP_d = -c + dP_S, 且 P_d = P_S + T$$

解得均衡时的供给价格和需求价格分别为：

$$P_S^* = \frac{a+c-bT}{b+d}, \quad P_d^* = \frac{a+c-bT}{b+d} + T = \frac{a+c+dT}{b+d}$$

显然，税收是对生产者和消费者之间的交易征税，这种税收不应被看作仅仅是对生产者征税或对消费者征税。税收的转嫁程度取决于需求曲线和供给曲线的相对倾斜程度。

图 2-21 描述了税收转嫁的两种情况。当供给曲线接近水平，几乎所有的税收都将转嫁出去；反之当供给曲线接近垂直时，几乎所有的税收都无法转嫁出去。

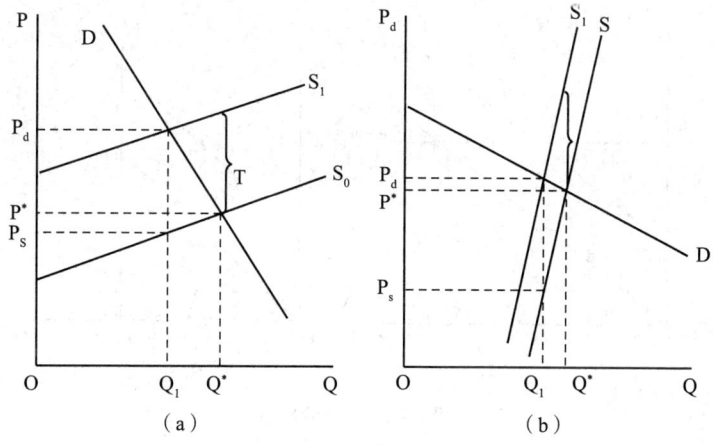

图 2-21　税收的转嫁

在极端的情况下，即当供给曲线完全水平、供给完全弹性，或者当需求曲线完全垂直、需求的价格弹性为零时，税收完全转嫁给消费者;当供给曲线完全垂直、供给完全无弹性,或者需求曲线完全水平、需求的价格弹性为无穷大时,所有的税款由供给者支付,不发生税收转嫁问题,如图 2-22 所示。

既然政府对某种商品征税一般将提高需求者支付的价格或降低供给者得到的价格。那么,当政府对某种商品的每一单位给予一定金额的补贴时,读者自己可以证明,不管是对生产者一方补贴,还是对消费者一方补贴,最后形成的总价格都是一样的,消费者最终支付的价格是一样的,对均衡价格和均衡数量的影响也是一样的。这就是说,补贴提高了生产者实际得到的价格,降低了消费者支付的价格,增加了均衡交易量。

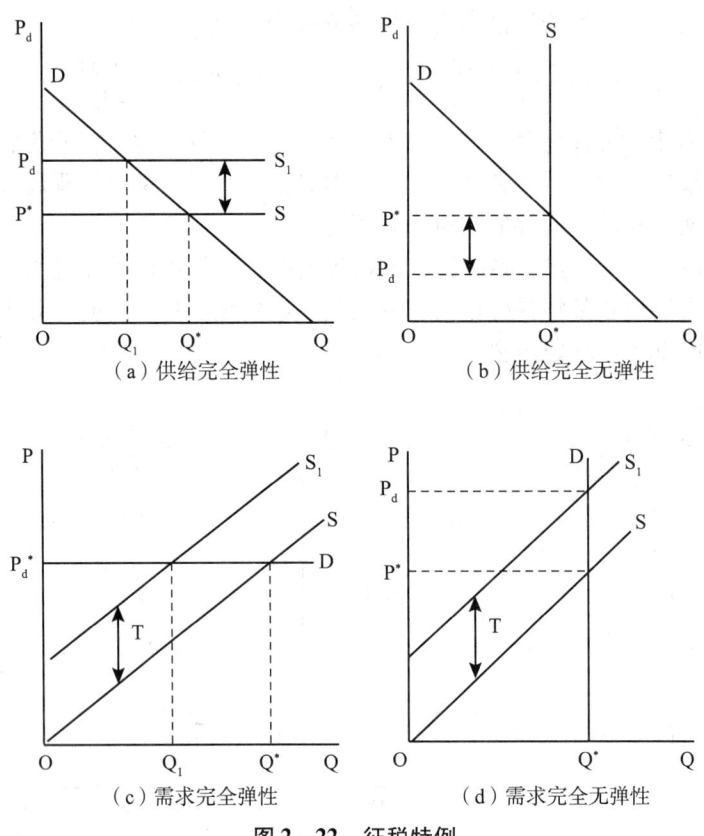

图 2-22 征税特例

一般地,供给弹性越小,政府补贴所导致的均衡交易量的增加额就越小,生产者得到的补贴就越多;需求弹性越小,政府补贴所导致的均衡交易量的增加额就越少,消费者得到的补贴额就越多。

因为需求和供给弹性不同，政府征税或补贴对生产者和消费者有不同的影响。因此，政府在制定税收和补贴政策时，必须考虑需求和供给弹性及其对均衡产量的影响。

本 章 小 结

1. 需求是指一定时期内，在各种可能的价格下，消费者愿意并且能够购买的该商品的数量。需求曲线显示在其他因素保持不变的情况下，需求数量是怎样随价格变化而变化的。

2. 某种商品价格的变化将导致需求量上的变化——沿着需求曲线移动；消费者的收入、偏好和预期以及其他商品的价格的变化将导致需求的变化——整个需求曲线的移动。

3. 商品的供给是指在一定时期内，在各种可能的价格下生产者或卖者愿意并且能够提供出售的商品数量。供给曲线显示在其他因素保持不变的情况下，供给数量是怎样随价格变化而变化的。

4. 某种商品价格的变化将导致供给量上的变化——沿着供给曲线移动；技术进步、生产要素价格、时期的长短，以及其他商品的价格的变化将导致供给的变化——整个供给曲线的移动。

5. 弹性概念可以对一个变量是如何随另一个变量变化进行概括分析。我们常用弹性概念来分析价格、收入等变化对需求量或供给量的影响。弹性主要是以百分比变化为基础，不受测量数量和价格的单位的影响。需求（供给）的价格弹性测度的是需求量（供给量）对价格变化反应的敏感程度。需求的交叉弹性测度的是一种商品的需求量对另一种商品的价格变化的反应程度，而收入弹性则可以测定一种商品的需求量对收入变化的反应程度。了解影响需求弹性和供给弹性大小的因素对经济预测、厂商和个人的微观决策有很实用的价值。

6. 均衡价格-数量组合是由市场需求和供给决定的。均衡价格指的是人们愿意供给的数量和人们需求的数量相等时的价格。

7. 运用静态比较方法，可以研究均衡价格和数量是如何变化的。主要分析某些因素变化后的调整方向和新的均衡状态。

8. 最高限价与最低限价是政府经常使用的干预市场的价格政策。在价格管制下，供求矛盾由非价格机制来解决，导致数量管制。

9. 供求模型可以用来分析税收或补贴的效应。政府对某种商品征税一般将提高需求者支付的价格或降低供给者得到的价格。税收向消费者转嫁的程度取决于需求曲线和供给曲线的相对倾斜程度。如果供给曲线接近水平，几乎所有的税收将转嫁到消费者身上；如果供给曲线接近垂直时,几乎所有的税收都无法转嫁出去。补贴的效应与税收的作用相反。

关 键 概 念

需求　　　　　　　　供给　　　　　　　　均衡价格
需求价格弹性　　　　需求交叉价格弹性　　需求收入弹性
供给价格弹性　　　　最高限价　　　　　　最低限价

复习思考题

1. 判断正误:

(1) 供给量是指在某一价格下,生产者愿意生产并且能够卖出去的数量。

(2) 陡峭的线性需求曲线的弹性小,而平坦的线性需求曲线的弹性大。

(3) 如果商品的需求价格弹性小于供给弹性,则销售税主要由购买者负担。

(4) 经济学杂志今年价格比上年上升20%,销售量却比上年增加了30%,这不符合需求法则。

2. 假设政府在一个具有垂直的需求曲线和向右上方倾斜的供给曲线的市场上征税,谁是最后的纳税者?

3. 油价上涨对轿车需求产生什么影响?

4. 在一个横轴代表数量、纵轴代表价格的坐标图上,有两条分别具有不同斜率的线性需求曲线,这两条需求曲线的相交之点的弹性是否相等?

5. 政府为什么要对农产品实行价格保护政策?

6. 假设某商品 X 的需求函数为 $Q_X^d = 80 - 2P_X + 5I$,其中 P_X 为商品 X 的价格,I 为收入。供给函数为 $Q_X^S = 4P$。

(1) 商品 X 是正常商品还是低劣品?

(2) 如果 $I=3$,求商品 X 的均衡价格与数量。

7. 根据测算,某城市所有消费者对用电的长期需求的价格弹性为 -1.2,对用电需求的收入弹性为 0.2,对电力与天然气需求的交叉弹性为 0.2。如果预期长期内电力的价格将上升 1%,那么天然气的价格要调整多少才能抵销由于电价上升对用电消费量所产生的影响?

8. 某商品的市场需求函数为 $D(P) = 300 - P$,供给函数为 $S(P) = -30 + 0.5P$。

（1）求均衡价格和均衡数量。

（2）如果政府对生产者征收 9 元的销售税，均衡价格和数量将发生什么变化？实际上谁支付税款？征税总额是多少？

（3）如果政府给予生产者 12 元的补贴，均衡价格和数量将发生什么变化？

第 3 章 消费者行为理论

本章要点

◇ 了解基数效用论的基本内容；
◇ 了解不确定性条件下的消费者选择；
◇ 掌握偏好的两种表示方法；
◇ 掌握消费者均衡条件；
◇ 掌握收入扩展曲线与价格扩展曲线；
◇ 理解并掌握替代效应与收入效应。

消费者行为理论就是消费者选择理论。消费者的行为取决于两个方面的因素：一是消费者的主观愿望，即消费者对某种商品或商品组合的偏好程度；二是消费者的客观条件，即消费者在收入和商品价格给定的条件下购买商品或商品组合的能力。本章将考察理性的消费者，在各种可供选择的商品中，他如何选择和购买那些能够使他得到最大限度满足的商品。消费者行为理论是需求理论的依据。

3.1 基数效用论

19 世纪末的经济学家杰文斯、瓦尔拉斯和马歇尔认为，消费者进行选择的目的是使他们尽可能获得最大的快乐或满足。消费者从商品（包括服务）的消费中所感受到的满足程度称为效用。效用概念与人的欲望或需要是联系在一起的，它是消费者对商品满足自己欲望的能力的主观心理评价。

消费者个体的满足程度取决于他从享用或消费商品中所获得的效用的大小。就像物体重量可以计量一样，效用也是可以计量、比较的。一种商品对一个人的效用，可以用基数如 1，2，3……来测量，并且可以加总求和。例如消费者从一块面包中得到 2 个单位的效用，从一杯牛奶中得到 4 个单位的效用，则可以说一杯牛奶的效用为面包的两倍，这两种消费的效用之和为 6 个效用单位。在这里，效用的大小主要取决于消费者对商品满足程度的自我感受。每个消费者都能够比较所选择的商品或商品组合对自己的效用大小，并且不同人之间的效用可以进行比较，这称为基数效用。

基数效用理论运用边际效用分析方法研究消费者行为，推导消费者需求曲线。

3.1.1 边际效用和边际效用递减规律

消费者在一定时间内消费若干单位商品所感觉到的满足的总和，称为总效用（以下简写为 TU 或 U）。如果消费者仅消费一种商品，效用函数可表示为：

$$TU = f(X)$$

基数效用理论

如果消费者消费的是 X 商品组合（X_1，X_2），则效用函数表示为：

$$TU = f(X_1, X_2)$$

消费者每增加 1 单位商品的消费量所得到的总效用的增量，称为边际效用。如果消费者仅消费一种商品 X，用 ΔTU 表示总效用的增量，用 ΔX 表示商品的增量，用 MU 表示边际效用，则：

$$MU = \Delta TU / \Delta X$$

表 3–1 以面包的消费为例，给出了与一定消费数量对应的总效用与边际效用。

表 3–1			面包的边际效用				
X	0	1	2	3	4	5	6
TU	0	10	18	24	28	30	30
MU		10	8	6	4	2	0

在表 3–1 中，我们列举的面包的边际效用是递减的，也就是说，随着所消费的商品量的增加，消费者得到的总效用是增加的。但是消费者从连续消费每单位商品中所得到的满足程度却随着消费量的增加

而递减。这一特征被称为边际效用递减规律。

边际效用随着他消费那种商品数量的增加而递减，这与人们在消费过程中生理和心理的特点有关。当一个人处于饥饿时，第一个面包给他带来的满足程度最高。但是随着面包消费数量的增加，虽然总效用在增加，但每增加一个面包所增加的效用在递减。当这个人对面包的欲望从生理上或心理上都得到完全的满足后，再增加面包的消费就可能会使他感到不适或痛苦，这时边际效用成为负数。

不仅商品的边际效用是递减的，货币收入的边际效用也是递减的。同样增加100元钱，对一个月收入5万元的人和月收入1 000元的人来说，其重要性是不同的，对后者而言就显得更重要，具有更高的效用。

根据表3-1的数字可以绘出总效用曲线和边际效用曲线。如图3-1所示。从图中可以看到，边际效用为零时，总效用最大。

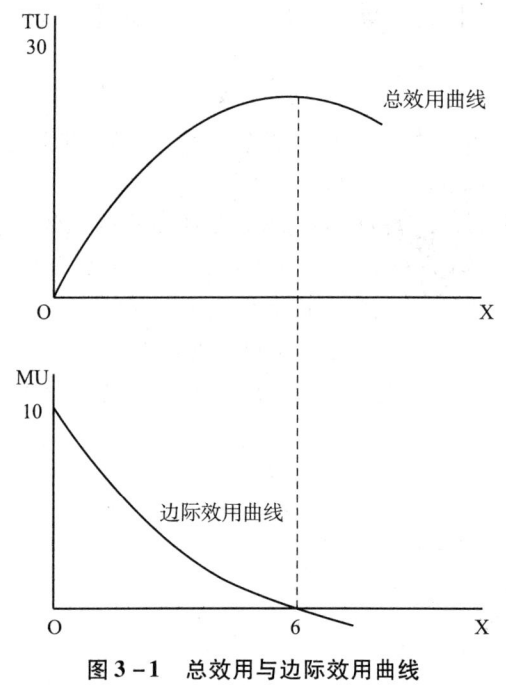

图3-1　总效用与边际效用曲线

3.1.2　消费者均衡

在分析消费者行为时，经济学一般假定在各种可供选择的商品中，消费者总是选择和购买那些能够使他们得到最大限度满足的商品。

为简便起见，我们假设只有两种商品 X 和 Y 可供选择。消费者均衡是指在商品现行价格和既定消费者收入的条件下，购买两种商品的数量实现了效用最大化，消费者不愿意再变动购买量。

假定消费者的货币收入为一定，并且在这个收入范围内每单位货币收入的边际效用是稳定的。在既定的收入与商品价格条件下，如果增购 1 单位商品所增加的效用大于因付出货币而减少的货币的效用，那么这个消费者增购这个单位的商品可以使他得到更大的效用。但是，如果在增购 1 单位商品所增加的效用等于因付出货币而减少的货币的效用以后，再继续增加商品的购买量，那么，消费者增购商品所增加的效用将小于因支付货币而减少的效用，这时消费者的总效用将下降。因此，为了实现效用最大化，消费者应该使他花费在所购买的每一种商品上的最后 1 元钱得到的边际效用相等。这是消费者购买商品时获得效用最大化的必要条件。

这一条件可以表示为：

$$\frac{MU_X}{P_X} = \frac{MU_Y}{P_Y} = \lambda$$

MU_X/P_X 和 MU_X/P_Y 是分别花在商品 X 和 Y 上的每一元钱的边际效用。λ 的经济意义就是单位货币的边际效用。如果 MU_X/P_X 与 MU_Y/P_Y 不相等，消费者将通过改变货币支出在这两种商品之间的分配还能进一步提高总效用水平。假设 $MU_X/P_X > MU_Y/P_Y$，消费者将增加 X 的购买数量，减少 Y 的购买数量。随着 X 的购买数量增加和减少 Y 的购买数量，X 的边际效用递减而 Y 的边际效用递增，直到 $MU_X/P_X = MU_Y/P_Y$ 为止。相反，如果 $MU_X/P_X < MU_Y/P_Y$，消费者将减少 X 的购买数量，增加 Y 的购买数量，直到 $MU_X/P_X = MU_Y/P_Y$ 为止。

上述结论还可以推广至 n 种商品，即在 n 种商品的消费中进行选择。其均衡条件为：

$$\frac{MU_X}{P_X} = \frac{MU_Y}{P_Y} = \cdots = \frac{MU_n}{P_n} = \lambda$$

应该指出，花在每种商品上的最后一单位货币所带来的边际效用相等，既不是指消费者在各种商品上花费相同数额的钱，也不是指每一种商品的边际效用相等，而是指消费者购买商品时使商品的边际效用和价格成比例。另外，消费者获得了最大效用并不是指消费者的欲望得到完全的满足，而是指在货币收入和商品价格为一定的条件下得到了能够得到的最大效用。

3.1.3 推导需求曲线

消费者均衡是在消费者收入与商品的价格为既定的条件下,消费者对一种或多种商品的最优购买选择原则。如果某种商品的价格发生变化,将会改变消费者的均衡。假定消费者的收入(从而支出)不变,某种商品的价格发生变化,则消费者追求效用最大化的行为将导致需求量的变化,从而我们可以推导出消费者对该商品的需求曲线。

假定单位货币的边际效用不变,当消费者购买任何一种商品的时候,消费者用货币购买商品,实际上就是用货币的效用交换商品的效用。消费者购买商品意味着获得效用,支出货币则意味着失去效用。在商品与货币的交换过程中,消费者购买商品获得的效用应当等于支出货币所失去的效用,即等量效用的交换。如果一定数量的某种商品的边际效用越大,则消费者为购买这些数量的该种商品所愿意支付的货币就越多;反之,如果一定数量的某种商品的边际效用越小,则消费者为购买这些数量的该种商品所愿意支付的货币就越少。由于边际效用递减规律的作用,当消费者连续增加某一种商品的消费数量时,该商品的边际效用是递减的,相应地,消费者为购买这种商品所愿意支付的货币数量也是越来越少。因此,消费者购买任何一种商品的最大效用原则是:

$$MU = \lambda P, 或 \frac{MU}{P} = \lambda, 或 P = \frac{MU}{\lambda}$$

假定每一元货币的边际效用固定为 2 个效用单位。一种商品价格变化与需求数量、边际效用之间的关系见表 3 - 2。该表列出了表 3 - 1 中的面包的消费量和边际效用,并添加了需求价格和货币的边际效用。

表 3 - 2　　　　　　　　边际效用与需求曲线

X	0	1	2	3	4	5	6
MU		10	8	6	4	2	0
λ	2	2	2	2	2	2	2
P		5	4	3	2	1	0

从表 3 - 2 中可以看到,消费者消费第 1 个面包所得到的边际效用为 10 个效用单位,而市场价格为 5 元,他所付出的代价为 λP = 2 × 5 =

10效用单位，得失相等。这时的市场价格也是他的需求价格。当市场价格降为4元时，消费者付出的代价为 $\lambda P = 2 \times 4 = 8$，得大于失，他就会增加购买量。当他购买第2个面包时，第2个面包的效用减为8，这时又达到得失相等。当市场价格降到1元时，消费者的均衡购买量为5个面包。因此，根据表3-2的第1行和第4行所对应的X与P的关系，就可以绘出消费者对面包的需求曲线，如图3-2中的曲线d。

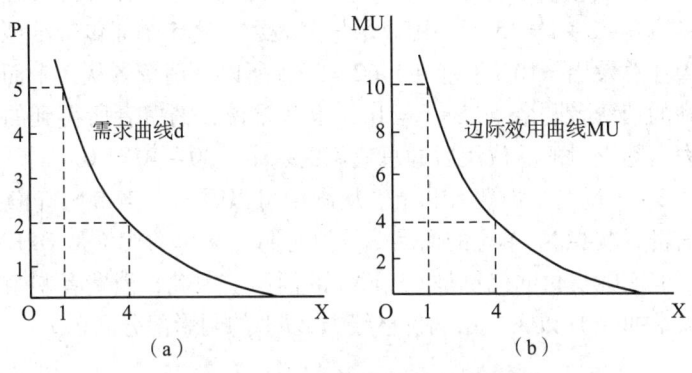

图3-2 边际效用曲线与需求曲线

显然，正如边际效用的大小与消费数量呈反方向变动一样，需求量与价格也呈反方向变动。因此，如果货币的边际效用不变，需求曲线完全取决于边际效用曲线。需求曲线上的每一点都是满足消费者效用最大化条件的需求量—价格组合点。商品的需求曲线向右下方倾斜受边际效用递减规律支配。

价值悖论：钻石用处极少而价格昂贵，生命必不可少的水却非常之便宜。

3.1.4 消费者剩余

消费者剩余是消费者为消费某种商品而愿意付出的总代价与他购买该商品实际付出的代价的差额。也就是消费者在购买商品时所得到的总效用和实际付出的总效用的差额。

根据消费者均衡条件，消费者愿意按照商品的边际效用支付价格。某消费者愿意支付或愿意接受的最高价格通常被认为是他的保留价格。而需求曲线上每一点都代表对一定数量的商品消费者愿意支付的最高价格。当商品的市场价格既定时，消费者在购买商品时，他对每一单位商品只按照最后一单位商品的效用支付货币。但是根据边际效用递减规律，其他的每一单位商品的效用都大于最后单位商品的效

消费者剩余

用。这样，消费者便从前面每一单位商品中得到了效用的剩余。

我们仍以表 3-2 中面包的消费来说明。假定货币的边际效用 $\lambda=2$，对于第 1 个面包，消费者愿意支付 5 元的代价，得到 10 单位的效用；对于第 2 个面包，他愿意支付 4 元的代价，得到 8 单位的效用……如果面包的市场价格为 1 元/个，那么，他将按照效用最大化原则购买 5 个面包，他购买这 5 个面包实际付出的总代价是 5 元，这就是说，他对每一个面包只按最后一个面包所具有的 2 单位效用支付 5 元货币，他支付的总效用为 10 效用单位。而他愿意支付的总代价是 $5+4+3+2+1=15$ 元。用效用量来表示，这 5 个面包带给他的总效用为：总效用 $=10+8+6+4+2=30$。所以，消费者从 5 个面包中所得到的消费者剩余 $=15-5=10$，也就是说，消费者所得到的总效用减去实际支付的总效用后的总效用的剩余 $=30-10=20$。

图 3-3 说明了消费者剩余。从图中可以看出，当市场价格为 P_0 时，消费者购买 X_0 单位的商品 X，他所愿意支付的代价是 $OPEX_0$ 的面积，但实际支付的代价是 OP_0EX_0 的面积。因此，消费者剩余就相当于需求曲线 D 以下、市场价格线 P_0 以上的阴影部分面积。

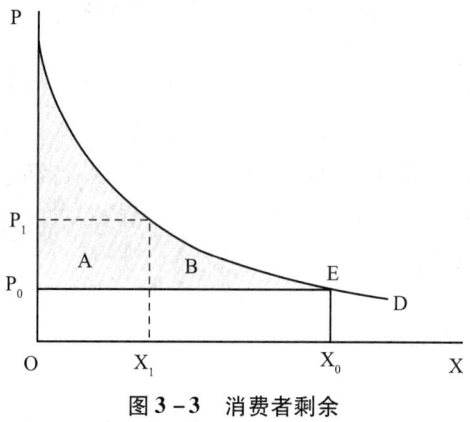

图 3-3 消费者剩余

假设反需求函数为 $P=g(X)$，当市场价格为 P_0，需求量为 X_0 时，图 3-3 中的消费者剩余 CS 可用积分方法求解：

$$CS = \int_0^{X_0} g(X)dX - P_0 X_0$$

如果商品 X 的价格从 P_0 变动到 P_1，消费者剩余会发生什么变化？

在图 3-3 中，我们可以看到，当价格从 P_0 变动到 P_1 时，消费者剩余的变化是两个近似于三角形的区域之间的差，即相当于梯形区域的面积：$\Delta R = A + B$。矩形区域 A 和近似三角形区域 B 测度的是消费者剩余的损失。A 测度消费者对他继续消费的所有单位支付更多的货币而造成的损失；B 测度消费者减少消费而造成的损失。

消费者剩余的变化，仍用积分方法求解：

$$\Delta R = \int_{X_0}^{X_1} g(X)dX - (P_1 X_1 - P_0 X_0)$$

以上我们考察的都是单个消费者的剩余情况。如果我们把每一个消费者的剩余都加在一起，就可以得到包括所有消费者在内的总和的消费者剩余。

消费者剩余是经济学中的重要概念。它是对消费者从交换中所得净利益的一种货币度量。19 世纪的经济学家以基数效用理论为基础，认为全社会福利可以用所有公民的效用总和来度量。而社会的公平程度则可以通过社会成员之间效用水平之差来衡量，这就为评价某项政策对社会福利和再分配的后果建立了一个标准。比如要评价某项收入再分配政策，只要计算一下增益者效用增加的总量是否大于减益者效用损失的总量就可以了。

3.2 消费者偏好

基数效用论假设效用是可以衡量的，并且可以在人际之间进行比较，这很难合乎现实。在现实生活中，当消费者在选择商品时，他并不知道商品的效用值是多少，效用的大小是无法具体衡量的。效用大小取决于个人的主观感受，不同的人对同一商品的评价是不同的，效用是不能在不同的个人之间进行比较的。

20 世纪 30 年代的经济学家放弃了把效用当作快乐的量度的旧式观点，取而代之的是在消费者偏好基础上完全重新阐述的消费者行为理论，而效用则被看作是描述偏好的一种方法。

经济学家认为，给定任意两个商品组合 A 和 B，消费者可以按照自己的意愿对它们进行排序。也就是说，消费者可以决定其中更喜欢哪一个商品组合。这种商品组合的排列顺序反映了消费者对这些不同的商品组合的效用水平的评价。如果消费者对商品组合 A 的偏好程度高于商品组合 B，就可以说消费者从 A 商品组合中得到的效用比 B 大。但他不知道、也不必知道 A 比 B 的效用大多少。由于这种效用强调商品组合的排列次序，所以它被称为序数效用。

序数效用理论主要采用无差异曲线方法分析消费者行为。

帕累托（Pareto，1896）对效用可以测量表示怀疑，提出无差异曲线。斯勒茨基（Slusky，1915）不用效用却推导需求理论，希克斯（Hicks，1939）认为，需求规律不需要边际效用递减规律，德布鲁（Debreu，1959）完成了标准的消费理论的推导，所用的效用概念只依赖于偏好关系。

3.2.1 消费者偏好假定

消费者偏好

为简便起见，我们假设只有两种商品 X 和 Y 可供选择。我们以 (X，Y) 来表示消费者的消费束，它是一个包含两种数字的表列。对于这两种商品的不同数量组合 A、B、C，消费者可以按照他们的偏好来进行排列。

理性的消费者的偏好满足以下假定：

第一，完备性。完备性是指消费者总是可以比较和排列所有的商品组合。对于任何两种商品组合 A 和 B，消费者总是能够做出判断：或者 A 比 B 要好，或者 B 比 A 要好，或者 A 与 B 是无差异的，三者必居其一。

第二，传递性。如果消费者对 A 的偏好大于 B 的偏好，同时，对 B 的偏好大于 C 的偏好，那么，消费者对 A 的偏好大于 C 的偏好。

第三，局部非饱和性。对于两种商品的组合 A 和 B，如果组成 A 的两种商品的数量多于组成 B 的两种商品的数量，那么，消费者对 A 的偏好大于 B 的偏好。这一假定表明，消费者对于稀缺的、"好的"商品——在没有达到饱和点之前——"越多越好"。

3.2.2 无差异曲线

消费者的偏好可以用几何图形描述出来。在图 3-4 中，我们用两个轴分别表示消费者对商品 X、Y 的消费。在这个消费空间里可以任取点 A、B、C、E、F，每个点代表了商品 X 和 Y 的不同数量组合。根据完备性假定，消费者一定能对这些点所代表的消费组合进行比较。我们可以取某个消费组合点 A，它由 X_1 和 Y_1 组成。然后找出所有与组合 A 的偏好相同的其他的组合如 B、C……，连接所有这些点的曲线叫作无差异曲线，即代表所有能够给予某消费者同等满足程度的两种商品的不同消费组合。

我们以同样方法，把所有与点 E 相同偏好的消费组合连接起来，便得到另一条无差异曲线 U_2，U_2 代表的满足程度高于 U_1；把所有与 F 点相同偏好的消费组合连接起来，便得到无差异曲线 U_0，U_0 代表的满意程度低于 U_1。……对于任意一个消费组合点，都可以得到一条无差异曲线。因此，在一个二维消费空间里，存在着无数条无差异曲线。这就是说，无差异曲线的全体对消费空间的所有组合给予排序，因而完整地描述了某一消费者对各种消费组合的偏好态度。这些无差异曲线的全部组合被称为无差异曲线图。

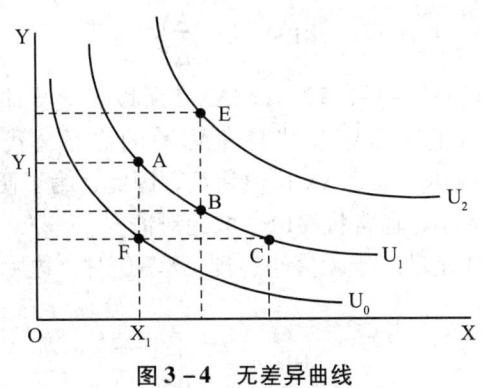

图 3-4　无差异曲线

在一个坐标平面上，表示不同满足水平的任何两条无差异曲线不可能相交。假设两条无差异曲线相交，那么交点同时在两条无差异曲线上。由于不同的无差异曲线表示不同的满足程度，这就意味着交点所代表的同一个商品组合对于具有一定偏好的同一个消费者来说有不同的满足程度，这显然是不可能的，它违反了偏好传递性假设。因此，无差异曲线不可能相交。如图 3-5 所示。

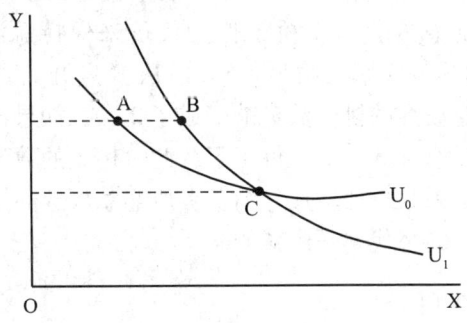

图 3-5　两条无差异曲线不能相交

无差异曲线的基本性质是：（1）不同的无差异曲线不能相交；（2）每条无差异曲线严格地凸向原点；（3）离原点越远的无差异曲线所代表的满足水平或效用程度越高。

3.2.3　边际替代率

在满足程度不变的前提下，消费者为了增加 1 单位某种商品而需要减少的另一种商品的单位数,叫作边际替代率(简写为 MRS)。如果用 X 和 Y 表示两种商品,以商品 X 代替商品 Y 的边际替代率:

$$MRS_{XY} = -\frac{\Delta Y}{\Delta X}$$

因为无差异曲线的斜率为 $\Delta Y/\Delta X$,所以无差异曲线上某一点的斜率等于这一点上以商品 X 代替商品 Y 的边际替代率。由于 ΔY、ΔX 的变化方向相反,$\Delta Y/\Delta X$ 比值为负,因此,为了便于比较商品的边际替代率的大小,通常将 MRS_{XY} 取绝对值。

当商品的变化量趋于无穷小,即 $\Delta X \to 0$ 时,边际替代率的表达式可以表示为:

$$MRS_{XY} = -\frac{dY}{dX}$$

无差异曲线上不同点,其斜率是不同的,也就是说,边际替代率是变化的。其变化规律是,随着消费者不断地用 X 替代 Y,边际替代率会逐渐递减,即消费者为保持原有效用水平不变,在用 X 替代 Y 的过程中,愿意为增加一单位 X 商品而放弃的 Y 商品的数量越来越少,这就是边际替代率递减规律。这是因为,当人们对某一种商品的拥有量增加后,人们就越来越不愿意减少其他商品来进一步增加这种商品。

如图 3-6 所示。我们以苹果与桃子的组合为例,在 A 点,消费者拥有 5 个苹果和 15 个桃子,苹果的数量相对稀缺。如果增加 1 个苹果,消费者愿意放弃 5 个桃子作为代价来保持总满足水平不变,A、B 附近,边际替代率大约为 -5。但从 B 点开始,再增加 1 个苹果,消费者愿意放弃的桃子数量就变成了 2 个;如果再要增加 1 个苹果,消费者就只愿意减少 1 个桃子了,此时桃子的数量相对稀缺。这就是说,随着苹果数量的增加,消费者所愿意放弃的桃子数量越来越小,苹果对桃子的替代率是递减的。

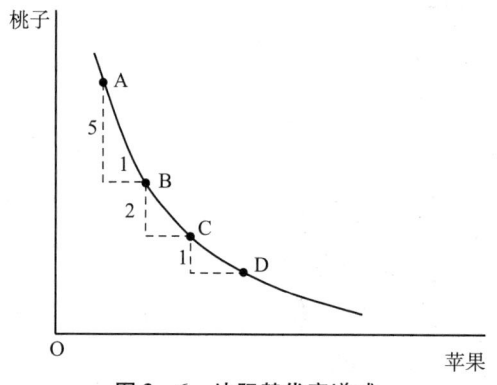

图 3-6 边际替代率递减

边际替代率递减规律也可以用边际效用递减规律来说明。当我们沿着同一条无差异曲线向下移动时，由于在保持效用水平不变的前提下，消费者每增加一单位商品 X 的消费量所增加的效用和相应减少商品 Y 的消费量所减少的效用必定是相等的，即：

$$MU_X\Delta X + MU_Y\Delta Y = \Delta U = 0$$

得到：

$$MRS_{XY} = -\frac{\Delta Y}{\Delta X} = \frac{MU_X}{MU_Y}$$

商品 X 对商品 Y 的边际替代率等于它们的边际效用之比。由于随着 X 的增加，MU_X 是递减的，而 MU_Y 是递增的，MU_X/MU_Y 一定是递减的。因此，边际效用递减规律解释了边际替代率递减规律。

需要说明的是，与基数效用不同，这里的边际效用的数值并没有特殊意义。假如消费者愿意用商品 Y 替代商品 X 的比率等于2，我们可以相应给出 $MU_X = 20$ 和 $MU_Y = 10$，或者 $MU_X = 100$ 和 $MU_Y = 50$，边际替代率保持不变。

3.2.4 其他形状的无差异曲线

良好形状的无差异曲线是以递减的边际替代率和非饱和性为基础的。在某些特殊情况下，这些假设不能成立。改变了假设前提，就会改变无差异曲线的形状。

1. 完全互补品

如果消费者必须按固定比例同时使用两种商品，那么这两种商品就是完全互补品。例如，左脚鞋和右脚鞋是完全的互补品。使用 1 只左脚鞋，就必须使用 1 只右脚鞋，它们的组合比率是 1∶1，并且保持不变。如果以横轴表示左脚鞋，以纵轴表示右脚鞋，在这种情况下，无差异曲线将不是向右下方倾斜的曲线，而是一条直角线，如图 3-7 所示。因为 1 只左脚鞋必须要有 1 只右脚鞋配合才能使用，所以，1 只左脚鞋和 2 只右脚鞋，或者 2 只左脚鞋和 1 只右脚鞋，与 1 只左脚鞋和 1 只右脚鞋，给消费者带来的满足程度是无差别的。

在完全互补品的无差异曲线图中，离原点越远的无差异曲线，代表的满足程度越高。所有的完全互补品的无差异曲线图是一组直角线。这些直角线都在一条从坐标原点出发，斜率为两种商品的比例的射线上。完全互补品的固定比例不一定都是 1∶1。例如一副眼镜架必须配两块镜片。

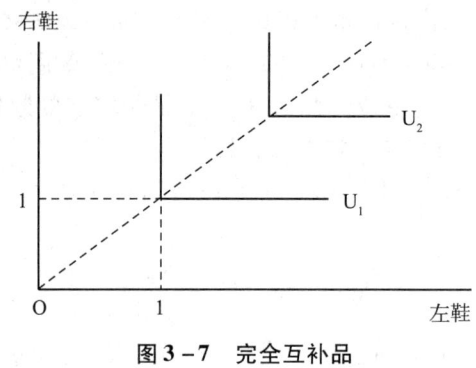

图 3-7 完全互补品

2. 完全替代品

如果消费者愿意按固定的比例用一种商品代替另一种商品,那么这两种商品就是完全替代品。例如,对于颜色不太挑剔的消费者,如果让他在红蓝铅笔之间做选择,他会认为拥有 10 支红色铅笔与拥有 10 支蓝铅笔或者红蓝铅笔各 5 支没有什么差别。在这种情况下,消费者的无差异曲线就是斜率为 -1 的直线。铅笔总数多的组合比铅笔总数少的更受偏爱,离原点越远的直线代表的满足程度越高。所有的完全替代品的无差异曲线图是一组平行的直线,斜率相同。如图 3-8 所示。

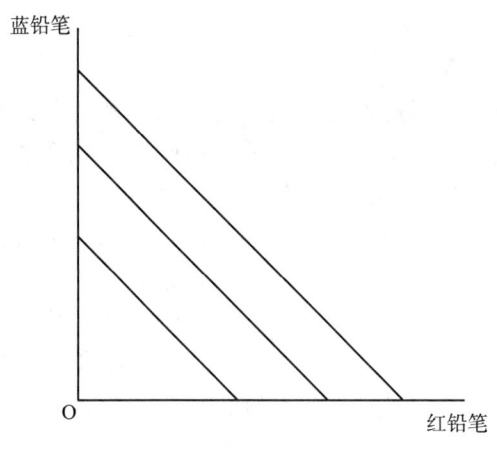

图 3-8 完全替代品

3. 厌恶品

上面讨论的商品都是经济学意义上的商品(goods):当更多的商品提供给消费者,他会感到更满意,至少不感到坏。也就是说,两种商品都是好的商品的组合。但有些东西是消费者所不喜欢的，消费者所不喜欢的东西被称为厌恶品。一方面，当人们选择某种股票进行投资时，人们一般都会喜欢收益尽可能地高。另一方面，人们一般会喜欢风险低的投资甚于风险高的投资。因此，投资的收益是一种"商品"，风险是一种"厌恶品"。收益和风险之间存在着替换关系：收益大则风险也大，收益小则风险小。如果以纵轴表示投资股票的收益，横轴表示投资风险。就可以建立起投资收益和投资风险的无差异曲线，如图 3-9 所示。无差异曲线是一条向右上方倾斜的曲线 U_0，它的斜率是正数。

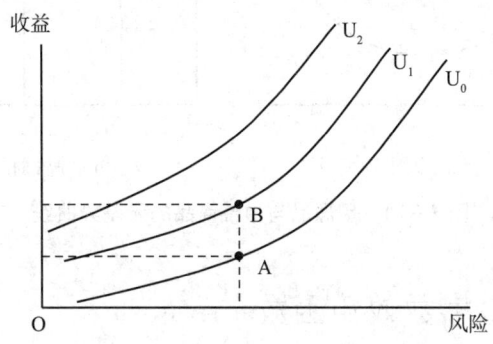

图 3-9　正常品与厌恶品的无差异曲线

同前面一样，我们可以画出完全的无差异曲线图来表示对收益和风险的偏好。在图 3-9 中，曲线 U_1 上的组合 B 比曲线 U_0 上的组合 A 有更高的收益而风险却是一样的。对于投资者来说，组合 B 比组合 A 更受欢迎。这意味着曲线 U_1 上的每一点都比曲线 U_0 上的每一点更受欢迎。

按照非饱和性假设，当两种更多的好的商品组合提供给消费者时，他会感到更满意。但是，在现实生活中有许多商品，当人们拥有这种商品的数量较少的时候，它是一种好的商品；当人们拥有这种商品的数量"太多"时，它就成了厌恶品。例如，人们每天要吃的水果可能有一个最合适的数量，超过这个数量就会让人感到不舒服；气温处于20℃左右时，你会感到舒适宜人，过冷过热都会让人感到不舒服。因此，当消费者拥有的两种物品中的某一种物品的数量"太少"时，无差异曲线和标准无差异曲线一样，它向右下方倾斜，斜率为负数；当消费者拥有的其中一种物品的数量"太多"时，无差异曲线向右上方倾斜，斜率为正数。如图 3-10（a）所示。

4. 中性商品

在现实生活中，有些商品的多寡对消费者的满足没有影响。这种商品被称作中性商品。在这种情况下无差异曲线就是一条直线。在图 3–10 (b) 中，Y 为中性商品。

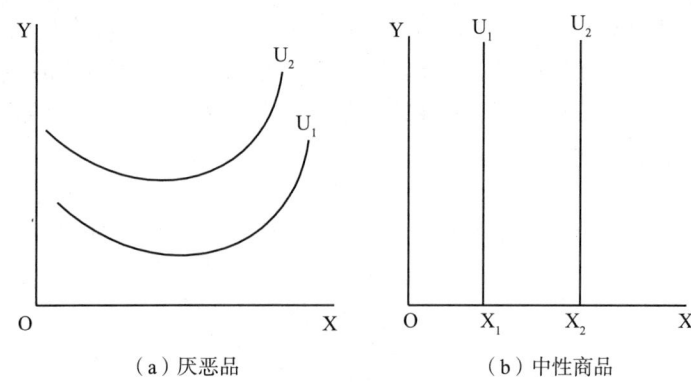

(a) 厌恶品　　　　　　　(b) 中性商品

图 3–10　厌恶品与中性商品的无差异曲线

3.2.5 序数效用函数

消费者对商品的偏好序列也可以用序数效用函数表示出来。序数效用函数就是把一些数字与假定的各种商品数量联系起来的一种方法。我们可以为每一个消费组合指派一个数字，对那些受较多偏爱的消费组合指派较大的指数值，而对受较少偏爱的消费组合指派较小的指数值。任意两个消费组合之间的效用值的差额是无关紧要的。

如果 u(x) 是一个消费者偏好的效用函数，而另一个连续函数 v(x) 的排序与 u(x) 一致，则 v(x) 也是表示同一偏好的效用函数。所以，同一偏好会有多个不同的效用函数，只要效用函数是严格递增函数，那么，每一个效用函数的正单调变换所表示的偏好相同。

例如，某人的效用函数为：

$$U(X, Y) = XY$$

则这个人的效用函数与下列效用函数只要保持次序不变，指数值的大小是无关紧要的：

$$U(X, Y) = 3XY, \text{ 或 } U(X, Y) = XY + 20, \text{ 或 } U(X, Y) = (XY)^3$$

序数效用函数与无差异曲线图是等同的概念，它们是对消费者偏好的不同表达方式。序数效用函数因其表达简便而被现代经济学所广泛使用。

一般地，描述完全互补偏好的效用函数可由下式给出：
$$U(X, Y) = \min(aX, bY)$$
式中 a 和 b 是说明商品消费比例的正数，$\min(aX, bY)$ 表示两种商品组合中的最小数。以左脚鞋和右脚鞋为例，如果消费者只关心他有几双鞋子，那么，左脚鞋和右脚鞋的组合（1，1）与（1，2）对消费者都有相同的偏好，即 $\min(1, 1) = \min(1, 2) = 1$。

完全替代偏好可以用如下形式的效用函数描述：
$$U(X, Y) = aX + bY$$
无差异曲线的斜率为 $-a/b$。

3.3 预算约束

无差异曲线图反映了消费者对两种商品选择的偏好，但消费者对商品的选择和购买受到其购买力的限制，购买力则由消费者的收入水平和价格水平所决定的，这就是预算约束。

3.3.1 预算线

为了说明预算约束是如何限制消费者选择的，假设有两种物品可供消费者选择。如果以 I 表示消费者要花费的货币总数，以 P_X、P_Y 分别表示两种物品的价格，那么消费者所能购买的两种物品的数量 X 和 Y，一定满足不等式：
$$P_X X + P_Y Y \leq I$$

预算线指的是在消费者收入和物品价格既定的条件下，消费者的全部收入所能购买的两种物品的不同数量的各种可能组合。它又被称为预算约束线、消费可能线或价格线。

预算线的方程为：
$$P_X X + P_Y Y = I$$

在图 3-11 中，我们以横轴表示商品 1 的数量 X，纵轴表示商品 2 的数量 Y。$P_X X + P_Y Y = I$ 是一条直线，它与横轴交于 I/P_X，与纵轴交于 I/P_Y。两轴与预算线 AB 所围成的三角形内任意一点（X，Y），都满足 $P_X X + P_Y Y < I$；在预算线上的任意一点，自然都满足 $P_X X + P_Y Y = I$，消费者花光全部收入。两轴与预算线 AB 所围成的三角形包含了该消费者所能购买的全部商品组合，我们把这一集合称为消费者

的预算集；而预算线以外其他的点，则都有 $P_X X + P_Y Y > I$，消费者可望而不可即。

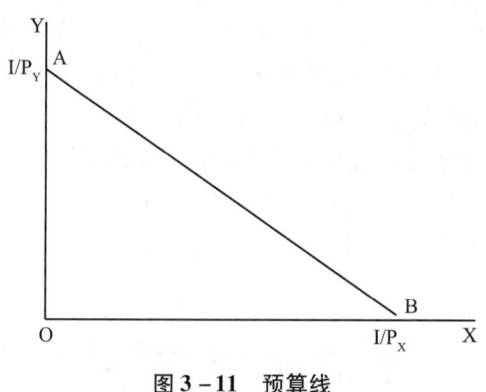

图 3-11 预算线

如果我们把预算方程式重新安排一下，得出公式：

$$Y = \frac{I}{P_Y} - \frac{P_X}{P_Y} X$$

不难看出，预算线的斜率为 $-P_X/P_Y$，即是两种商品的相对价格的负数。这个斜率始终是负数，因为当预算受到约束时，要多消费商品 1，就必须少消费商品 2，反之亦然。

3.3.2 预算线的变动

预算线是在收入和价格为一定的条件下各种可行的消费组合。如果收入或价格变动了，预算线会发生怎样变化呢？

首先，假定两种商品的价格不变，消费者的收入发生了变动。从预算等式 $Y = I/P_Y - (P_X/P_Y) X$ 中可以看出，收入变化会改变纵截距而不会影响预算线的斜率，收入的改变将只会引起预算线的平行移动。如果是收入增加，则消费者的购买力增加，可以购买更多的商品，预算线将向右上方平行移动；反之，如果收入减少，则预算线将向左下方平行移动，如图 3-12（a）所示。

其次，假定消费者的收入不变，商品的价格可变。这样有多种情况：两种商品的价格同方向变化，两种商品的价格反方向变化，两种商品的价格同方向同幅度变化，两种商品价格同方向但不同幅度变化等等。这里只分析降低商品 X 的价格而商品 Y 的价格不变的情况。根据预算等式 $Y = I/P_Y - (P_X/P_Y) X$，降低商品 X 的价格不会改变纵截距，但预算线斜率的绝对值就会变小，预算线将以 A 点为轴按逆时针方向转动。相反，其他条件不变，如果商品 Y 的价格提高了，预算线的斜率的绝对值就会增大，预算线以 A 点为轴按顺时针方向转动。如图 3-12（b）所示。

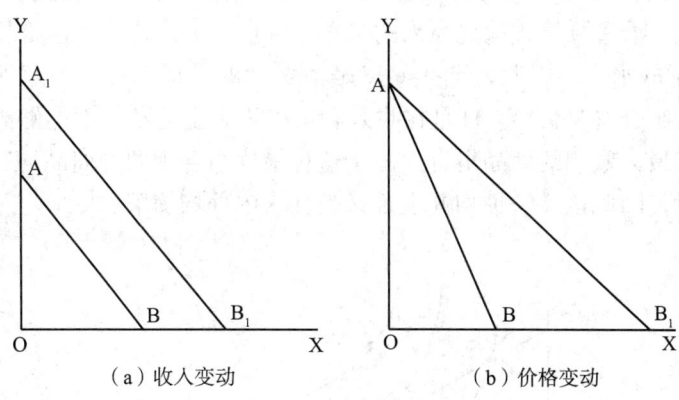

（a）收入变动　　　　　（b）价格变动

图 3-12　预算线的变动

如果收入和两种商品的价格同时发生变化时，预算线的变动就取决于三者变化的相对程度。

3.4　消费者最优选择

无差异曲线图反映了消费者对两种商品选择的偏好，而预算线则显示了在收入和商品价格给定的情况下，哪些是可以负担得起的商品组合。现在我们可以把预算线和无差异曲线放在一起来分析消费者如何从他的预算集中选择最偏好的商品组合。

3.4.1　消费者最优选择的条件

图 3-13 给出了三种不同的商品组合 a、c、e。其中，a 点位于无差异曲线 U_3 上，它处在预算线 B_1 的上方，为消费者购买力所不能及。c 点处在预算线上，该组合是可行的。这意味着消费者用他的收入可以得到无差异曲线 U_1 代表的满足程度。但是，消费者并没有得到最大效用。当点 c 移向点 e 的时候，它们仍在预算线上，即它们代

表的商品组合是消费者在目前的收入水平上仍可以实现的,但它们已经离开 U_1 而到达代表更高满足程度的无差异曲线 U_2。e 点是预算线 B_1 与无差异曲线 U_2 的切点。它同时在预算线 B_1 和无差异曲线 U_2 上,意味着它所代表的商品组合是消费者用现有的收入可以买到的,这时它给消费者带来的是无差异曲线 U_2 所表示的满足程度。显然,只要点 e 沿着预算线偏离原来的位置,它所代表的满足程度都要低于 U_2 表示的水平。因此,选择 e 点是消费者的最优选择,该点所代表的商品组合(X^*,Y^*)是在收入和价格为一定的条件下能够给消费者带来最大效用的商品组合。由于这种最优组合中两种商品均有一定的数量,因此这样一种均衡组合又被称为内部均衡解。

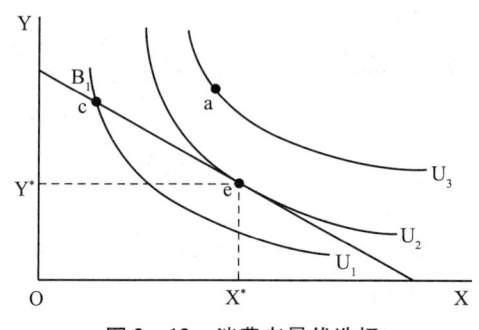

图 3-13　消费者最优选择

当预算线和无差异曲线相切时,预算线的斜率等于无差异曲线的斜率。由于预算直线斜率的负值是两种商品的价格比率 P_X/P_Y,无差异曲线斜率的绝对值是两种商品的边际替代率 MRS_{XY}。因此,消费者的最优选择条件是:商品的边际替代率等于商品的价格比率。即:

$$MRS_{XY} = \frac{P_X}{P_Y}$$

边际替代率可以用两种商品的边际效用来表示:

$$MRS_{XY} = \frac{MU_X}{MU_Y}$$

因此,消费者的最优条件还可以表示为:

$$MRS_{XY} = \frac{MU_X}{MU_Y} = \frac{P_X}{P_Y}$$

该式表示 X 和 Y 之间的边际替代率必定等于在最优选择(X^*,Y^*)上的价格比率。这一等式的经济含义是:在最优条件下,消费者个人对两种商品的相对边际价值的估量等于这两种商品的边际市场价值。假如消费者的边际替代率与价格比率不相等,那么他的收入在两种商品间进行重新分配能使他更满意。

【例3-1】 假定某消费者的效用函数为 $U(X_1, X_2) = X_1^a X_2^{1-a}$，消费者的收入为 I，商品 X_1 和 X_2 的价格分别为 P_1 和 P_2 给定，$a > 0$ 为常数，该消费者对这两种商品的最优选择（X_1^*、X_2^*）可以归结于如下最优化问题：

$$\max_{X_1, X_2} U(X_1, X_2) = X_1^a X_2^{1-a}$$

$$s.t. \ P_1 X_1 + P_2 X_2 = I$$

构造拉格朗日函数：

$$L(X, Y, \lambda) = X_1^a X_2^{1-a} + \lambda(I - P_X X - P_Y Y)$$

对目标函数求偏导数，有：

$$\frac{\partial L}{\partial X_1} = aX_1^{a-1} X_2^{1-a} - \lambda P_1 = 0$$

$$\frac{\partial L}{\partial X_2} = (1-a) X_1^a X_2^{-a} - \lambda P_2 = 0$$

$$\frac{\partial L}{\partial \lambda} = I - (P_1 X_1 + P_2 X_2) = 0$$

将上述方程联立求解，有：

$$X_1^*(P_1, P_2, I) = \frac{aI}{P_1}$$

$$X_2^*(P_1, P_2, I) = \frac{(1-a)I}{P_2}$$

这就是消费者对这两种商品的最优选择或需求函数。

3.4.2 特殊解

上述分析表明，预算线与无差异曲线相切是消费者获得最大效用的条件。有时也存在一些特殊情况。消费者的最优点出现在某些商品的消费为零的情况，其原因在于单位收入在这种商品上所能买到的边际效用小于在其他商品上能买到的边际效用。

在图3-14中，面对预算线 AB，消费者只选择购买衣服，而对旅游不花一分钱。无差异曲线与预算线不相切，最优点出现在边角上，称为边角解。在最优点 B 处，食物对旅游的边际替代率大于预算线的斜率，无差异曲线比预算线陡峭。消费者最优化的必要条件为：

$$MRS \geq P_1/P_2$$

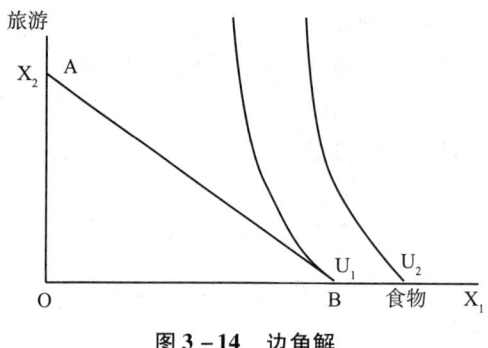

图 3-14 边角解

对于完全互补品，消费者偏好以固定比例消费两种商品，消费者的最优选择必然出现在对角线上。如图 3-15 所示。因为在那里，无论价格多少，消费者都必须按固定比例购买两种商品。假设 $U(X, Y) = \min(X, Y)$，最优解为：

$$X_1 = X_2 = \frac{I}{P_1 + P_2}$$

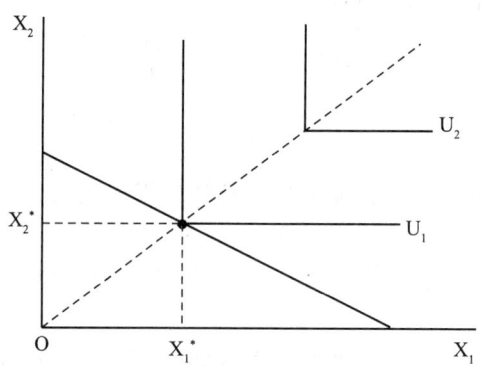

图 3-15 完全互补偏好的最优选择

完全替代品的一个重要特点是消费者愿意以固定比例用一种商品替代另一种商品。图 3-16 表示的是完全替代偏好的无差异曲线和预算约束线。在完全替代情况下，消费者对商品的相对价格的变动非常敏感，一般会购买价格较低的那种商品。因此，最优选择点通常在边界上，这样的最优解称为边角解。显然，边角解不满足边际替代率与价格比率相等的条件。如果商品 1 的价格低于商品 2，对商品 1 的需求为：$X_1 = m/P_1$。如果商品 1 的价格高于商品 2，则商品 1 的需求为零。如果两种商品具有相同的价格，就会有一系列的最优选择，满足预算约束的任何数量的两种商品都是最优的。

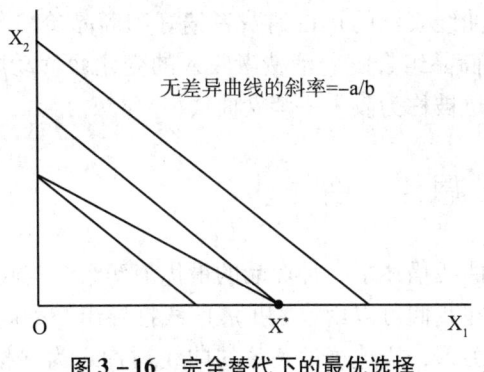

图 3-16 完全替代下的最优选择

3.5 收入、价格的变动与需求

本节我们要考察当收入和价格变化时,消费者最优组合点是如何变化的,在此基础上推导消费者的需求曲线。

3.5.1 收入扩展曲线

假定消费者的偏好和商品的价格不变,而消费者的收入发生变化,考察消费者的最优选择的变化情况。如图 3-17 所示。假设消费者的收入增加了,收入由 I_1 增加到 I_2、I_3。收入的增加将导致预算线向右方平行移动一定距离,如 B_1 向 B_2、B_3 移动。预算线 B_2、B_3 与无差异曲线 U_2、U_3 相切于 E_2、E_3 点。切点 E_1、E_2、E_3 所对应的商品组合都是在收入和价格为一定的条件下,给消费者带来最大效用的商品组合。把 E_1、E_2、E_3 点连接起来,便得到一条曲线。这就是收入扩展曲线。

消费者均衡

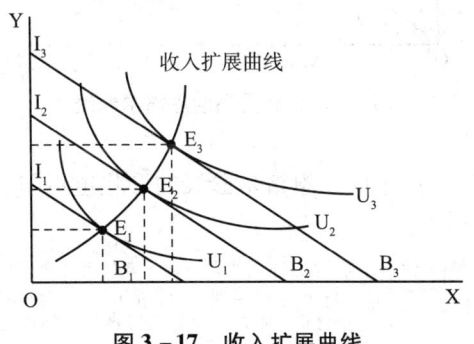

图 3-17 收入扩展曲线

收入扩展曲线表示的是在消费者偏好和商品价格不变的条件下，一系列的最优商品组合随着消费者收入的变化而移动所形成的曲线。收入扩展曲线也被称为收入—消费曲线。

3.5.2 恩格尔曲线

收入扩展曲线描述了两种商品的最优消费组合与收入水平变动之间的关系。现在我们可以用收入扩展曲线推导出一种商品的需求与收入变动之间的关系，描述这种关系的曲线被称之为恩格尔曲线①，恩格尔曲线表示在所有商品价格和其他因素保持不变时，某种商品的需求如何随着收入的变动而变动。

在图 3-18 中，我们把每一收入水平上所对应的商品 X 的需求量描绘在以纵轴代表收入 I，横轴代表商品 X 需求量的坐标图中，就可以得到恩格尔曲线。

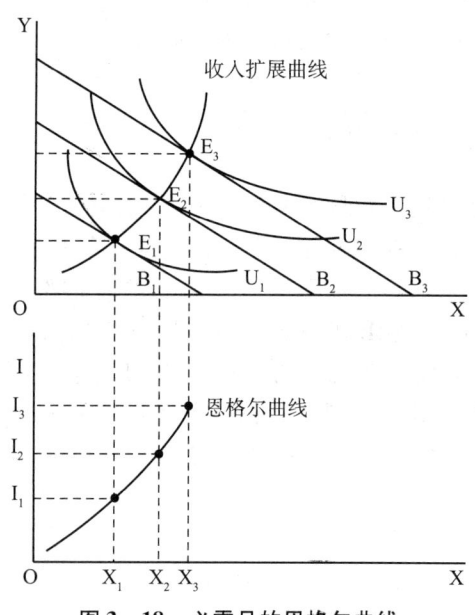

图 3-18 必需品的恩格尔曲线

由于商品的性质不同，恩格尔曲线的形状也不同。图 3-18 表示

---

① 以 19 世纪普鲁士统计学家恩格尔的姓氏来命名。他曾经研究过食品支出与收入增加之间的关系，得出下述结论：随着收入的增加，消费者的支出也增加，但食品支出在收入中所占的比例越来越小。这就是恩格尔定律。食品消费占总支出的比例，称作恩格尔系数，它作为衡量经济发展水平的一个指标。

的是必需品的恩格尔曲线。从图中可以看出，必需品的需求量随收入增加而增加，其需求量增加的比例小于收入增加的比例。

图 3-19（a）表示的是奢侈品的恩格尔曲线。奢侈品需求量随收入增加而增加，且需求量增加的比例大于收入增加的比例。图 3-19（b）表示的是低劣品的恩格尔曲线。低劣品的需求量随收入的增加而减少。

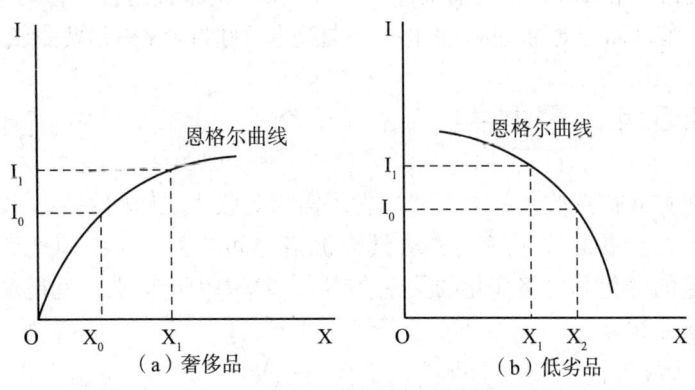

图 3-19　奢侈品与低劣品的恩格尔曲线

3.5.3　价格扩展曲线

现在我们考察收入不变而价格变化时消费者选择的情况。如图 3-20 所示。假定消费者的货币收入和商品 Y 的价格不变，商品 X 的价格降低了，预算线将会变得比较平坦，预算线与无差异曲线的切点就会发生移动。这意味着商品 X 价格的变动改变了预算线的位置，从而改变了消费者对这两种商品的组合。

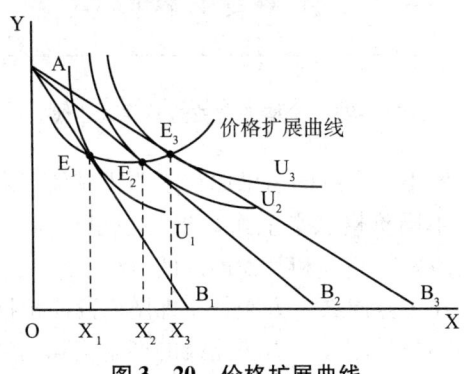

图 3-20　价格扩展曲线

当商品 X 的价格由初始的 P_1 下降为 P_2 时，预算线 B_1 绕 A 点向右上方转动至 B_2。如果消费者的偏好保持不变，消费者对商品 X 的需求量可能会随其自身价格的下降而增加，新的预算线 B_2 与无差异曲线切于 E_2 点，得到一个新的最优消费束。在商品 X 价格的变化过程中，预算线就会发生转动，就会出现一系列新的最优商品组合点，将这些最优点连接起来就得到一条曲线，我们称之为价格扩展曲线。价格扩展曲线表示在消费者的偏好和收入不变的条件下，两种商品的最优组合随着某种商品的价格变动而变动的轨迹。价格扩展曲线也被称为价格—消费曲线。

3.5.4 需求曲线

正如我们用收入扩展曲线去发现需求与收入之间的关系，我们可以用价格扩展曲线来找出需求量与价格之间的关系。我们把商品 X 需求量的变化和价格变化的关系在图 3-21 中表示出来，就是消费者的需求曲线 d。

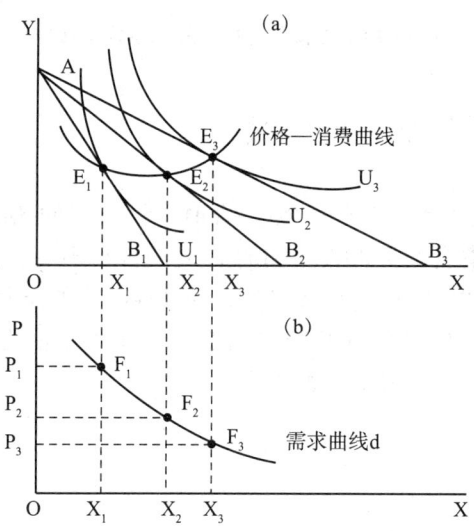

图 3-21 价格消费曲线与需求曲线

回想在第 2 章中，商品的需求曲线表明当其他因素保持不变的情况下，消费者在不同价格水平上所需求的数量。而"其他因素"主要是指消费者的偏好、收入和其他商品的价格。

需求曲线由左上方向右下方倾斜，即随着商品价格的降低，消费者愿意购买的商品数量增加。需求曲线的产生实际上是消费者最优选择的结果，因为在需求曲线上的每一点，都代表着消费者在预算约束

知识拓展：吉芬矛盾

下达到了效用极大化。这与从基数效用分析推导出的结论是一样的,只是基数效用论所推导的需求曲线是以边际效用递减规律为基础,而这里是以边际替代率递减为基础。

3.6 替代效应与收入效应

上面的分析表明,如果其他条件保持不变,一种商品的价格上升,则该商品的需求量通常会增加,反之则相反,需求曲线一般具有负斜率。但是也存在相反的情况。为什么价格的变动对需求产生的效应竟有如此分歧?为了充分了解价格变动的效应,我们需要对价格变动中各种力量的作用做更进一步的分解。

假定货币收入和商品 Y 的价格不变,商品 X 价格上升会对需求产生两种影响:一方面,商品 X 的价格上升后,与商品 Y 的价格相比,商品 X 相对更贵了,这意味着消费者为购买商品 X 需要放弃更多商品 Y,他可能会多买商品 Y 而少买商品 X。在实际收入保持不变的情况下,与商品价格变动相联系的需求数量的变化,称为替代效应。另一方面,商品 X 的价格升高,意味着现有的货币收入只能购买到更少的商品 X,消费者的货币的购买力降低了,虽然他持有的货币数量并没有变化。由于价格的变动引起消费者实际收入的变动对需求数量产生的影响,称为收入效应。

3.6.1 替代效应

如图 3-22 所示,最初的预算线 AB_1 与无差异曲线 U_1 相切于 E_1 点,商品 X 的需求量为 X_1。商品 X 的价格上升,改变了两种商品的相对价格比率,从而改变了消费者以商品 Y 替代商品 X 的比率,消费者的预算线由 AB_1 移至 AB_2,并与无差异曲线 U_2 相切于 E_2 点,消费者对商品 X 的需求量由 X_1 降至 X_2。把由价格变化而产生的总需求量的变化记为 ΔX,则:

$$\Delta X = X_2 - X_1$$

为了从 ΔX 中分解出价格上升的替代效应,必须剔除实际收入的变动对需求的影响,即在消费者的实际收入保持不变的前提下对价格影响进行观察。如何才算是实际收入不变呢?

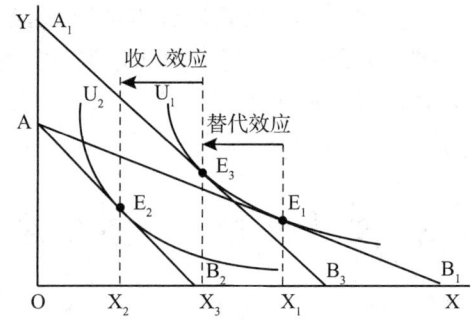

图 3-22 替代效应和收入效应：正常品

希克斯把"实际收入不变"定义为效用水平不变，即消费者维持在原来的无差异曲线 U_1 上。也就是说，当价格上升导致实际收入减少时应予以补偿，才能使消费者的实际收入保持不变。具体做法是：作一条与 AB_2 平行并与原来的无差异曲线 U_1 相切的预算线 A_1B_3。这两条预算线之间的垂直距离 AA_1 代表了为维持原有效用水平 U_1 而必须补偿的货币收入，预算线 A_1B_3 也叫作补偿预算线。然而，如果价格下降，对消费者的"补偿"就是为保持效用水平不变而必须剔除的货币收入。

由于相对价格发生变动，预算线 A_1B_3 的斜率不同于原有的预算线 AB_1，均衡点由 E_1 移到 E_3 点。对商品 X 的需求量从 X_1 减到 X_3。这就是价格变化的替代效应。因为替代效应是通过改变价格和假定同时补偿收入产生的，所以它有时被称为价格变动的补偿效应。替代效应记为 ΔX^s，即：$\Delta X^s = X_3 - X_1$。

替代效应总是与价格的变动方向相反，我们称替代效应是负的。这是因为由替代效应引起的需求量变动方向总是与价格变动的方向相反：如果价格上升，由替代效应引起的需求量就下降。

3.6.2 收入效应

商品 X 的价格上升后，消费者的收入减少了。为了得到收入效应，我们将预算线 A_1B_3 向内平行移动到预算线 AB_2，即让它们的相对价格保持不变而把刚才已经补偿的由于价格上升而减少的实际收入再剔除。这样均衡点从 E_3 点移到 E_2 点。商品 X 的需求量由 X_3 减少到 X_2。由于预算线 A_1B_3 与预算线 AB_2 价格相同，斜率不变，因此，商品 X 所减少的需求量只是实际收入下降的结果，即价格变化的收入效应。收入效应记为 ΔX^m，即：

$$\Delta X^m = X_2 - X_3$$

收入效应的符号因商品性质不同而异。对于正常品来说，收入效应与价格变动方向相反，即正常品的收入效应是负的：价格上升，实际收入降低，由收入效应引起的需求量就下降。对于低劣品来说，收入效应与价格变动方向相同，即低劣品的收入效应是正的：价格上升，收入减少，需求量增加。

3.6.3 价格效应的符号

需求的总效应也被称为价格效应。它等于替代效应加收入效应。即：

$$\Delta X = \Delta X^S + \Delta X^m$$

价格变动的总效应的符号取决于替代效应和收入效应的方向及其大小。如果商品 X 是正常品，当价格上升时，替代效应和收入效应方向相同均为负，其总效应亦为负：价格与需求量呈反方向变动关系，即正常品的需求曲线的斜率为负的。图 3-22 描述的是价格上升对正常品需求量的影响。

如果商品 X 是低劣品，收入效应和替代效应的符号相反，其总效应的正负便取决于两种效应的相对强度了。如果替代效应强于收入效应，那么价格变化对需求量的总效应为负，即价格上升，需求量下降。图 3-23 描述了这种情况。

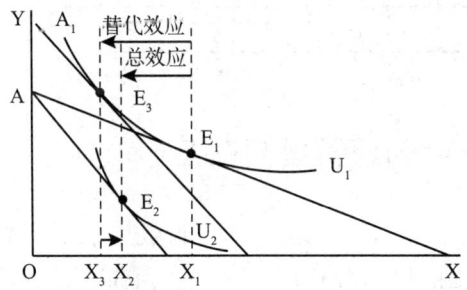

图 3-23 替代效应和收入效应：低劣品

如果一种商品是低劣品，且收入效应大于替代效应，使得总效应与价格同方向变化，即需求量与价格同方向变化。我们把这种特殊的低劣品称为吉芬商品。图 3-24 描述了这种情况。吉芬商品的收入效应为正，替代效应是负的，且收入效应大到超过替代效应，使得总效应为正。对商品 X 的需求量因价格上升而增加。

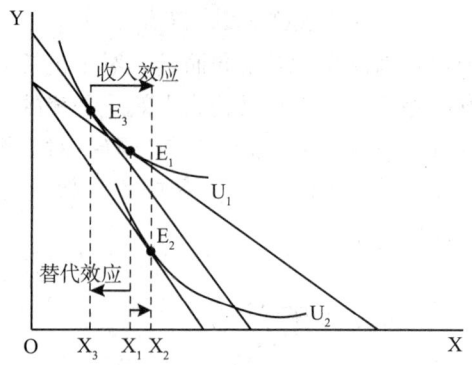

图 3-24 吉芬商品的替代和收入效应

应当注意区分吉芬商品与低劣品。低劣品是从需求与收入的关系定义的，即需求的收入弹性小于零的商品是低劣品。而吉芬商品既要考虑需求与收入的关系，更要考虑需求量与价格的关系。显然，吉芬商品必是低档品，但低档品不一定是吉芬商品。

价格变化对正常品、低劣品和吉芬品的替代效应、收入效应和总效应综合于表 3-3。

表 3-3　　　　　　　不同商品的价格效应

商品类别	替代效应	收入效应	价格效应
正常品	-	-	-
低劣品	-	+	-
吉芬品	-	+	+

3.6.4　斯勒茨基替代效应

希克斯把"实际收入不变"定义为效用水平不变，也就是使消费者在价格变化前后保持在同一条无差异曲线上。斯勒茨基认为，"实际收入不变"是指购买力不变，即消费者在价格变化后能够买到价格变动以前的商品组合。为此，当两种商品的相对价格发生变动时，必须调整货币收入使购买力保持不变。

我们讨论收入固定、并且商品 Y 价格不变时，商品 X 价格下降后的斯勒茨基替代效应。可以利用图 3-25 说明斯勒茨基替代效应，并与希克斯替代效应进行比较。

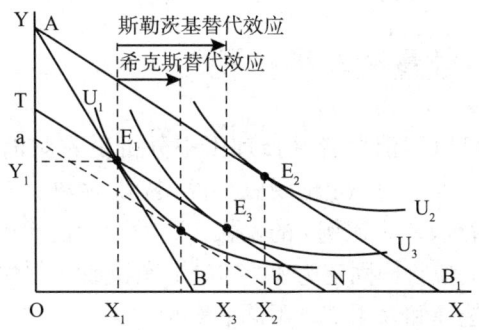

图 3-25 斯勒茨基替代效应：正常品

商品 X 的价格下降后，初始预算线 AB 绕 A 点旋转到 AB_1，均衡点从 E_1 移动到 E_2，对商品 X 的需求量从 X_1 增加到 X_2，价格下降引起的总需求量的增加量为 $\Delta X = X_2 - X_1$。这与希克斯分析的结果相同。

商品价格下降，消费者的购买力就会提高。为了使消费者在新的价格下刚好买到原有价格下的商品组合 $E_1(X_1, Y_1)$，必须减少消费者的收入。可以将初始预算线 AB 绕 E_1 转动、并与预算线 AB_1 平行，这条转动后的预算线 TN 同预算线 AB_1 具有相同的斜率，因而具有相同的相对价格，但它们所对应的货币收入却是不同的。这两条预算线之间的垂直距离 AT 代表了为保持消费者购买力不变而必须剔除的货币收入。由于原来的消费组合（X_1, Y_1）仍在转动后的预算线上，所以该消费组合恰好是可支付得起的。

尽管（X_1, Y_1）仍是可支付的，但它一般并非转动后预算线上的最佳购买组合。从图中可以看出，E_3 点是转动后的预算线 TN 与无差异曲线 U_3 的切点。消费者更愿意购买 E_3 点的商品组合（X_3, Y_3）。这样，当商品 X 的价格下降后，商品 X 的需求量从 X_1 增加到 X_3。这种因相对价格变动而增加的需求量就是斯勒茨基替代效应，即 $\Delta X^S = X_3 - X_1$。

在图 3-25 中，通过画一条与预算线 AB_1 平行、并与原无差异曲线 U_1 相切的补偿预算线（图 3-25 中虚线 ab），从而得到希克斯替代效应。显然，希克斯总效应和斯勒茨基总效应是一样的，希克斯替代效应与斯勒茨基替代效应、希克斯收入效应与斯勒茨基收入效应的差别是由于两者的补偿预算线不同，从而均衡点不同所引起的。就同一价格变动而言，斯勒茨基替代效应大于希克斯替代效应。当价格变动较小时，这两种替代效应几乎是相同的。

3.6.5 数量税与所得税

现在我们可以用消费者选择理论来分析税收对消费者选择的影响。假定政府要求得到一定的税收。税收分为两种：对消费者购买的每单位商品 X 征收一定比例 t 的税款，称为数量税或比例税；对消费者的收入征税，税收额固定为 T，称为定额税或所得税。这两种税收会给消费者的选择和效用带来不同的影响。

假定消费者初始预算约束为：

$$P_X X + P_Y Y = I$$

政府征收数量税等于商品价格上升了 t 元，预算方程变为：

$$(P_X + t)X + P_Y Y = I$$

在图 3-26 中，$M_0 N_0$ 是没有征税时的预算线，均衡点为 E_0。如果政府对商品 X 征收数量税，则预算线沿着 M 点向内转动为 $M_0 N_1$，均衡点为 E_1，均衡消费组合为 (X_1, Y_1)，因为数量税提高了商品 X 的相对价格，替代效应会使消费者可消费的 X 减少；征税降低了消费者的收入，如果 X、Y 商品都是正常商品，那么两种商品的消费量都会因收入效应而下降。与此同时，消费者的效用水平也从 U_0 下降到 U_1。

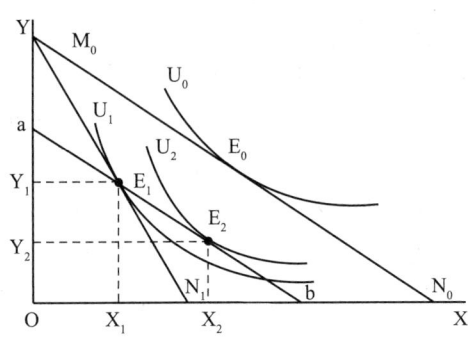

图 3-26 数量税与所得税

如果政府征收所得税，并且 $T = tX_1$，消费者预算方程变为：

$$P_X X + P_Y Y = I - tX$$

如果两种税收给政府带来相同的收入，包含所得税的预算线必定经过点 E_1，但这一点不是最优组合点，因为 E_1 的边际替代率为 $-(P_X + t)/P_Y$，而征所得税时，由于价格比例没有变化，消费者仍然能够按 $-P_X/P_Y$ 的比率交换。在图 3-26 中就表现为预算线绕 E_1

点旋转至与 M_0N_0 平行，表明消费者减少了等量的收入。于是，预算线变成了 ab，均衡点由 E_1 移至 E_2，均衡商品组合为（X_2，Y_2）。与 E_1 相比，X 的消费量增加了，这主要是由替代效应造成的，E_2 所对应的效用水平 U_2 要高于 U_1。

归纳起来，无论哪种税收形式，都会使商品的消费量下降，但在课征数量税情况下，该商品消费量下降得更多；无论哪种税收形式都使消费者的实际收入下降，从而降低了消费者能够达到的最高消费水平，但如果数量税和所得税给政府带来相同收入的话，前者给消费者带来的损失更大。由此可见，征收所得税要优于数量税。归根到底，数量税造成了相对价格的扭曲，使生产者或消费者接受错误的价格引导，因而带来了低效率。当然，上述结论是在一系列假定条件下得出的，要谨慎对待。

3.7 不确定性下的消费者选择

到目前为止，我们所讨论的消费者选择行为，其结果都是确定性的。事实上，经济生活中充满了不确定性，人们经常在事先不能准确知道结果的情况下进行决策。在许多情况下，经济决策者只能预见到自己的决策会带来何种可能的结果，以及每一种结果出现的可能性。本节研究消费者在结果不确定的情况下的风险偏好及其行为决策。

3.7.1 概率分布和期望值

以购买彩票为例。某消费者正考虑购买某张彩票，假定这张彩票的成本为 10 元。他面临彩票中彩和不中彩两种结果。如果这张彩票中彩的话，他就能得到 1 000 元奖金，如果他没有中彩，他就损失 10 元。这种随机现象出现不同结果的不同可能性可以用概率来表示。一般地，我们可以对随机现象的每一可能的结果赋予一定的概率，对发生可能性大的结果赋以较大的概率，对发生可能性小的结果赋以较小的概率。对随机现象所有事件的概率的规定叫作该随机现象的概率分布。概率分布完整地描绘了一个随机现象：它告诉我们该随机现象的各种结果以及每一种结果发生的可能性大小。必然会发生的事件的概率为 1，绝对不可能发生的事件概率为 0。如果一个事件发生，但又不能确定，那么它的概率就介于 0 与 1 之间。例如，多次抛掷一枚均质硬币得到正面的概率是 0.5。对于给定的随机事件，它所有结果状态的概率之和等于 1，因为可以确定必有一种结果状态发生。如果仅有两种结果状态：状态 1 和状态 2，状态 1 发生的概率为 P，则状态 2 发生的概率为 1 – P。

如果随机现象所有的结果状态都能用数量来表示，那么就可以估计随机变量的期望值。随机变量的期望值是该变量各种可能的结果的加权平均，权数是每一种结果的概率。期望值测度了随机变量的集中趋势或平均值。

例如，假定购买一张彩票赢得 1 000 元的概率为 0.01，损失 10 元的概率则为 0.99，那么购买彩票的期望收益或期望值为：

$$0.01 \times 1\,000 + 0.99 \times (-10) = 0.1 \text{（元）}$$

一般地，如果某随机变量 X 可以取值 X_1，X_2，$\cdots$，X_n，其对应的概率分别为 P_1，P_2，$\cdots$，P_n，则变量 X 的期望值，以 E(X) 表示，即：

$$E(X) = P_1 X_1 + P_2 X_2 + \cdots + P_n X_n$$

例如，假定购买一张股票，一年后的期望价格为 20 元的概率为 0.1，期望价格 15 元的概率为 0.4，期望价格 10 元的概率为 0.5。我们将这些可能值以其概率为权数加总，我们就可以得到随机变量的期望值或期望收益，即：

$$0.1 \times 20 + 0.4 \times 15 + 0.5 \times 10 = 13 \text{（元）}$$

在得到随机变量的期望值后，可以用方差来反映随机变量的波动程度或风险程度。方差是给定的随机变量的每个可能值与其期望值之差的平方的加权平均数，用 σ^2 表示。一般地，给定随机变量 X 的 n 个可能值 X_i（i = 1，2，$\cdots$，n），其随机变量值 X_i 发生的概率为 P_i（i = 1，2，$\cdots$，n），其方差为：

$$\sigma^2 = \sum_{i=1}^{n} P_i [X_i - E(X)]^2$$

方差反映了随机变量的波动或离散程度。如图 3 – 27 所示，假定购买两种股票的未来收益的期望值相同，均为 u，即两种股票的未来收益的可能值的分布都是以 u 为中心的。A 种股票的未来收益值可能有很高的概率集中在期望值周围，B 种股票的未来收益值可能分散于整个变动区间。也就是说，A 种股票分布的方差要小于 B 种股票分布的方差。因此方差成为衡量风险程度的一个指标。如果未来收益按 A 曲线分布的话，则股票未来收益大幅度偏离平均值的概率就很小，风险就很小；如果未来收益按 B 曲线分布，则其方差大，风险高。

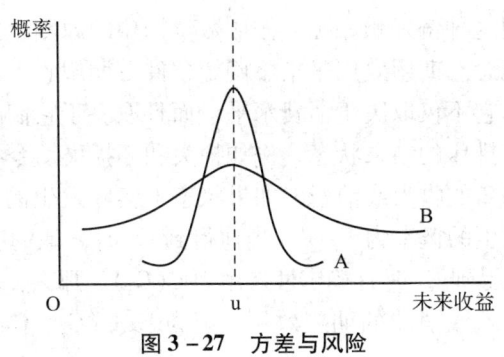

图 3-27　方差与风险

3.7.2　期望效用函数

现在分析不确定条件下的选择行为。依照前面建立的消费者选择理论，在确定条件下，对于各种可能选择的商品组合，消费者明确知道商品组合中的偏好关系，并且可以通过效用函数来描述这些偏好关系。同时，作为理性的消费者，当他作出某一选择 X 后，都有并且仅有唯一确定的最优结果，即：

$$X^* = \max U(X)$$

消费者在不确定条件下选择时，选择的结果是不确定的。因此，当某个人决定购买多少彩票，或购买何种股票的时候，他不仅关注期望收益的大小，而且还考虑风险。消费者对待风险的态度将影响他的最终选择，这种态度还决定了消费者愿意为有风险的选择所支付的货币数量或价格。因此，这里涉及两个问题：

（1）个人对待风险的态度。对于同样程度的风险，不同的人对待风险的态度是不相同的，从而他们各自所作的选择也是不同的。以购买彩票为例，有的人可能相当慎重，因此他一点彩票也不购买，我们称之为"风险规避者"；有的人可能喜欢冒风险，因此做出购买大量彩票的选择，我们称之为"风险爱好者"；有的人可能觉得买或不买彩票都是无所谓的，我们称之为"风险中立者"。

（2）如果我们知道了某消费者的风险态度，怎样描述这种偏好关系，如何建立合理的选择对象（彩票）之间的偏好关系。

一般来说，人们对不确定条件下的选择也应当有一种偏好次序。消费者比较和评价不同结果状态中的消费——这里把不同条件下可以获得的货币看作不同的商品，将取决于所述结果状态实际发生的概率。比如，人们偏好"99%的可能赢 1 000 元，1%的可能损失 10元"胜过"70%的可能赢 1 000 元，30%的可能损失 10 元"。

如何排列这种偏好顺序呢？按照数学期望的原则，经济学采用了期望效用的概念。期望效用是指不确定条件下期望收入或消费水平所产生的效用。它不仅取决于消费水平，而且取决于它们的概率。假设仅有两种互相排斥的结果状态，例如损失和不损失。令 C_1 和 C_2 表示状态 1 和状态 2 的收入或消费，如果状态 1 实际发生的概率为 P，则状态 2 实际发生的概率为 1 − P。当他得到 C_1 时，他的确定性效用为 $U(C_1)$，当他得到 C_2 时，确定性效用为 $U(C_2)$，那么，他从该随机现象所得到的收入或消费的期望效用，记为 $E[U(C_1, C_2, P, 1-P)]$ 或简写为 EU。

$$EU = PU(C_1) + (1-P)U(C_2)$$

显然，期望效用是每个状态中的某种效用函数 $U(C_1)$ 和 $U(C_2)$ 的加权和，代表了个人对每个状态的消费或收入的偏好。

一般地，如果某随机变量 X 以概率 P_i 取值 X_i，i = 1, 2, ⋯, n，而消费者在确定地得到 X 时的效用为 U(X)，那么，该随机变量给他的期望效用为：

$$EU(X) = \sum_{i=1}^{n} P_i U(X_i)$$

这种期望效用函数又称作冯·诺依曼 − 摩根斯顿效用函数。

【例 3 − 2】在完全替代的情况下，U(C) = C。我们可以用每种消费可能发生的概率作为它们的权数，可以得到这样的一个效用函数：

$$EU = PC_1 + (1-P)C_2$$

在不确定条件下，这种期望效用等于期望值。

期望效用函数对于分析不确定条件下的选择问题是非常方便的。例如，假设某消费者现在有 10 元确定的财富，他正慎重考虑是否要进行一次赌博。在这次赌博中，他赢 15 元的概率是 50%，赢 5 元（或赔 5 元）的概率也是 50%。这次赌博的期望值为 10 元 = 0.5 × 15 元 + 0.5 × 5 元，即赌博的期望值与确定性财富的数值相同。赌博的期望效用为：

$$EU = 0.5 \times U(15 \text{ 元}) + 0.5 \times U(5 \text{ 元})$$

假定消费者的财富效用曲线 U 如图 3 − 28 所示，那么，这次赌博给消费者带来的期望效用 EU 为 AB 连线的中点 D，而这次赌博的期望值的效用 U(10 元) = U(0.5 × 15 + 0.5 × 5)，即 C 点的效用水平。显然，赌博的期望效用与期望值的效用之间的差距为 C、D 之间的垂直距离。这次赌博的期望效用小于期望值的效用，即：

$$U(0.5 \times 15 + 0.5 \times 5) = U(10) > 0.5 \times U(15) + 0.5 \times U(5)$$

在这种情况下，这个消费者就是风险规避者，因为他所偏好的是赌博的期望值而不是面临赌博本身。也就是说，他将选择拥有与赌博的期望值相同的确定性财富，而不愿意参加赌博。从图3-28可以看出，风险规避者的效用函数是严格凹性的——它的斜率随着财富的增加而变得越来越平坦。

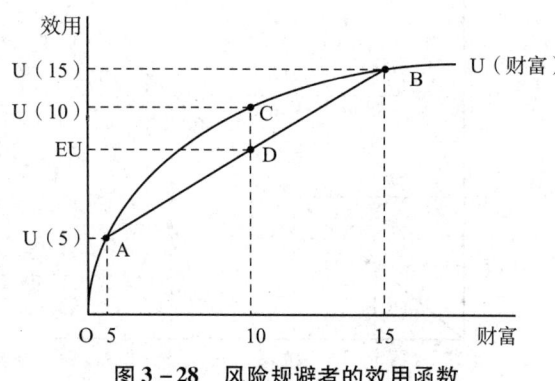

图3-28 风险规避者的效用函数

现在，我们不难推测，风险爱好者的效用函数应该是严格凸性的——它的斜率随着财富的增加而变得越来越陡峭。也就是说，参加赌博的期望效用大于赌博的期望值效用，即：

$$U(0.5 \times 15 + 0.5 \times 5) < 0.5 \times U(15) + 0.5 \times U(5)$$

风险爱好者的效用函数如图3-29所示。

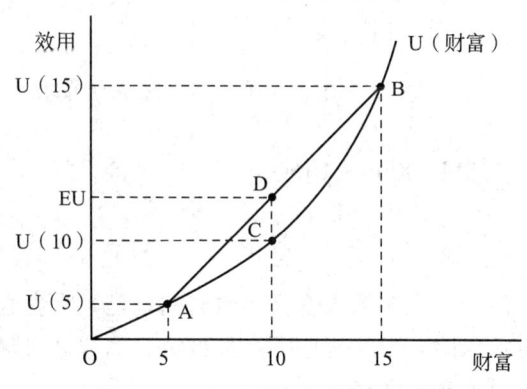

图3-29 风险爱好者的效用函数

因此，效用函数的曲度衡量着消费者对待风险的态度。一般地，效用函数的凹度越大，消费者规避风险的倾向越强；效用函数越凸，消费者就越是爱好冒风险。

图3-30则显示了一种中间状态：风险中立者的效用函数是线性

的。也就是说，赌博的期望效用恰好等于赌博的期望值效用。我们前面所列举的完全替代就是这样一种情况。对于这种效用函数，消费者完全不关心赌博的风险，而只关心它的期望值。

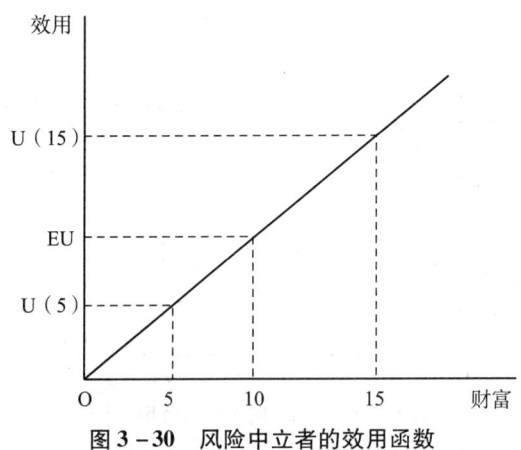

图 3-30 风险中立者的效用函数

$$U(0.5\times15+0.5\times5)=0.5\times U(15)+0.5\times U(5)$$

概括起来，对于某人的确定货币收入，假设彩奖 X 以概率 P_i 取值 X_i，$i=1,2,\cdots,n$，它的期望收入为 $E(X)=\sum P_iX_i$，效用函数为 $U(X)$。如果他选择购买彩票，那么他从彩奖中得到的效用就是 $\sum P_iU(X_i)$，如果选择确定性收入，他的效用就是 $U(\sum P_iX_i)$。当效用函数 $U(X)$ 满足以下条件：

$$\sum_{i=1}^{n}P_iU(X_i) < U(\sum_{i=1}^{n}P_iX_i) \quad 风险规避者$$

$$\sum_{i=1}^{n}P_iU(X_i) > U(\sum_{i=1}^{n}P_iX_i) \quad 风险爱好者$$

$$\sum_{i=1}^{n}P_iU(X_i) = U(\sum_{i=1}^{n}P_iX_i) \quad 风险中立者$$

在现实生活中，大多数人在大多数时间里是风险规避者，人们会以各种形式避免风险。但是有些人在某种情况下却喜欢冒风险。真正的风险中立者可能并不多见。

3.7.3 风险分散

现实生活中人们从事的许多活动都面临着风险。对于那些风险规避者而言，他会用各种方式企图排除风险。为了减少在风险条件下可能遭受的损失，风险规避者往往愿意付出一定的代价以摆脱风险，购买保险就是一种常见的分散风险办法。

现在我们运用预期效用模型考察风险规避者的保险需求，即他愿意为有风险的选择所支付的货币数量或价格。

假定某人初始持有的资产价值为 10 000 美元，如果发生风险他将损失掉其中的 5 000 美元（例如，遭窃、失火、车祸等），假设这些事件发生的概率是 $P = 0.01$。则他面临的概率分布是：拥有 10 000 美元资产的概率为 99%，拥有 5 000 美元的概率为 1%。预期财产是 $0.99 \times 10\ 000 + 0.01 \times 5\ 000 = 9\ 950$（美元）。

购买保险则可以改变这种概率分布。假设有一个保险合同规定，如果遭受损失的话，投保者就可以得到 100 美元，交换条件是支付 1 美元的保险费。不论损失是否发生，保险费是都要支付的，并且购买了保险后，保险费是不退回的。如果某人决定购买 5 000 美元保险，他就要花费 50 美元保险费。在这种情况下，他有 1% 的概率得到 9 950 美元（= 10 000 美元资产 – 5 000 美元损失 + 5 000 美元保险偿付 – 50 美元保险费），有 99% 的概率得到 9 950 美元（= 10 000 美元资产 – 50 美元保险费）。

一般来说，假定某消费者拥有的家庭财产为 W，一旦发生风险，他将会遭受财产损失。假定发生损失的情况下，他损失的财产为 L，发生损失的概率为 P。如果没有购买保险，他的期望效用为：

$$EU = (1 - P)U(W) + PU(W - L)$$

如果这个人购买的是 K 美元保险，保险费率为 γ，他所需要支付的保险费是 γK。设状态 1 是没有发生损失的情况，这时他拥有的财产 C_1 为：

$$C_1 = W - \gamma K$$

设状态 2 是发生损失的情况，这时他拥有的财产将是：

$$C_2 = W - L + K - \gamma K$$

一个风险规避者如何选择 K 的大小，以获得最大的期望效用呢？该消费者将购买适当数量的保险 K 以最大化其期望效用，即：

$$\max\left[(1 - P)U(W - \gamma K) + PU(W - L + K - \gamma K)\right]$$

一阶最优条件为：

$$-\gamma(1 - P)U'(W - \gamma K) + (1 - \gamma)PU'(W - L + K - \gamma K) = 0$$

假设保险公司按照一个"公平"的收费率提供保险，"公平"是指保险费的收入恰好等于赔偿的期望值，即保险费率等于投保人财产损失的概率：$\gamma K = PK$，或 $\gamma = P$。

将 $\gamma = P$ 代入一阶最优条件，消去 P，就得到我们所要求的最优保险数量所必须满足的条件：
$$U'(W - \gamma K) = U'(W - L + K - \gamma K)$$
或
$$U'(C_1) = U'(C_2)$$

这个等式说明，损失发生时一美元货币财产的边际效用必须等于不发生损失时一美元货币财产的边际效用。

如果消费者是规避风险的，对于他所有的财产，期望效用的二阶导数为负，因而当他所拥有的货币数量增加时，他的货币的边际效用就会下降。如果 $C_1 < C_2$，则 $U'(C_1) > U'(C_2)$，反之亦然。因此，在 $U'(C_1) = U'(C_2)$ 时，则一定有 $C_1 = C_2$，即：
$$W - \gamma K = W - L + K - \gamma K$$
从而得到：
$$K = L$$

因此，如果存在按"公平"保险费购买保险的机会的情况时，风险规避者的最优保险就是对可能遭受的损失进行全部保险。我们前面所列举的例子就是这样一种情况。保险费率为1%，消费者支付了50美元的保险费购买偿付额为5 000美元的保险单。不论是否出现损失，他最后都会拥有与其财产期望值相同的财产额。

由此可见，每个人通过保险公司将自己的风险分散到所有相关投保人身上，从而将自己的风险降到最低限度。比如在火灾保险的情况下，失火的风险通过许多面临着该风险的投保人的分担而分散了。实际上，正是那些出于谨慎投了保却没有遭受火灾的人真正为火灾提供了保险，是他们支付的保险费，使得保险公司能够在客户提出索赔要求时给予赔偿。

现在我们来讨论"公平"保险费问题，即保险费率怎样能够做到"公平"这点的。让我们回到上面那个保险例子。在那里我们考察的是这样一种情形：某个人有10 000美元，他损失5 000美元的概率是0.01。现在假定有1 000个这样的个人。那么平均说来，就要有10个人发生损失，因此每年的损失是5万美元。1 000人中的每一个人所面临每年期望损失是 $0.01 \times 5\,000$ 美元 = 50（美元）。我们假定任何个人发生损失的概率都不会影响其他人发生损失的概率，即假定风险是独立的。如果每个人都决定把他们的风险卖给保险公司，就能够分散他们所面临的风险。对于50美元的统一收费来说，个人可以为5 000美元的损失购买全部保险。

从保险公司的角度来看，如果损失发生，保险公司将以P的概率，付出赔偿费K，而在损失不发生的情况下，公司没有任何支出，但无论哪种情况，公司总能收入保险费 γK。保险公司从每个投保人身上得到的期望利润 π 为：

$$\pi = P(\gamma K - K) + (1 - P)\gamma K$$

如果投保人数足够大，风险就是充分分散的，保险公司的利润的方差就会很小，几乎接近期望利润。只要风险是独立的，保险公司的实际赔偿总是很接近期望赔偿。保险公司一般说来是风险中立的，其效用函数可以假定为线性的。

如果保险市场上有许多家保险公司，且任何厂商都可自由进出该行业，那么，保险市场将接近完全竞争市场，每家保险公司的期望利润被压低到最低限度——零。也就是说，保险公司由于激烈的竞争会向顾客提供完全"公平"的保险费率，即等于投保人总体遭受损失的概率，即 $\gamma = P$，从而期望利润为零。事实上，世界上规模大、经营业务广、跨地区多的保险公司所提供的保险费率都十分接近"公平"费率，因为大公司更容易做到分散风险，收取"公平"费率就足以应付赔偿支出了。

本 章 小 结

1. 19 世纪的基数效用论假定每个消费者都能够比较和确定所选择的商品或商品组合对自己的效用大小，并且商品的边际效用随着他消费那种商品数量的增加而递减。

2. 为了实现效用最大化，消费者应该使他花费在所购买的每一种商品上的最后一元钱所得到的边际效用相等。这样，消费者将愿意按照商品的边际效用支付价格。需求曲线上的每一点都代表消费者的效用达到了极大化。

3. 消费者对一定数量的商品愿意支付的最高价格与他实际付出的价格的差额就是消费者剩余。通过度量消费者剩余的变化，可以估算这种变动怎样影响消费者福利。

4. 无差异曲线可以用来描述各种不同的偏好，良好形状的偏好是单调的（越多越好）和凸性的，它暗含递减的边际替代率——测度消费者以一物交换另一物的愿意程度。

5. 消费者预算约束表明在给定的收入和价格下所能够负担得起的商品组合。收入和其中一种商品价格变动会使预算线变动。税收、补贴和配给也会改变预算线的斜率和位置。

6. 消费者最优选择是他的预算线上处于最高的无差异曲线上的商品组合。在两种商品都被消费的情况下（内部解），最优条件表示为消费者的 MRS 必须等于价格比率。

7. 收入和价格的变化会改变消费者均衡点位置。收入扩展曲线表示的是一系列的最优商品组合如何随着消费者收入的变化而移动，这些曲线因商品的性质不同而具有不同的形状。价格扩展曲线表示两种商品的最优组合随某种商品的价格变动而变动的轨迹。根据价格扩展曲线可以推导出消费者对商品的普通需求函数，需求曲线是消费者最优选择的结果。

8. 给定的商品价格变动的效应，可以分解为替代效应和收入效应。由相对价格变动引起的需求变动叫替代效应；由实际收入变动引起的需求变动称为收入效应。当价格变动时，如果消费者沿着同一条无差异曲线移动时，需求量与价格呈反方向变动——替代效应总是负的。如果收入效应是正的，则商品是低劣品，如果总效应是正的，则它是吉芬商品。

9. 在不确定条件下，消费者选择行为的效用函数具有特殊的结构。期望效用函数的曲度衡量着消费者对待风险的态度。如果效用函数是凹性的，则消费者就是风险规避者；如果效用函数是凸性的，则消费者就是风险爱好者；如果它是线性的，则消费者就是风险中立者。保险市场（包括股票市场）为消费者分散他们的风险提供了途径，风险回避者将支付一定的保险费来购买保险，以把不确定的结果转变为确定的结果。

关 键 概 念

效用　　　　基数效用　　　　边际效用　　　　边际效用递减规律
消费者剩余　偏好　　　　　　无差异曲线　　　边际替代率
预算线　　　收入扩展曲线　　恩格尔曲线　　　价格扩展曲线
替代效应　　收入效应　　　　正常品　　　　　低档品
吉芬品

复习思考题

1. 分别画出具有下列特征的无差异曲线，并解释图形为什么具有这样的特征？
（1）MRS 递减；
（2）MRS 递增；
（3）MRS 为固定不变常数。

2. 选择题：
（1）无差异曲线的形状取决于（　　）。
①消费者收入；　　　　②消费者偏好；
③所购商品的价格；　　④商品效用商品的大小。

（2）已知消费者的收入为 50 元，商品 X 是价格为 5 元，商品 Y 的价格为 4 元。假定该消费者计划购买 6 单位 X 商品和 5 单位 Y 商品，商品 X 和 Y 的边际效用分别为 60 和 30。如果要得到最大效用，他应该（　　）。

①增购 X 和减少 Y 的数量；　②增加 Y 和减少 X 的数量；
③同时减少 X、Y 的数量；　　④同时增加 X、Y 的数量。

（3）如果某消费者的 MRS_{XY} 是一个大于 P_X/P_Y 的常数，则他会（　　）。

①不买 X；　②不买 Y；
③在他的预算约束范围内，X，Y 所有组合是无差异的；
④对 X 有零需求弹性。

3. 在 MRS 递增或 MRS 为固定不变常数的场合，均衡点是否表示消费者只购买其中的一种商品？为什么？

4. 效用函数 $U(X_1, X_2) = 2X_1 + 2X_2$ 表示什么偏好？它的边际替代率是多少？而效用函数 $V(X_1, X_2) = (X_1 + X_2)^2$ 表示什么偏好？它的边际替代率是多少？

5. 假定某消费者总是喜欢 1 杯牛奶和 2 根油条一起吃。如果每根油条的价格为 P_1，每杯牛奶的价格为 P_2，消费者花费 m 元在牛奶与油条上，那么他将打算购买多少牛奶和油条？

6. 假定某消费者的效用函数为 $U = XY^4$，他会把多少收入用于商品 Y 上？

7. 免费发给消费者一定量实物（X_0）与发给消费者按既定市场价格计算的这些实物折算的货币。哪一种方法可能给消费者带来更高的效用？

8. 分别画图说明正常品、低劣品和吉芬商品的替代效应、收入效应和总效应。

9. 假定两种物品 X、Y 是互补品。用图形表示 X 物品价格下降的替代效应、收入效应和总效应。

10. 为了刺激消费，政府拟在以下两种方案选择其一：对购买某种商品之每一单位补贴 r（比例补贴）；或者给予消费者收入补贴 R（定额补贴）；假定这两种不同补贴的总金额相同。请用图比较这两种不同补贴方案会对消费者的选择和效用有什么影响？说明政府采取哪一种方案更能提高消费者的效用水平？

11. 假定某消费者的货币效用函数为 $U = \sqrt{M}$，他的全部家庭财产为 90 000 元，发生一次火灾的概率为 5%，可能损失 80 000 元。假定保险公司愿意按照一个"公平"的收费率提供保险。该消费者是否愿意参加保险？他的效用函数是凸的还是凹的？

第 4 章
生 产 理 论

本章要点

◇ 了解企业的本质；
◇ 掌握边际报酬递减规律；
◇ 理解要素的合理投入区域；
◇ 掌握规模报酬；
◇ 掌握最佳投入组合。

从这一章开始转入对产品供给方面的研究，考察作为供给曲线基础的生产者行为。生产者的行为取决于两方面的因素：一是生产技术状况；二是生产要素的成本。生产技术是生产者在进行生产活动中所具备的物质技术条件，而生产成本则是生产者从事这一活动所具备的社会经济条件。本章将讨论追求利润最大化的厂商如何有效组织生产的。

4.1 生产函数

厂商和生产函数

4.1.1 厂商组织

微观经济学所说的生产，是对各种生产要素进行组合以制造产品的行为，它不仅包括有形的物质产品的生产，而且包括无形的劳务的生产，如理发、旅行等服务性活动的提供。生产离不开生产要素。生产要素一般包括：劳动、土地、资本和企业家才能。

企业是指运用生产要素，生产产品和劳务的经济单位。企业通常叫作厂商。企业是一个复杂的实体，至少包括三种类型的成员：工人、管理者和所有者。企业的所有者是企业行为的最终责任者，企业的所有者是企业行为的收益的获得者和代价的付出者。

一般来说，厂商组织可以有业主独资企业、合资（合伙）经营企业和股份公司三种形式。业主独资企业为某一个人所有，合伙经营企业为两个或两个以上的人所有。股份公司通常为许多人所有，但又遵循企业的所有权与经营控制权相分离的原则行事。

这些不同类型的企业的所有者们在企业的经营方面可能有不同的目标。在业主独资企业或合伙经营企业中，所有者在企业的日常经营管理中直接发挥作用，所以企业的经营目标通常是与所有者的目标完全一致的。一般说来，这些企业的所有者的目标就是利润最大化。

但是，在股份公司中，企业的所有权和经营控制权是分离的，公司的所有者常常不是企业的管理者。公司的所有者——股票持有者——的利润最大化目标可以描述为使企业的股票市场价值最大化的目标。而实际管理企业的经理阶层的目标不一定和所有者的目标相一致。作为企业行为的收益的获得者和代价的付出者，公司的所有者必须规定这一目标以便管理者按此目标经营企业，然后努力监督、激励他们实际完成所有者的目标。这样，利润最大化目标将成为他们的共同目标。因此，在下面的分析中，我们将利润最大化作为厂商行为的一个基本假设。

4.1.2 生产函数

一个社会所能生产的商品和服务的总量受到社会可利用的资源总量和技术状况的约束，只有某些投入组合才有可能生产既定的产出量。我们把厂商选择的获得产品的投入组合叫作技术。因此对一个以盈利为目标进行生产性活动的厂商来说，他的生产计划必然要受技术可行性的限制。这种约束关系可以生产函数来表述。

生产函数描述的是在一定时期内，在既定的生产技术条件下，各种可行的生产要素组合与可能达到的最大产量之间的技术联系。生产函数本身并不涉及价格或成本问题。

生产函数可以用图表或数学函数来表示。假定投入劳动（L）、资本（K）、土地（N）、原材料（M）等生产要素生产一种产品，则生产函数可表达为：
$$Q = f(L, K, N, M, \cdots)$$
式中产量 Q 是一定投入要素的组合所能生产出来的最大产量，它表明了投入要素的使用是有效率的。在对生产者行为分析中，我们假定所有的厂商都知道相应产品的生产函数，因此他们总是能达到技术上高效率的产量。这是因为，一方面以盈利为目的的厂商总是寻找达到最高可能产量的途径；另一方面，不能达到这一点的厂商难免在市场竞争中遭淘汰。

如果用多种投入生产多种产品，那么生产函数可以表示为：
$$\Psi(Q_1, Q_2, \cdots, Q_m) = f(L, K, N, M, \cdots)$$
为了方便分析，我们通常假定在生产中只使用劳动和资本这两种投入来生产一种产品。那么，生产函数可以简化为：
$$Q = f(L, K)$$
生产函数概括了一定时点上现有的技术的性质，说明了厂商必须加以考虑的技术限制。生产一定量某种产品所要求的各种投入要素之间的配合比例被称为技术系数。不同产品生产的技术系数是不同的，如果生产某种产品所要求的各种投入的配合比例是可以改变的，比如一单位某产品的生产，可以多用资本少用劳动，或者相反，那么，这种生产函数就是具有可变技术系数的生产函数。

如果生产某种产品所要求的各种投入的配合比例是不能改变的，也就是说，每生产一单位某产品必须投入一定量的资本和劳动。随产量增加或减少，这两种要素必须按固定比例增加或减少。那么，该生产函数就是具有固定技术系数的生产函数。

4.1.3　固定投入与可变投入

经济学在分析生产过程时，将投入分为固定投入和可变投入。固定投入是指在所考察的一定时期内其数量不随产量的变化而变化的投入，例如机器、厂房等。可变投入是指在所考察的这段时期内数量可以变化的投入，即数量随产量的变化而变化的投入，例如原料、劳动等。

经济学规定，在某段时间内，如果有一种或多种投入不能随产量的变化而变动的那段时期称为短期。所谓长期，是指所有投入都可以变化的时期。因此，短期和长期的区分是相对的，确切的时期取决于所考察的问题本身。重要的区别在于：在短期内有些投入是不变的，而在长期内却是可变的。

短期和长期不是单纯的时间概念。在一些情况下,一年可以作为短期,而在另一些情况下,一年可能作为长期。例如,要想改变钢铁厂的机器设备可能需要 3 年时间,则长期和短期的分界线为 3 年,而有些行业如一家饮食店进行装修的时间可能只需几个月,对该饮食店而言,长短期的划分为几个月。

4.2 短期生产函数

4.2.1 总产量、平均产量和边际产量

在短期中,为了分析某一种生产要素对生产的贡献,我们假定资本投入量不变,即资本为固定投入,$K = K_0$,只有劳动投入量可变。生产函数 $Q = f(L, K)$ 可以表示为产量 Q 随劳动 L 的变化而变化,即:

$$Q = f(L, K_0) = f(L)$$

短期生产函数

这里涉及总产量、平均产量和边际产量三个概念。

总产量(用 Q 或 TP 表示)是指投入一定量的生产要素所得到的产量总和。用公式表示:

$$Q = TP_L = f(L)$$

平均产量(AP_L)是指总产量对可变投入量之比。用公式表示:

$$AP_L = f(L)/L$$

边际产量(MP_L)是指增加一个单位可变投入所增加的产量,用公式表示:

$$MP_L = \frac{\Delta Q}{\Delta L} = \frac{f(L + \Delta L, K) - f(L, K)}{\Delta L} = \frac{\partial f(L, K)}{\partial L}$$

例如,假定资本投入量固定为 10 单位,投入不同数量的劳动所得到的总产量、平均产量与边际产量如表 4-1 所示。

表 4-1　　　　一种可变投入的生产函数

劳动投入量	资本投入量	总产量	平均产量	边际产量
0	10	0	—	—
1	10	10	10	10
2	10	30	15	20

续表

劳动投入量	资本投入量	总产量	平均产量	边际产量
3	10	60	20	30
4	10	80	20	20
5	10	95	19	15
6	10	108	18	13
7	10	112	16	4
8	10	112	14	0
9	10	108	12	-4

我们可以根据表4-1中的数据绘出劳动的总产量曲线、平均产量曲线和边际产量曲线，如图4-1所示。

图4-1描述了许多生产过程的共同特征。在我们的例子中，资本的投入量始终不变，劳动的投入连续发生变化。从图4-1中可以看出，劳动的总产量、平均产量和边际产量曲线都是先上升，分别达到最高点后转而下降。

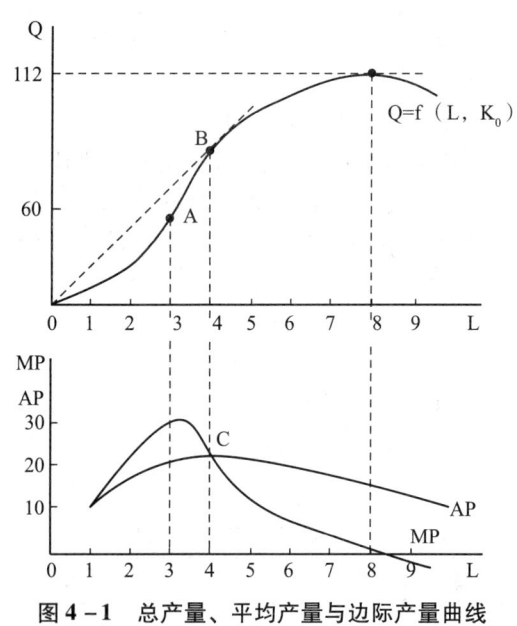

图4-1 总产量、平均产量与边际产量曲线

下面具体说明总产量、平均产量和边际产量之间的关系。

第一，总产量与边际产量的关系。根据边际产量的定义，边际产量是总产量的一阶导数,也就是总产量的变化率。从导数的几何意义上讲,边际产量等于总产量曲线在各点切线的斜率。因此,在劳动的投入逐渐增加到3个单位以前,总产量以递增速度上升,表现为总产量曲线形状为凸曲线(凸向横轴),相应地,边际产量曲线是上升的,表明增加一单位劳动能增加总产量的增量,即总产量对劳动的二阶导数为正数。在劳动的投入为3个单位时,边际产量最大(30),在总产量曲线上切线斜率最大的点为A点,也是总产量由递增转为递减的拐点。当劳动的投入从3个单位增加到第8个单位时,总产量以递减的速率上升,总产量曲线形状为凹曲线,此时边际产量曲线向下倾斜,表明增加劳动虽然能增加总产量但总产量的增量减少,即总产量对劳动的二阶导数为负数。在劳动的投入量为8单位时,总产量达到最大值(112),此时边际产量曲线与横轴相交,边际产量为0。此时若再增加劳动投入,总产量将不仅不会增加,反而会下降,这时总产量曲线向下倾斜,表明劳动的边际产量为负,边际产量曲线延伸到横轴以下。

第二,总产量和平均产量的关系。在几何上,对于劳动的总产量曲线上的任何一点,平均产量等于连接原点与总产量曲线上对应于任一劳动投入量的点的直线的斜率。因此,当总产量曲线上的某一点与原点的连线恰好是总产量曲线的切线时(图4-1中B点),斜率达到最大。相应的劳动投入量为4,平均产量达到最大值。

第三,平均产量与边际产量的关系。平均产量和边际产量都是先上升后下降。但是边际产量上升的速率与下降的速率都要大于平均产量上升的速率与下降的速率。在图4-1中,当平均产量上升时,边际产量大于平均产量,此时边际产量曲线在平均产量曲线上方;当平均产量下降时,边际产量小于平均产量,此时边际产量曲线在平均产量曲线下方。而当边际产量等于平均产量时,平均产量达到最大,此时边际产量曲线与平均产量曲线相交于平均产量曲线的最高点。

边际产量和平均产量之间的这种关系是不难理解的。事实上,边际产量是增加一个人所增加的产量,平均产量是人均的产量。当增加一个人增加的产量大于人均产量时,人均的产量就会提高;而当增加一个人增加的产量小于人均产量时,人均的产量就会降低。

平均产量与边际产量的关系可以由数学导出。按照定义,劳动的平均产量为 $f(L)/L$,对平均产量求导,我们得到:

$$\frac{\partial}{\partial L}\left(\frac{f(L)}{L}\right) = \frac{\partial f(L)/\partial L}{L} - \frac{f(L)}{L^2} = \frac{1}{L}(MP - AP)$$

显然,当 $MP > AP$ 时,$f(L)/L$ 的导数为正,即平均产量处于递增阶段；当 MP < AP 时，f(L)/L 的导数为负，即平均产量处于递减阶段；当 MP = AP 时，f(L)/L 的导数等于零，即平均产量达到极大化。

4.2.2 边际报酬递减规律

由上述分析我们看到，在资本投入不变的情况下，随着劳动投入量的增加，劳动的边际产量一开始是递增的，但当劳动投入量增加到一定程度之后，其边际产量就会递减，直到出现负数。在图 4 – 1 中，当劳动的投入量达到 3 单位后，劳动的边际产量开始下降。这不是一个偶然的现象，而是一个普遍的规律。在技术给定和其他要素投入不变的情况下，连续增加 1 单位某种要素所带来的产量的增量迟早会出现下降，这就是边际报酬递减规律，也称之为边际生产力递减规律或边际产量递减规律。

关于这个规律，应当注意几点：（1）生产要素投入量的比例是可变的，即技术系数是可变的。这就是说，在保持其他生产要素不变而只增加其中某种生产要素投入量的时候，边际产量才发生递减，如果各种生产要素的投入量都增加了，那它就不适用了。（2）这一规律以技术不变为假定前提，它不能预示在技术变化时增加一单位投入所产生的影响。（3）它是在可变投入增加到一定程度之后才出现的。当然，有些行业产品的生产从一开始就可能出现边际产量递减的情况。

边际报酬递减规律实际上只是一个经验性的总结，是大多数生产过程所具有的共同特征。例如，在一大块面积的土地上种植小麦。最初只有一个人耕作，产量较低。如果增加几个劳动力，其边际产量会出现递增，因为他们可以进行有效的分工。但在土地投入量既定的条件下，劳动投入的边际产量最终会下降。因为随着劳动投入的增加，相对于固定的土地数量来说，劳动数量变得越来越多，将使小麦产量的增加量越来越小。如果这块土地上集中了数百个劳动力互相拥挤在一起，那么劳动力的增加甚至可能引起总产量下降。

因此，出现边际报酬递减规律的主要原因是，随着可变投入的不断增加，固定投入和可变投入的组合比例变得愈来愈不合理。当可变投入较少的时候，固定投入显得相对较多，此时增加可变投入，可以使要素组合比例趋向合理，从而提高产量的增量；而当可变投入与固定投入的组合达到最有效率的那一点以后，再增加可变投入，就使可变投入相对固定投入来说显得太多，从而使产出的增加量递减。

4.2.3 要素合理投入区域

为了确定一种可变投入的合理使用量,我们通常把可变投入量与产量的变化分为三个阶段。如图 4-2 所示。

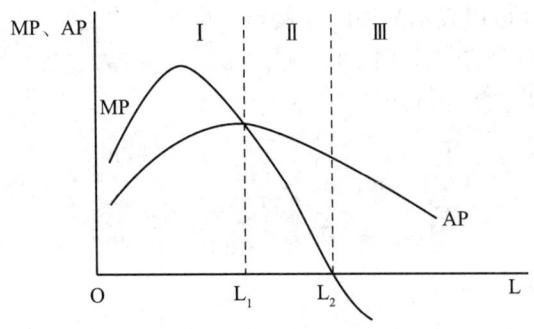

图 4-2 生产的三个阶段

在第 I 阶段,劳动投入从 0 增加到 L_1,劳动的平均产量是递增的,这意味着每单位劳动的边际产量均高于平均产量。显然,一个有理性的生产者通常不会把可变投入的使用量限制在这一阶段内,因为只要生产要素的价格和产品价格给定不变,进一步扩大可变投入的使用量从而使产量扩大是有利可图的,至少要使平均产量达到最高点。

同样,一个有理性的生产者也不会在第 III 阶段进行生产,因为当劳动的投入量超过 L_2 之后,总产量、平均产量和边际产量都是下降的,这意味着相对于固定投入来说,可变投入的使用量过多了,很不经济。相反,每减少一个单位的可变要素投入反而能提高总产量。因此,有理性的厂商也不会停留在这一阶段内的任何产量上。

既然有理性的厂商不会选择第 I 阶段生产,也不会选择第 III 阶段生产,那么他必然要选择第 II 阶段生产。图 4-2 表明,第 I 阶段和第 II 阶段的分界点是 MP 曲线和 AP 曲线的交点,第 II 阶段和第 III 阶段的分界点是 MP 曲线和横轴的交点,这意味着第 II 阶段的起点是边际产量等于平均产量的那一点,第 II 阶段的终点是边际产量等于零的那一点。有理性的厂商总会从可变投入的平均产量最大值到边际产量为零的区间中进行选择。

但是,在第 II 阶段的生产中,生产者究竟选择哪一点,即投入多少可变要素或生产多少,在这里并没有解决。因为它不仅取决于生产函数,而且还取决于生产要素的价格。这一点我们将在后面的有关章节加以研究。

一种可变投入的变动引起产量变动的程度可以用产量弹性来测定。产量弹性是在技术水平和其他投入不变的条件下，产量的变化率与这种投入变动的变化率之比。用 e_L 表示劳动的产量弹性，则：

$$e_L = \frac{\Delta Q/Q}{\Delta L/L} = \frac{\Delta Q/\Delta L}{Q/L} = \frac{MP_L}{AP_L}$$

产量弹性可以表示为边际产量与平均产量的比率。当一种投入的边际产量分别大于、等于或小于它的平均产量时，这种投入的产量弹性将分别大于、等于或小于 1。

4.3 长期生产函数

4.3.1 等产量曲线

长期生产函数

我们要考察这样一种生产函数：使用两种可变投入劳动 L 和资本 K，生产一种产品 Q，$Q = f(L, K)$。当可变投入由一种变为两种时，生产函数虽然会变得稍微复杂些，但它仍然表示的是生产要素的投入同产出之间的技术关系，不同之处在于，这时的产量已不再是一个变量的函数，而是两个变量的函数。

在两种可变投入的情况下，对生产技术关系的描述可以用等产量曲线来表达。等产量曲线所表示的是能够生产某种既定产量的两种投入的各种有效的组合。等产量曲线类似于消费理论中的无差异曲线。

从任何给定的两种可变投入的生产函数中，我们可以推导出表示某一既定产量水平的等产量曲线。假定生产某种产品需要投入劳动和资本两种可变要素，这两种要素之间可以互相替代。比如说，要生产 100 单位的产量，既可以用 3 个单位劳动和 2 个单位资本，也可以用 1 个单位劳动和 4 个单位资本。前者是一种多使用劳动少使用资本的生产方法，称之为劳动密集型的生产技术；后者是一种多使用资本少使用劳动的生产方法，称之为资本密集型的生产技术。但是，两者从技术角度来讲都是高效率的，因为 3 单位劳动和 2 单位资本或 1 单位劳动和 4 单位资本的组合最多都只能生产 100 个单位的产量。当然，为了生产 100 单位的产量，劳动和资本还会有不同的组合。

根据给定的生产函数，可以在同一坐标平面上画出无数条等产量曲线，每一条等产量曲线分别代表所有劳动和资本的可能组合所能产出的一定产量。图4-3就是用一组标示着不同产量水平的等产量曲线所表示的两种可变投入的生产函数。图中的纵轴和横轴分别表示所使用的资本和劳动的数量，图中的三条曲线分别代表可生产100、200和300单位产量的L和K的各种有效组合。

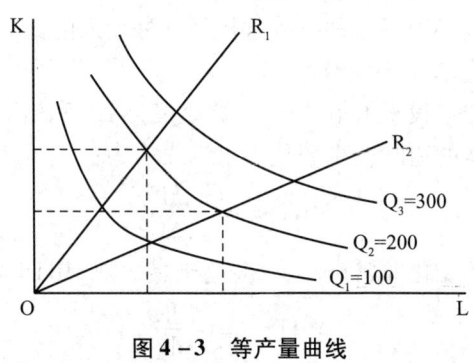

图4-3 等产量曲线

等产量曲线上的每一点都表示某种资本—劳动投入比例。自原点的射线OR_1，OR_2，各表示一个固定的资本和劳动的投入比例，射线的斜率就是投入的比例。由此可见，沿一条等产量曲线移动，产量水平保持不变，而投入比例变动；沿一条自原点的射线上移动，投入比例不变，而产量水平变动。

等产量曲线具有以下特点：

第一，离原点越远的等产量曲线所代表的产量水平越高；等产量曲线越接近原点，所代表的产量水平越低。

第二，同一等产量曲线图上的任意两条等产量曲线不能相交。因为两条等产量曲线的交点必须代表着两种投入的同一组合，而这显然与不同的等产量曲线代表不同的产量水平相矛盾。

第三，等产量曲线通常凸向原点，其斜率为负值。这是因为等产量曲线上的每一点通常都代表着能生产同一产量的两种投入的有效组合，也就是说，要增加一单位某种投入的使用量并保持产量不变，就必须相应地减少另一种投入的使用量。

显然，等产量曲线的几何特征与第3章讨论的无差异曲线是基本相同的，而且通过后面的分析我们将看到，等产量曲线在生产者行为分析中所起的作用，与无差异曲线在消费者行为分析中所起的作用，也是同等重要的。二者的不同点在于，无差异曲线所反映的是消费者对不同商品组合所产生的效用大小的主观评价,而等产量曲线则代表着投入与产出之间的客观的物质技术关系。等产量曲线的标号由技术决定而不像效用标号那样具有任意性。

4.3.2 边际技术替代率

等产量曲线的斜率也有一个重要的经济学解释。它度量厂商为保持产出量不变,必须以一种投入替代另一种投入的比率,我们把它叫作边际技术替代率(MRTS)。

一般地,如果投入 L 和 K 发生微小变化 ΔL 和 ΔK 而产量保持不变,劳动对资本的边际技术替代率可以表示为:

$$MRTS_{LK} = -\frac{\Delta K}{\Delta L}$$

如果两种投入的变化非常微小,ΔL 趋于零,则 MRTS 可写作:

$$MRTS_{LK} = -\frac{dK}{dL}$$

在几何图形上,一条等产量曲线上任一点的边际技术替代率等于该点切线斜率的负值。如图 4-4 所示。

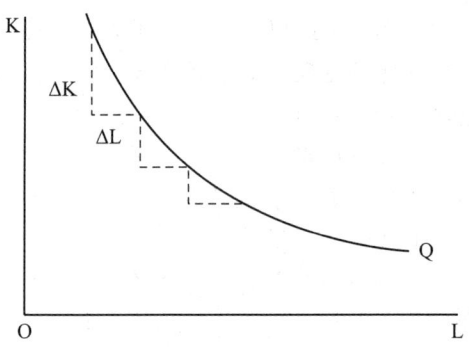

图 4-4 边际技术替代率递减

对于凸状的等产量曲线来说,当我们不断增加一种要素 L 的投入量并相应调整另一种要素 K 的投入量以保持产量不变,每单位 L 能够替代 K 的数量不断减少,即边际技术替代率是递减的。也就是说,当我们沿着一条等产量曲线不断增加 L 的投入量时,等产量曲线的斜率的绝对值逐渐变小。反之,沿着一条等产量曲线增加 K 的投入量,则等产量曲线斜率的绝对值就会增大。

边际技术替代率的大小是由两种投入的边际产量的大小所决定

的。我们可以运用确定无差异曲线斜率的相同方法来推导边际技术替代率与边际产量的关系。

假设生产函数 Q = f(L, K) 连续可微，那么其全微分为：

$$dQ = \frac{\partial f}{\partial L}dL + \frac{\partial f}{\partial K}dK$$

由于沿同一条等产量曲线移动时产量保持不变，即 dQ = 0，因此，

$$0 = dQ = \frac{\partial f}{\partial L}dL + \frac{\partial f}{\partial K}dK$$

整理得到：

$$MRTS = -\frac{dK}{dL} = \frac{MP_L}{MP_K}$$

这就是说，两种投入之间的边际技术替代率等于投入的边际产量的比值。边际技术替代率之所以递减，是因为随着一种投入 L 对另一种投入 K 的替代不断增加，L 的边际产量趋于下降，而 K 的边际产量趋于增加。这样，要保持原有的产量水平不变，每增加一单位 L 所必须放弃的 K 的使用量会越来越少。边际技术替代率递减是边际产量递减规律作用的结果。

边际技术替代率递减与边际产量递减之间具有密切联系但并不完全相同。边际产量递减强调的是当我们增加一种投入数量而使其他投入量保持不变时，边际产量会怎样变化；边际技术替代率递减则是指当我们增加一种投入数量并相应减少另一种投入物数量以使产出量保持不变时，边际产量的比率或等产量曲线的斜率会怎样变化。

4.3.3 生产的经济区域

如果不断增加劳动 L 的投入，L 的边际产量最终可以变成负值。如同我们前面列举的例子那样，劳动力的投入数量相对于固定数量的土地投入过多，造成人员拥挤，缺乏效率。如图 4-5 中的等产量曲线 Q_2 上的 A 点所示，L 的边际产量是负的，K 的边际产量是正的，MRTS 则是负的。沿着等产量曲线 Q_2 从 A 点向 B 点移动，L 和 K 的投入量都会减少而产量保持不变。显然，如果企业支付投入要素的价格为正的，则 B 点比 A 点可取。一个有理性的企业家不会在生产相同产量时选择投入数量多而不选择投入数量少的要素组合。也就是说，他不会在等产量曲线的正向倾斜部分进行经营。

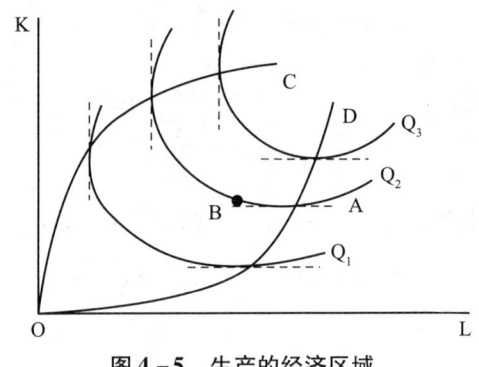

图 4-5 生产的经济区域

我们可以用"脊线"将等产量曲线上斜率为正值的区域与斜率为负值的区域分开。所谓脊线是将等产量曲线上 MRTS 为零的所有的点连接起来的线,以及连接等产量曲线上 MRTS 为无穷大的所有的点的线。图 4-5 中的 OC、OD 就是分别连接 MRTS 为无穷大和 MRTS 为零的两条脊线。两条脊线以内的区域为生产的经济区域。脊线以外的区域为生产的非经济区域。在两条脊线以内的区域选择投入组合比脊线以外的区域更为有效率或更节省。

4.3.4 生产函数的两个特例

在一个极端的情况下,两种投入要素是完全相互替代的。例如,假定某运输公司的双燃料卡车,如果用 1 升汽油可行驶 10 公里;用天然气或其他燃料 1 升可行驶 8 公里,且不管使用哪种燃料,卡车的维护费用相同。如果以 X_2 代表其他燃料,以 X_1 代表汽油,则该公司的生产函数可以表示为:

$$Q = f(X_1, X_2) = 10X_1 + 8X_2$$

该生产函数的等产量曲线就是线性的。如图 4-6(a)所示。

如果两种投入的比例是固定的,则等产量曲线将是特殊化的。例如,1 个工人操纵 2 台机器,一天可生产 100 单位产品,如果有 2 个工人和 3 台机器,则 1 个工人将无事可做。就是说,只有按 1:2 的比例配置劳动和资本,投入要素的使用才是有效率的。如果不按 1:2 的比例增加资本和劳动,而只增加劳动或资本,产量不会发生变化,即一种投入保持不变,另一种投入增加的边际产量为零。上述生产函数可表示为:

$$Q = \min(L, K/2)$$

这种生产函数也被称为里昂惕夫生产函数。它一般表达式为:

$$Q = \min(L/a, K/b)$$

式中，a，b 为常数，$\min(L/a, K/b)$ 表示括号内两个比例中的最小数。

固定比例生产函数的等产量曲线是一系列 L 形曲线，而射线 R 的斜率表示必须使用的资本劳动比例。如图 4-6（b）所示。

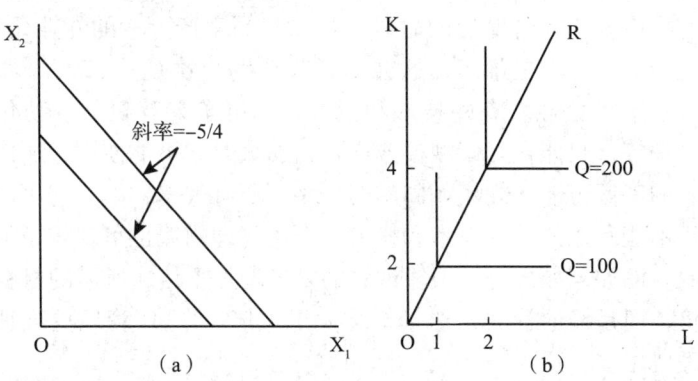

图 4-6　完全替代与固定比例的等产量曲线

4.3.5　规模报酬

现在考察这样一种情况：增加生产函数中所有的投入要素而不是只增加一种投入并使其他投入保持不变，换言之，使所有投入要素都按某个固定比例增加，比如，劳动和资本都增加 2 倍，产量会增加多少？当厂商以相同比例增加了所有的投入时，意味着厂商改变了它的生产规模。所谓规模报酬，就是指所有的投入要素以相同的比例变动时产量变动的比例。

规模报酬

产量与生产规模之间的关系可分为三种情况：规模报酬不变、规模报酬递增和规模报酬递减。

1. 规模报酬不变

如果产量增加的比例与所有要素增加的比例相同，这种情形叫作规模报酬不变。比如，把每种生产要素都增加 2 倍，产量也增加 2 倍。假设生产函数为 $Q = f(L, K)$，规模报酬递增可以表述为：

$$2f(L, K) = f(2L, 2K)$$

一般地，如果所有投入都增加 t 倍，$t > 1$，那么规模报酬不变就意味着产量增加 t 倍：

$$tf(L, K) = f(tL, tK)$$

2. 规模报酬递增

如果总产量增加的比例大于每一种投入增加的比例，这种情形就是规模报酬递增。比如，所有投入都增加2倍，产量增加3倍。规模报酬递增用数学可表示为：

$$f(tL, tK) > tf(L, K)$$

规模报酬递增的原因主要有三点：（1）生产专业化程度提高。当所有生产要素同时增加的时候，可以提高生产要素的专业化程度。比如，劳动者分工更细了，这会提高劳动生产效率。（2）某些技术和投入的不可分性。有些技术和投入，如电子计算机、自动化装配线、平炉等，只能在经营规模或产量足够大时才可能使用，所以，一个较大的工厂可能比规模相同的两个小厂更有效率，因为它可以利用小工厂不能利用的某些技术和投入。有些物理规律也呈现规模报酬递增现象。例如，如果把一根输油管的直径增加1倍，所需的材料也增加1倍，但是输油管的输油量却会大于1倍。（3）管理更合理，节省管理费用。

3. 规模报酬递减

规模报酬递减是指产量的增加比例可能小于各种投入的增加比例。比如，所有投入增加2倍所引起的产量增加小于2倍。

规模报酬递减用数学可表示为：

$$f(tL, tK) < tf(L, K)$$

这是因为，当生产规模达到一定点后，规模报酬递增的因素吸收完毕，某种生产组合的调整受到技术上的限制：随着建筑物变得越来越高，屋顶和墙壁的建造，可能不得不采用更结实的材料；当管道和盒子变得更大时，也必须用更坚固、更厚的材料来制造，等等，进一步说，当生产规模扩大到一定点后，协调和控制大规模经营的困难会增加，随着管理层次的增加，信息在从工人到最高管理层以及相反的传递过程中会损失或失真，通信联系的渠道变得更加复杂和难于把握，决策的制定需要更多的时间和补充，这类情况在所有大型组织中都会发生。这种由于生产规模过大所引起的成本（即长期平均成本）上升显示了规模不经济，又称作"内部不经济"。

有些经济学家认为不会出现规模报酬递减情况，理由是：只要厂商能够复制自己，至少可按复制方式扩大生产规模来获得不变的规模报酬。发生规模报酬递减的情况通常是由于我们忽略了某些投入是无法增加的事实。例如，无论一家企业扩张到多大规模，总经理只能有一个。

我们可以用等产量曲线来描述规模报酬的情形。从原点出发的任意射线 R 的斜率相同，即要素的比例不变。沿着这条射线测度每条等产量曲线离原点的距离，以此说明和标记规模报酬的类型。图 4-7 (a)、(b) 分别描述的是规模报酬不变和规模报酬递增的情形。在图 4-7 (a) 中，射线上以均等的距离与分别代表 100、200、300 单位产量的等产量曲线相交，表明两种投入与产量比例相同，即规模报酬不变。在图 4-7 (b) 中，当劳动与资本均投入 1 个单位时，产出为 100 个单位；但是生产 200 单位的产量所需要的劳动与资本的投入均小于 2 个单位，即规模报酬递增。运用同样方法，我们在等产量曲线图上标出不同数字来表示规模报酬递减的情形，如图 4-7 (c) 所示。

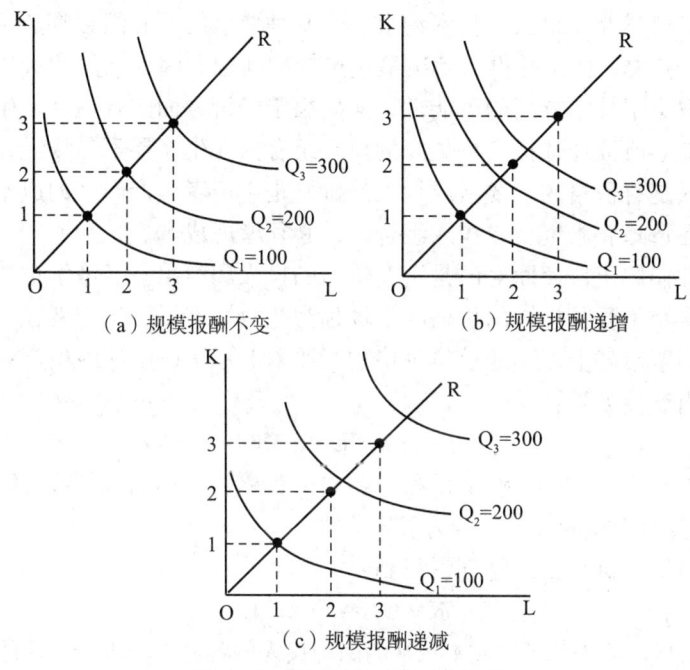

图 4-7 规模报酬的三种情况

当然，一种既定的生产技术在不同的生产水平上可能同时包括了规模报酬递增、不变和递减区域。在产量较低时，它可能会显示出递增的规模报酬，即产量增长快于厂商经营规模的增长。在产量较高时，产量增长等于厂商经营规模的增长。然后，产量增长慢于经营规模的增长，显示出递减的规模报酬。

需要指出，一种生产技术既显示出递增（不变或递减）的规模报酬，又显示每种生产要素的边际报酬递减是完全可能的。因为规模报酬阐述的是增加所有投入要素时产量将如何变动,而边际报酬递减指的是增加一种投入要素,而其他投入要素固定不变时产量将如何变动。

4.4 最优投入组合

4.4.1 等成本线

等产量曲线给出了技术约束——两种要素的所有组合都能生产出给定产量 Q,但是并没有解决最优选择的问题。因为厂商的最优选择不仅取决于技术方面的可能性,还取决于经济方面的合理性。生产者不能随心所欲地选择产量最高的投入组合。在生产要素市场上,要素或投入是有价格的。要素或投入的价格是生产者生产产品的成本。生产者在选择要素组合或投入组合时,必须考虑成本。

我们假定厂商面对的是不变价格的投入和产出。经济学把单个生产者接受不受其控制的价格的市场称为竞争性市场。生产者在完全竞争的要素市场上以不变单位价格购买要素 L 和 K,则他的生产总成本方程由线性方程:

$$C = w \cdot L + r \cdot K$$

给定,其中 w 和 r 分别是 L 和 K 各自的价格,$w \cdot L$ 表示劳动的成本,$r \cdot K$ 表示资本的成本,C 为既定成本。

对该式进行重新排列,得到:

$$K = C/r - (w/r)L$$

等成本线表示既定成本水平的两种投入的各种不同组合。在图 4-8 中,等成本线是连接两轴的直线,等成本线在横轴上的截距表示全部成本可以买到的 L 的数量（C/w）;在纵轴的截距表示全部成本可以买到的 K 的数量（C/r）。在两点之间的各点表示全部成本可以买到的 L 和 K 的各种不同组合。因此,等成本线也称为厂商的预算限制线,它表示厂商对于两种生产要素的购买不能超过它的总成本支出的限制。

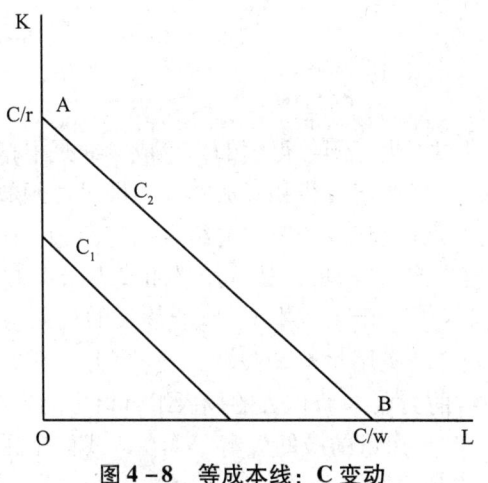

图 4-8 等成本线：C 变动

生产者的等成本线和消费者的预算约束线非常相似。等成本线向右下方倾斜，斜率为负，它等于两种投入或两种要素的价格比率的负数：$-w/r$。

在图 4-8 中，如果两种投入要素的价格保持不变，当我们变换 C 的数值时可以得到一组等成本线，一条等成本线上的每一点都表示同样的成本 C，较高的等成本线表示较高的成本，即生产者购买要素或投入的支出总额越大。

如果两种投入要素的价格发生变化，那么等成本线也会发生变化。图 4-9 反映了工资 w 下降的情况。工资下降使得同样的成本可雇用的最大劳动数量增加。在资本价格 r 不变的情况下，等成本线 AB 将绕 A 点作逆时针旋转，转动到 AB′，这时等成本线变得比较平坦。

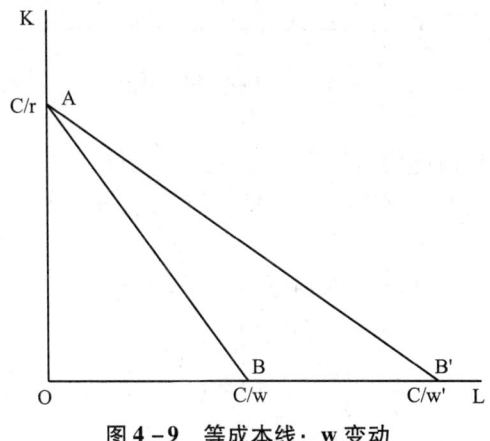

图 4-9 等成本线：w 变动

4.4.2 成本最小化

等产量线是根据生产函数得出的，等成本线是根据成本方程得出的。现在我们可以把等产量线和等成本线、即生产函数和成本方程结合起来，考察厂商如何将投入要素的组合调整到成本最低。

假定我们要生产 Q_1 产量，其等产量曲线为图 4-10 中的曲线 Q_1 所代表。如图 4-10 所示，成本 C_0 所能购买的投入组合都不足以生产 Q_1。成本 C_2 可以雇用足够的投入以生产 Q_1，例如，等成本曲线 C_2 与等产量曲线的交点 A 所代表的投入组合恰好能生产 Q_1 产量，但 C_2 显然不是生产 Q_1 产量的最低成本。现在，我们来压缩成本，把等成本曲线从 C_2 向原点平行推移，直到等成本线与等产量曲线只有一个公共点 E，这条等成本曲线为 C_1。至此，我们再也无法继续降低成本了。因为只要等成本线再往原点稍微移动一点，它与等产量曲线 Q_1 将没有公共点，也就是说，再低的成本就不足以购买生产 Q_1 产量的投入组合。所以，成本 C_1 便是生产 Q_1 产量的最低成本，E 点所代表的投入组合（L^*，K^*），则是最优投入组合。

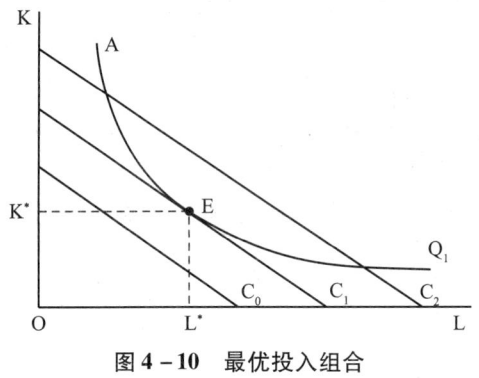

图 4-10 最优投入组合

显然，满足最优要素投入组合的必要条件就是等成本线 C_1 与等产量曲线 Q_1 相切。也就是说，在最优投入点 E，等成本线的斜率与等产量曲线 Q_1 的斜率相等。

我们知道，等成本线的斜率为 $-w/r$，而等产量曲线 Q_1 在 E 点的斜率为 $-MP_L(L^*, K^*)/MP_K(L^*, K^*)$，所以，

$$\frac{w}{r} = \frac{MP_L}{MP_K} = MRTS(L^*, K^*)$$

就是说，在成本最小化的条件下，两种投入的边际产量之比等于它们

的价格之比，或者，两种投入的边际技术替代率等于它们的价格之比。

如果将上式所表达的最优条件略变形式，即：
$$\frac{MP_L}{w} = \frac{MP_K}{r}$$
这一等式表示为厂商花在每一种投入要素上的最后1元钱所能增加的产量。其经济意义在于：成本最小化要求在各种投入上所花的最后1元钱都能带来相同的产品增量。

生产者在既定产量下的成本最小化的数学推导如下。
$$\min_{L,K}(wL + rK)$$
$$f(L, K) = Q$$

构造拉格朗日函数：
$$V(L, K, \lambda) = wL + rK + \lambda[Q - f(L, K)]$$

最优解的必要条件是：
$$\frac{\partial V}{\partial L} = w - \lambda \frac{\partial f(L, K)}{\partial L} = 0$$
$$\frac{\partial V}{\partial K} = r - \lambda \frac{\partial f(L, K)}{\partial K} = 0$$
$$\frac{\partial V}{\partial \lambda} = Q - f(L, K) = 0$$

解联立方程式，就得到最优条件：
$$\frac{w}{r} = \frac{MP_L}{MP_K} = MRTS(L^*, K^*)$$

图 4-10 与前面论述过的消费者选择问题的解具有某种相似性。虽然两者答案看起来相同，但是实际上它们不属于同一类问题。在消费者选择问题中，直线表示预算约束，消费者沿着这条预算线移动以寻找最优偏好位置。而在生产者选择问题中，等产量曲线是技术约束，生产者沿这条等产量曲线移动以寻求最优位置。

4.4.3 最优组合的变动

厂商成本最小的投入组合是在下面三个因素保持不变的前提下找到的：(1) 产量；(2) 要素价格；(3) 生产技术。实际上，所有的这些因素都是可以改变的。当这些因素发生变化时，厂商就会重新选择最优的生产要素的组合。这里我们用比较静态方法考察产量的变化。

在生产要素的价格、生产函数和其他条件不变时，如果厂商想要增加产量，比如由 Q_1 增加到 Q_2。相应地，厂商将不得不增加两种生产要素的最低投入量。在图 4-11 中我们分别绘出了两条等产量曲线 Q_1 和 Q_2，以及两条等成本线 C_1 和 C_2。产量为 Q_1 时生产要素的最优组合点为 E_1。当扩大产量到 Q_2 时，按照最优化要求，厂商将选择更高的等产量曲线 Q_2 和更高的等成本线 C_2 切点 E_2 的要素组合。对于任意选择的产量水平，我们可以重复这些步骤。在这一过程中，等产量曲线会发生平移，等成本线也会发生平移。这些不同的等产量曲线将与不同的等成本线相切，形成一系列不同的均衡点，这些均衡点的轨迹就是生产扩展线。生产扩展线表示在生产要素价格、技术条件保持不变时，最低成本的投入组合如何随着产量水平的变化而变化的。图中的曲线 OR 是一条生产扩展线，理性的厂商将仅仅选择位于其扩展线上的投入组合。

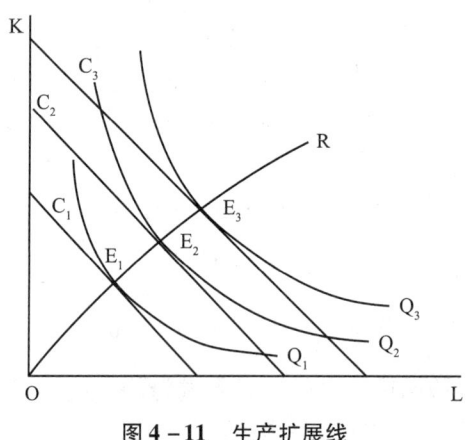

图 4-11　生产扩展线

用数学语言，扩展线是 L 和 K 的隐函数：

$$g(L, K) = 0$$

生产扩展线是边际技术替代率不变的轨迹。由于技术水平和两种投入的价格保持不变，投入的价格比率就不会变化，因此，扩展线上的各个均衡点上的边际技术替代率（即斜率）都是相等的。

与生产扩展线相关的一个概念是等斜线。等斜线是一组等产量曲线上边际技术替代率相等各点的轨迹。在图 4-5 中用来划分生产的经济区域的两条"脊线"，就是边际技术替代率等于零和边际技术替代率等于无穷大的两条特别的等斜线。按照等斜线的定义，生产扩展线也是一条等斜线，但并不是所有的等斜线都是扩展线。

【例 4-1】扩展线方程：

如果柯布—道格拉斯生产函数采取以下形式：

$$Q = AL^a K^{1-a}$$

其边际技术替代率为：

$$MRTS_{LK} = \frac{MP_L}{MP_K} = \frac{AaL^{a-1}K^{1-a}}{A(1-a)L^a K^{-a}} = \frac{a}{1-a} \cdot \frac{K}{L}$$

将最优条件 $MP_L/MP_K = w/r$ 代入上式，得到：

$$\frac{a}{1-a} \cdot \frac{K}{L} = \frac{w}{r}$$

因此，扩展线方程为：

$$(1-a)wL - arK = 0$$

4.5 企业的本质

4.5.1 交易成本

到目前为止，我们对生产和成本的讨论基本上局限于投入产出关系，将企业看作投入与产出之间的技术关系。但是，最近 20 年来，这种分析方法受到越来越大的挑战。因为，从原则上讲，所有的生产可以通过市场交换把彼此独立地做买卖的个人单位组织起来，即通过市场交换或价格调节来配置资源。而企业组织形式也具有资源配置功能。那么，企业为什么会存在？企业的本质是什么？企业与市场的边界如何确定？这些问题就成为现代企业理论所关注的问题。

美国经济学家科斯指出，市场和企业是两种不同而又可相互替代的资源配置机制。不同的是，市场是通过价格来调节，而企业则是通过权威来协调。在市场上，交换双方是互相平等的，决策是分散的，信息由价格传递；在企业里，交换双方是上下级关系，决策是集中的，信息通过指令和汇报传递。经济交换趋于使交易成本最小化的方式组织起来。

经典的微观经济理论隐含着一个基本假定：市场上的交易是没有成本的。而实际上交易是有成本的，在任何一个经济社会中，只要进行社会生产，就一定会有交易发生，而任何一笔交易得以进行和完成，就必须付出相应的代价。所谓交易成本是指与交易有关的机会成本，它是在交易过程中所消耗的稀缺资源，这些资源的耗费既不创造产品，也不提高产品的效用。交易成本包括：寻找和发现交易对象的成本、了解交易价格的成本、讨价还价的成本、订立交易合约的成本、履行合约的成本、监督合约的履行和制裁违约行为的成本，等等。

交易成本的产生，是由于信息的不完备性所致。不完备信息包括：由人的有限理性——在任何情况下都不可能准确预测未来——所决定的交易双方都无法预料或控制的事件，以及不对称信息，即为一方掌握而另一方不能观察或证实的信息或行为。在信息不完备的情况下，任何合同或契约都将是不完全的。这就是说，有些事件是合同所不能涉及的。因为人们不可能预知可能发生的每件事情；即使每件事情是可预知的，但是要制订一个包括所有可能的合同将付出非常昂贵的代价。

具体说来，当一个未被包括的偶然事件出现时，在一个以市场为基础的关系下，当事人将彼此讨价还价，因为每一方都力求在新的条件下获得好处。讨价还价的过程本身将是代价昂贵和浪费时间的，甚至导致合作的破裂。而且，只要合约是不完全的，就不排除某一方利用合约的漏洞，采取机会主义行为。所谓机会主义行为是指人在追求个人利益的过程中，有可能利用一切机会（如利用对方的不利地位）采取损人利己的行为而不受合约的惩罚。

例如，一家化工厂需要铁路运输公司运输产品，为此需要专门的运输车厢。铁路运输公司要达成这笔交易，必须进行这项专门投资。但是，一旦铁路运输公司购买了专用性的机器设备，它就可能会受到化工厂的要挟。比如，当某项新技术的发明，使得其他方式的运输成为可能时，化工厂就可能会以此来威胁，向铁路运输公司压价。这样，铁路运输公司在事后的谈判中就会处于劣势。基于这种可能事件，铁路运输公司也许不愿意现在开始建立一种关系（购买专用设备），因为他知道在今后的讨价还价中可能被对方所利用。由此可见，机会主义行为将增加市场交易的复杂性和成本。

4.5.2　企业的本质

交易费用对企业来说是一种外部成本，如果原来的交易双方合并成一个企业，那么原来的外部成本就内部化了。在这种情况下，当一件未被包括的偶然事件发生时，一方当事人可以利用保留的控制权利，做出决策避免昂贵的代价和无效率的讨价还价，从而节约了交易成本。从这个意义上来讲，企业实际上是一种不同于市场的交易组织，企业作为市场的替代能够降低市场交易成本，这正是企业的本质。

企业将外部成本内部化的过程就是用企业内部运行机制来替代市场价格运行机制，也就是用企业内部下上级的权威关系来替代市场的平等交易关系。在这一过程中，交易成本降低了，因而有可能使原来不能完成的市场交易通过企业内部交易实现。

一般地，如果某交易要求一方或双方从事专门化投资，那么，这种交易的成本在企业组织里比较小。在上述的例子中，由化工厂自己拥有特殊运输车辆来运输产品，所有的交易都内部化为企业内部的交易。

4.5.3 企业的边界

但是，通过企业组织而使市场交易内部化不是没有代价的，企业的内部交易消除或减少了市场交易所特有的交易成本，但同时不可避免地带来了企业所特有的交易成本。随着企业的扩大，企业的缺陷越来越严重，由此而来的交易成本也越来越高。例如，交易活动越复杂，监督和激励的成本也越高；企业越大，隶属层次越多，逐层影响上级的活动就越多，信息和决策的扭曲就越严重，交易的效率就越低。这样，随着企业规模的不断扩大，同一交易在企业内部进行的交易成本最终可能会超过在市场上进行的交易成本。因此，企业不能无限制地扩大以取代市场。那么，企业与市场的边界在哪里呢？

按照科斯的理论，经济交换趋于使这些交易成本最小化的方式组织起来。有些交换的交易成本在市场里较低，另一些交换的交易成本在企业里较低。为使交易成本最小，有的交换在市场上完成，有的交换在企业内完成。当最后一笔交易在企业内完成的交易成本与在市场上完成的交易成本相等时，企业达到了最优规模。这就是说，企业和市场同时并存是交易成本最小化的结果。

本 章 小 结

1. 厂商的技术约束可以通过生产函数来描述，它概括了一定时点上现有的技术的性质。

2. 在技术给定和其他要素投入不变的情况下，连续增加1单位某种要素所带来的产量的增量迟早会出现下降。

3. 对生产技术关系的描述还可以用等产量曲线来表达。这条曲线所表示的是能够生产某种既定产量的两种投入的各种有效的组合。

4. 边际技术替代率是等产量曲线的斜率的负值，它度量厂商为保持产出量不变，必须以一种投入替代另一种投入的比率。边际技术替代率趋于递减。

5. 规模报酬是指所有的投入要素以相同的比例变动时产量变动的比例。

6. 成本最小化的条件是两种投入的边际产量之比等于它们的投入价格之比。理性厂商总是选择生产扩张线上的投入组合。

7. 市场和企业是两种不同而又可相互替代的资源配置的组织形式。不同的是，市场是通过价格来调节，而企业则通过权威来协调。用市场形式组织生产会产生交易成本，企业作为市场的替代能够降低市场交易成本。但是，由于企业内部存在着另一种交易成本，企业对市场的替代有一定的边界。

关 键 概 念

厂商　　生产函数　　　　总产量　　　平均产量
边际产量　边际报酬递减规律　等产量曲线　边际技术替代率
规模报酬　生产扩展线

复习思考题

1. 判断正误：

(1) 边际成本下降时，平均成本不可能上升。

(2) 在长期中，厂商总是在最优生产规模的最小成本水平上经营，以生产既定的产量。

(3) 规模报酬递增厂商不可能面临边际报酬递减现象。

2. 说明下列生产函数所表示的是规模报酬递增的、不变的还是递减的？

(1) $f(X_1, X_2) = X_1^2 X_2^2$；

(2) $f(X_1, X_2) = X_1^{1/2} X_2^{1/3}$；

(3) $f(X_1, X_2, X_3) = X_1^{0.61} X_2^{0.29} X_3^{0.09}$；

(4) $f(X_1, X_2) = aX_1 + bX_2$。

3. 已知生产函数为 $f(L, K) = 2L^{0.5} K^{0.5}$

(1) 证明该生产技术是规模报酬不变的；

(2) 验证边际生产力递减规律。

4. 某厂商的生产函数为 $Q = L^{3/8} K^{5/8}$，两种投入的价格，$w = 4$，$r = 5$。若该厂商生产200单位的产量时，应雇用多少单位的L和K才能使其成本最低?

5. 设某产品生产的边际成本函数 $MC = 3Q^2 + 8Q + 100$,若生产 5 单位产品时总成本是 975。求总成本函数、平均成本函数、可变成本函数及平均可变成本函数。

第 5 章 成 本 理 论

> **本章要点**
> ◇ 区分经济成本与会计成本；
> ◇ 掌握短期成本曲线；
> ◇ 理解并掌握短期成本曲线与长期成本曲线的关系。

上一章考察了生产技术，说明了投入要素如何转化为产出的关系。本章将考察生产技术与投入要素的价格是如何决定企业的生产成本的，揭示成本与产量的关系。

5.1 成本的含义

5.1.1 经济成本与会计成本

经济成本的概念

经济分析中的经济成本，与日常生活中的成本的含义不尽相同。经济分析中的成本称为机会成本，是指既定资源用于生产某种物品和劳务时所必须放弃的在其他用途中所能获得的最大收益。简单地说就是为了得到某种东西所必须放弃的其他东西。机会成本与资源的相对稀缺性与多用途性是密切相关的，只有具有多种用途且相对稀缺的资源才有机会成本。例如，一块土地共有三种用途：种植谷物、栽培苹果和投资建厂。如果用来种植谷物可以获得收入 200 元；如果用于栽培苹果可以获得收入800元；如果用于投资建厂可以获得收入5 000元，那么，这块土地用于种植谷物的机会成本就是5 000元；这块土地用于投资建厂的机会成本就是800元。

在一个竞争性市场上，厂商的生产成本将趋于和它所使用的资源的机会成本相等。例如，当某个厂商付给工人的工资（包括其他福利待遇）低于他在其他可供选择的职业中所能获得的收入，劳动者就会从报酬低的企业流动到报酬高的企业，直到最后他在这些企业得到的报酬相等为止。因此，在经济分析中，我们把厂商生产某种产品的经济成本等同于生产该产品的机会成本。

厂商的经济成本包括显性成本和隐性成本两部分。显性成本是指厂商为购买或租用各种生产要素而支付的一切费用，它包括工资支出、原材料和燃料及电力的费用、资本设备的折旧费、借贷利息和租金等。由于这些实际支出都要反映在会计账册上，因而是一种会计成本。

经济学家和会计师在处理显性成本方面有所不同。会计师通常只计算历史成本——最初购买生产要素的价格，而不计算经济成本——现在购买生产要素时的价格。在处理折旧问题时，会计师根据运用广泛适用于各种资产的税法准则来计算成本中允许计提的折旧和计算利润。但是，这些折旧计提并不能反映设备的实际磨损。

> 会计师按原值计算成本，经济学按现值计算成本。

显性成本仅仅是厂商成本中的一部分，其中的另一部分是隐性成本。隐性成本是厂商所使用的与自有资源相联系的成本。它包括厂商使用自有资金应得的利息，以及企业主经营管理自己的企业应得的薪金等。例如，一个使用自己土地并直接进行经营管理的企业家，如果他为别人从事管理工作可以得到5万美元的年薪，其土地若出租给别人得到年租金1万美元，那么，这6万美元就是该厂商的隐性成本。

一个厂商的销售总收入减去按机会成本计算的显性成本和隐性成本，就是经济利润。企业家从事管理活动所应得的酬金，又被称为正常利润，它是让一个厂商继续留在原行业继续经营所必需的最低报酬。它之所以也构成成本的一部分，是因为如果这部分得不到补偿，他将关掉这个企业，经营他业。因此，经济利润中不包括正常利润。会计利润则是指总收益减去会计成本的余额。当我们说某厂商的经济利润为零时，意味着它仍然得到了正常利润。但无论从哪个意义上讲，经济利润都不应包括在成本之内。

在经济学分析中，厂商的目标被假定为追求经济利润极大化。在本书各章中，如果不是特别指出，我们所提到的利润都是指经济利润。

5.1.2 沉没成本

隐性成本是厂商经济决策时所必须考虑的机会成本，但是有些显性成本在厂商作出未来的经济决策时，可以不加以考虑的。例如，一家厂商购买了一台专用机器设备，即这种机器只能用于某种特殊用途的生产，如果该厂商退出经营，这台机器就毫无用处，投在该机器的成本几乎全部无法收回。我们把这种成本称为沉没成本，它是已经发生而无法收回的费用。如同泼出去的水无法收回一样，广告费用也是典型的沉没成本。如果这种固定投入在短期内没有其他选择的余地，其短期机会成本就是零。

当我们考虑厂商的短期决策时，一般都假定固定成本即沉没成本。这样，按照机会成本衡量的经济成本就不包括固定成本。

5.1.3 成本函数

所谓成本函数是指一定产量与生产该产量的最低成本之间的关系。成本函数可以从生产函数中推导出来。在上一章，我们分析了生产既定产量的成本最小化问题，找到生产既定产量的最小的投入组合（L^*，K^*）及其最低成本（$wL^* + rK^*$）。成本可以表示为产量和投入价格的函数：

$$C = \Phi(Q, w, r)$$

假定技术水平和投入的价格不变，成本和产量之间的关系可表示为：

$$C = \Phi(Q) = \Phi[f(L^*, K^*)]$$

短期成本函数

5.2 短期成本函数

5.2.1 平均成本与边际成本

在短期中，企业投入生产的某些要素是固定的，而另外的要素则随着企业的产量的变化而变化。

总成本（TC）是厂商在短期内为生产一定量的产品对全部生产要素所付出的成本。它是固定成本和可变成本之和。固定成本是厂商在短期内为生产一定量的产品对固定生产要素所支付的成本。例如，建筑物和机器设备的折旧费、高级管理人员工资等。由于在短期内不管厂商的产量为多少，这些要素的投入量都是不变的，所以，固定成本不随产量的变化而变化，即使产量为零时，固定成本也仍然存在。

可变成本是厂商为生产一定量的产品对可变生产要素所付出的成本。例如，厂商对原材料、燃料动力和工人工资的支付等。由于在短期内厂商是根据产量变化的要求来不断地调整可变要素的投入量的，所以，可变成本随产量的变动而变动。当产量为零时，可变成本为零。在这以后，可变成本随着产量的增加而增加。

短期成本函数就是指在只有可变要素可以变动的情况下，生产既定产量水平的最小成本。假定在短期内劳动投入量是可变的，而资本投入量固定不变为$\overline{K}$。短期生产函数为：

$$Q = f(L, \overline{K})$$

短期成本函数可表示为：

$$C(Q) = \overline{w}L(Q) + r\overline{K}$$

其中，$\overline{w}L(Q)$为可变成本，它随厂商的产量变化而变化，是产量的函数，记为$VC(Q) = \Phi(Q)$。$r\overline{K}$为固定成本，因为它不随产量变化而变化，是一个常数，记为$FC = b$。企业的总成本可以表示为：

$$TC(Q) = VC(Q) + FC = \Phi(Q) + b$$

平均固定成本（AFC）是厂商在短期内平均每生产一单位产品所消耗的固定成本。用公式表示为：

$$AFC(Q) = FC/Q = b/Q$$

平均可变成本（AVC）是厂商在短期内平均每生产一单位产品所消耗的可变成本。用公式来表示为：

$$AVC(Q) = VC(Q)/Q$$

平均总成本（AC）是厂商在短期内平均每生产一单位产品所消耗的全部成本。它等于平均固定成本和平均可变成本之和。用公式表示为：

$$AC(Q) = AFC(Q) + AVC(Q)$$

边际成本（MC）是厂商在短期内每增加一单位产品时所增加的成本。用公式表示为：

$$MC(Q) = \frac{\Delta C(Q)}{\Delta Q} = \lim_{\Delta Q \to 0} \frac{\Delta C(Q)}{\Delta Q} = \frac{dC(Q)}{dQ}$$

由于边际成本随产量的变化而变化，它只取决于可变成本，与固定成本无关。所以，边际成本又可以表示为：

$$MC(Q) = dVC(Q)/dQ$$

5.2.2 成本曲线的形状

表 5-1 给出某厂商的短期成本。根据表中的数字可以绘出相应的成本曲线。

表 5-1　　　　　　　　短期成本表

产量	固定成本	可变成本	总成本	边际成本	平均固定成本	平均可变成本	平均总成本
0	60	0	60	—	—	—	—
1	60	30	90	30	60	30	90
2	60	49	109	19	30	24.5	54.5
3	60	65	125	16	20	21.7	41.7
4	60	80	140	15	15	20	35
5	60	100	160	20	12	20	32
6	60	124	184	24	10	20.7	30.7
7	60	150	210	26	8.6	21.4	30
8	60	180	240	30	7.5	22.5	30
9	60	215	275	35	6.7	23.9	30.6
10	60	255	315	40	6	25.5	31.5
11	60	300	360	45	5.5	27.3	32.8

图 5-1 显示了这些成本函数的几何形状。最简单的成本函数是固定成本。固定成本是一条水平线，表明它不随产量变化而变化。可变成本曲线从原点出发表明产量为零时，变动成本也为零。随着产量的增加，变动成本也相应增加。

总成本是固定成本和可变成本之和。其形状与可变成本曲线完全一致，它只不过是变动成本曲线向上平行移动一段相当于 FC 大小的距离而得到的，即总成本曲线与可变成本曲线在任一产量上的垂直距离等于固定成本 FC，但 FC 不影响总成本曲线的斜率。总成本曲线上升的速度和变动成本曲线上升的速度之间存在对应关系。

平均固定成本曲线是一条直角双曲线，随着产量的扩大，分摊到每单位产品的固定成本越少。

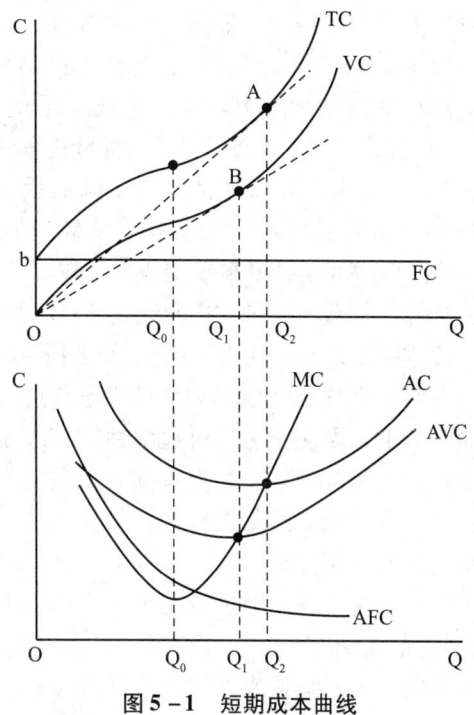

图 5-1 短期成本曲线

平均变动成本曲线可从 VC 曲线推出。VC 曲线上任一点与原点的连线的斜率即是该产量水平下的平均变动成本。平均变动成本曲线的形状为 U 形，表明平均变动成本随产量的增加先递减后递增。AVC 曲线的最低点与 Q_1 的产量水平相对应，从图 5-1 中可看出，与产量 Q_1 对应的点 B 与原点的连线，是 VC 曲线上斜率最小的一条连线。

平均成本曲线也可以从 TC 曲线推出。TC 曲线上任一点与原点之连线的斜率即为该产量水平下的平均成本。AC 曲线的形状也呈 U 形，表明平均成本随产量的增加先递减后递增。平均成本曲线的位置在平均变动成本曲线之上，两条曲线之间垂直距离为平均固定成本。由于平均固定成本随产量增大而递减。因此，AC 曲线与 AVC 曲线的垂直距离也因产量的增大而渐趋缩小。AC 曲线的最低点与 AVC 曲线的最低点不在同一条垂线上，前者对应的产量为 Q_2，后者对应的产量为 Q_1。这是因为 AFC 是单调递减的，AVC 从最低点转而上升时，其上升幅度在一定阶段内不能抵消 AFC 的下降幅度，AC 仍呈下降之势；只有当产量为 Q_2 时，AVC 的增量正好等于 AFC 的减少量时，AC 才到达最低点。

边际成本 MC 是每增加一单位产量所引起的总成本的增量。在产量水平较低的阶段上，边际成本可能随产量的增加而减少，但到达一个最低点（即总成本曲线上由凹转凸的拐点，此时产量为 Q_0）后，则随产量的进一步增加而增加。边际成本曲线也可由 TC 曲线推出，MC 曲线上的每一点都是同一产量水平上 TC 曲线的斜率。

  AC 曲线、AVC 曲线和 MC 曲线都是先下降而后上升，呈 U 形。当边际成本小于平均可变成本和平均成本，即 MC 曲线在 AVC 曲线和 AC 曲线下方时，平均可变成本和平均成本下降；当边际成本分别大于平均可变成本和平均成本，即 MC 曲线在 AVC 曲线和 AC 曲线上方时，平均可变成本和平均成本上升；当边际成本分别与平均可变成本及平均成本相等时，平均可变成本和平均成本分别达到最低点。

  短期成本曲线的形状取决于生产过程的性质。边际成本曲线的形状取决于可变要素的边际生产力[①]。当可变要素的边际产量递增时，边际成本递减；当可变要素的边际产量达到最高点时，边际成本处于最低点；当要素的边际产量递减时，边际成本递增。由于在边际报酬递减规律作用下的 MC 曲线有先降后升的 U 形特征，所以，AC 曲线和 AVC 曲线也必定是先降后升的 U 形特征。而且边际成本曲线分别穿过平均可变成本曲线和平均成本曲线的最低点。

5.3 长期成本函数

长期成本函数

  长期是指时间很长，长到厂商在增加或减少产量时来得及增加或减少所有的投入要素。在长期内，厂商有足够的时间调整所有投入的使用量，建立它想建立的任一规模或种类的生产。长期内，所有的生

---

  ① 我们可以用简单的数学推导来证明边际成本曲线与平均可变成本曲线、平均成本曲线之间的关系。假定投入要素价格不变，短期成本函数表示为：
$$C(Q) = \overline{w}L(Q) + \overline{r}K = \overline{w}L(Q) + b$$
因此：
$$\frac{dTC}{dQ} = \frac{d}{dQ}[\overline{w}L(Q) + b] = \overline{w}\frac{dL}{dQ} + L\frac{d\overline{w}}{dQ}$$
由于 $d\overline{w}/dQ = 0$，所以
$$MC = \overline{w}\frac{dL}{dQ} = \overline{w} \cdot \frac{1}{MP_L}$$
这个等式表示，在只有一种投入要素可变时，边际成本等于该要素的价格除以要素的边际产量。

  由于平均可变成本表示为 $AVC(Q) = VC(Q)/Q$，因此，
$$\frac{dAVC(Q)}{dQ} = \frac{d}{dQ}\left(\frac{VC}{Q}\right) = \frac{dVC/dQ}{Q} - \frac{VC}{Q^2} = \frac{1}{Q}(MC - AVC)$$
在平均可变成本最低点应满足：$dAVC/dQ = 0$，因此，当 $Q = Q_1$ 时，
$$MC(Q_1) = AVC(Q_1)$$

产要素都是可变的，厂商可以对每个时期的土地、建筑物、设备和其他生产要素的数量进行调整。由于长期内没有一种生产要素是固定的，所以，在长期内不存在固定成本和平均固定成本函数。在长期中只有三个成本概念：长期总成本、长期平均成本和长期边际成本。

5.3.1 长期总成本

观察长期情况的一种有用方法是将其视为一个计划的水平面。厂商在短期内经营时，必须持续不断地制订出今后的计划，并决定它的长期战略。厂商的长期决策决定了厂商在未来短期内的地位。比如，当厂商做出在生产线上增加一种新产品的决策之前，它是处于长期的情形中，因为此时它可能在多种类型和规格的机器设备中进行选择，以生产这种新的产品。而一旦做出投资，厂商就是处在一个短期的情形中了，因为这时机器设备的品种和规模在很大程度上已经固定了。

假定一个厂商生产某种产品可以选用三种规模的厂房设备。在图 5-2 中，我们任选三条短期总成本曲线：STC_1，STC_2 和 STC_3。长期内，厂商可建立这些可能生产规模中的任意一种。假定厂商期望产量 Q_1，厂商应当选择建立规模最小的企业，因为它意味着生产 Q_1 的总成本最低。当厂商期望产量为 Q_3 时，厂商就应当选择第三种生产规模，此时生产 Q_3 的总成本最低。长期总成本是由每一种产量水平下产生最低长期总成本的点构成，当企业的设备规模可以细分时，长期总成本曲线就是短期总成本曲线的包络线，即每条短期总成本曲线与长期总成本曲线不相交但相切，且仅有一个切点，它代表厂商在所有投入都可变的情况下，为生产既定的产量所能实现的最低总成本。

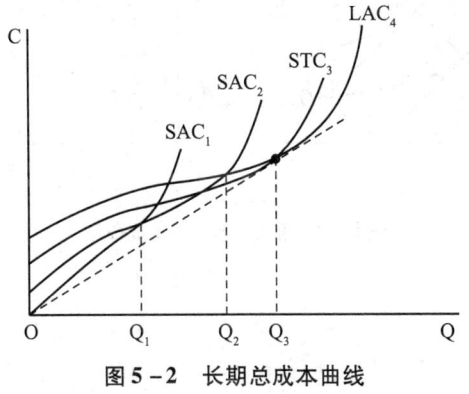

图 5-2 长期总成本曲线

长期总成本曲线和短期总成本曲线具有相似的特征。长期总成本曲线也是随产量的增加而上升，并且先以递减的速率上升，后以递增的速率上升。长期总成本曲线与短期总成本曲线的区别在于：长期总成本曲线是从原点开始，表示长期总成本是完全随产量的变化而变化。每条短期总成本曲线都不是从原点开始，因为从短期来看，总存在一些固定成本，这部分成本不随产量变化而变化。短期总成本曲线在纵坐标上的截距越大，代表的企业规模越大，因为大的企业规模总是意味着较高的固定成本。短期成本曲线的形状受边际报酬制约，长期成本曲线的形状则取决于规模报酬。

长期总成本曲线还可以从扩展线中推导出来。如果各种产量都是在最优生产规模上生产的，也就是说，以最优的生产要素组合来进行生产，那么，由此而支付的总成本就是长期总成本。这一总成本正是扩张线上各点所表示的总成本，因为扩张线上各点都代表最优的生产要素的组合。

图 5-3（a）表示，在投入价格和生产函数不变时，三种不同产量水平 Q_1、Q_2、Q_3 的均衡点为 E_1、E_2、E_3。当等产量线为 Q_1 时，等成本线与等产量曲线的切点为 E_1，它代表产量为 Q_1 的最低总成本为 C_1。同样地，随着产量扩张，最低总成本增加，图中 E_2 点上的成本 C_2 对应于产量 Q_2，E_3 点上的成本 C_3 对应于产量 Q_3。因此，如果我们用横轴代表产量，纵轴代表总成本，把上述对应于 Q_1、Q_2、Q_3 的总成本标在纵轴上，我们就得到了相应的长期总成本曲线，如图 5-3（b）所示。

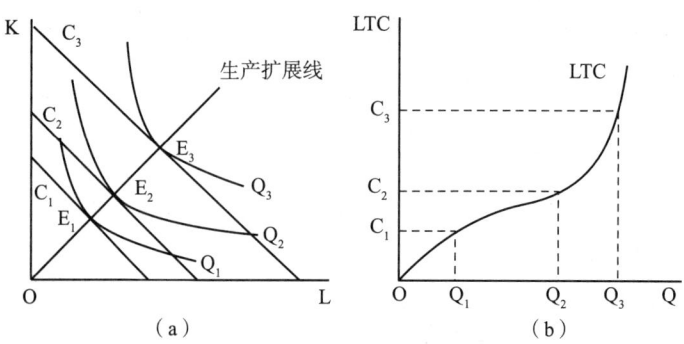

图 5-3 扩展线与总成本曲线

5.3.2 长期平均成本

长期平均成本曲线表明了在能够建立任何的合乎理想规模的工厂时,生产每一产量水平的最低平均成本。

假设每种规模的工厂的短期平均成本函数分别由图 5-4 中的 SAC_1、SAC_2 和 SAC_3 代表。长期内,厂商可建立这种可能的生产规模中的任意一种。哪种生产规模是利润最大的呢?这显然要看厂商在长期内将要生产的产量是多少。假定厂商期望产量为 Q_1 时,它应当选择建立规模最小的工厂。因为这时它将在平均成本为 C_1 的水平上生产出 Q_1,C_1 小于中型规模的工厂(平均成本为 C_2)或大型规模的工厂(平均成本为 C_3)的成本水平。但是,假如期望产量是 Q_3 时,厂商就应当选择中等生产规模建立工厂,第二种规模是生产 Q_3 的最低平均成本。而当期望产量大于 Q_4 时,厂商则需要选择建立大型的生产规模的工厂。

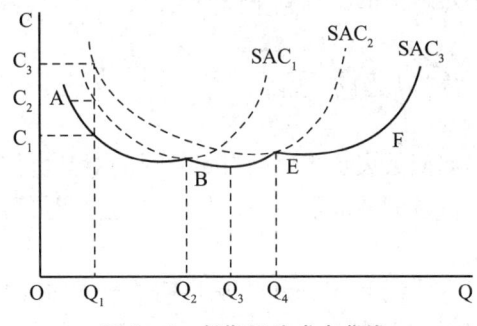

图 5-4 长期平均成本曲线

长期平均成本曲线 LAC 由三条短期平均成本曲线交点以下的实线部分 ABEF 组成。三条短期平均成本曲线交点以上的部分未包括在内,因为它们表示的并不是最低的平均成本。

当有许多规模的工厂可供厂商选择时,厂商面临的是如图 5-5 所示的一簇短期平均成本曲线。长期平均成本曲线就会变成一条平滑的曲线,该曲线上的任意一点都是与厂商所选择的与给定产量水平相对应的最佳工厂规模相联系的。或者说,LAC 曲线上的每一点,都是与 SAC 曲线相切的切点。与这些 SAC 曲线相应的工厂规模,是厂商为生产与这些切点相对应的产量而选择的最佳规模。从数学上说,长期平均成本曲线就是短期平均成本曲线的包络线。

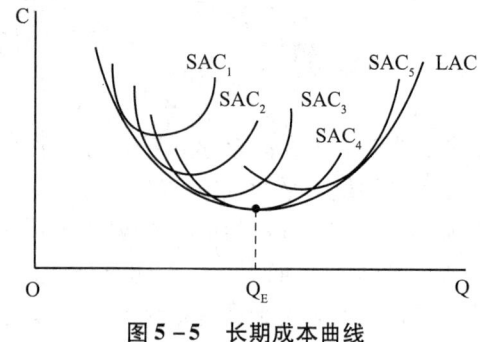

图 5-5 长期成本曲线

需要注意的是，只要 LAC 曲线不是水平的，它就不可能和所有的 SAC 曲线的最低点相切。当 LAC 曲线下降时，它与 SAC 曲线的切点在 SAC 曲线最低点的左侧；当 LAC 曲线上升时，它与 SAC 曲线的切点在 SAC 曲线最低点的右侧，只有当 LAC 曲线处于最低点时，它与 SAC_4 曲线在其最低点相切。这就是说，除 SAC_4 曲线外，所有这些短期成本曲线从短期来看都有可能达到其最低点，但从长期来看，这些最低点都不是最低的平均成本组合。

5.3.3 长期边际成本

长期边际成本函数表示当厂商有足够时间对其所使用的所有投入的数量做出最佳调整的情况下，其产量水平与生产最后一单位产品的成本之间的关系。

长期边际成本曲线 LMC 既可以从长期总成本曲线 LTC 推导出来，又可以从短期边际成本曲线推导出来，如图 5-6 所示。

不过，长期边际成本曲线并不是短期边际成本曲线的包络线。短期边际成本等于短期可变成本对于产量的变动比率，长期边际成本是假定所有成本都是变量时总成本的变化率。长期边际成本曲线是短期边际成本曲线上对应每种产量的最优工厂规模的那些点：M_1、M_2、M_3……的轨迹。长期总成本曲线是对每条短期总成本曲线的切线，其切点 N_1、N_2、N_3 是所述短期成本曲线代表最优工厂规模时的产出 Q_1、Q_2 和 Q_3。由于边际成本是这些曲线的切线的斜率，所以，LMC 和 SMC 在这样的点 M_1、M_2 和 M_3 是相等的。

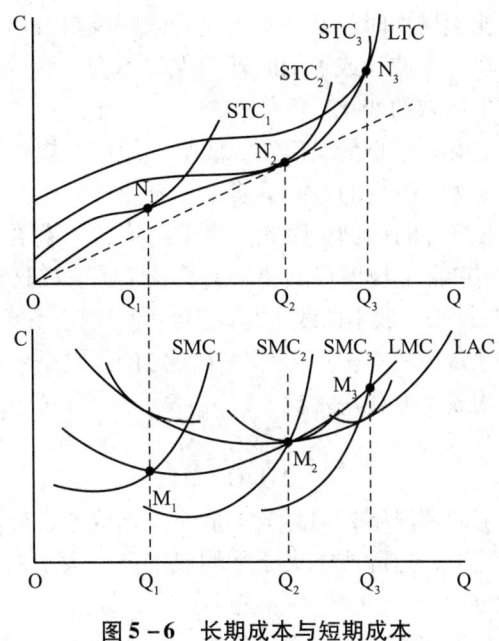

图 5-6　长期成本与短期成本

从图 5-6 中可以看到，LAC 曲线和 LMC 曲线之间存在这样的关系：LAC 下降时，LMC 小于 LAC；LAC 上升时，LMC 大于 LAC；在 LAC 之最低点上，LMC 等于 LAC。二者的关系和短期中的情形是一样的。

5.3.4　长期平均成本曲线的形状

长期平均成本曲线的形状和短期平均成本曲线的形状非常相似。在达到某一个产量水平前，二者都随着产量的增加而下降，达到一个最低点，然后再随产量的进一步增加而上升。但是二者产生这一形状的原因却并不相同。在短期平均成本函数中起作用的是边际生产力递减规律。但是，边际生产力递减规律并不对长期平均成本的形状起作用，因为长期内没有任何固定的生产要素。决定长期平均成本曲线形状的因素很多，包括规模经济与规模不经济、学习效应和范围经济等。

1. 规模经济与规模不经济

规模经济是指长期平均成本随着产量上升而下降。规模不经济是指长期平均成本随着产量上升而上升。产生规模经济的主要原因是递增的规模报酬、劳动分工与专业化，以及调整要素组合等。

成本函数的规模经济与生产函数的规模报酬紧密相关。当各种要素组合按不变比例增加时,常常首先会带来规模报酬递增,在递增到一定点后,会在一个或长或短的时期内保持不变,然后随着规模的进一步扩大而发生递减的变化。

递增的规模报酬并非是规模经济的唯一原因。规模报酬强调各投入要素之间的比例是不变的,而事实上,企业扩大生产规模时,通常会改变投入要素组合的比例。因此,规模经济这个术语比规模报酬递增更为普遍,它包含了规模报酬递增的特殊情形。在这个更普遍的意义上,U 形的长期平均成本曲线是与规模经济与规模不经济相一致的。

规模经济通常用成本—产出弹性来测定的。它是单位产出的变化率所引起的平均成本变化率之比。以 e_c 表示成本—产出弹性:

$$e_c = \frac{\Delta C/C}{\Delta Q/Q} = \frac{MC}{AC}$$

在规模经济的情况下,边际成本低于平均成本,e_c 小于 1;在规模不经济的情况下,边际成本大于平均成本,e_c 大于 1。

2. 学习效应

学习效应是指在长期的生产过程中,企业的工人,技术人员,经理人员等可以积累起产品生产、产品的技术设计以及管理方面的经验,从而导致长期平均成本的下降。学习效应是引起企业长期平均成本下降的另一重要因素。

学习效应通常用学习曲线来表示。学习曲线所描述的是企业的累积性产品产量与每一单位产量所需要的投入物数量之间的关系。

图 5-7 中向右下方倾斜的曲线是学习曲线,横轴表示累积性产出量 N,纵轴表示单位产出所需的劳动投入量 L。随着产品生产批量的累积性增加,每批产品所需的劳动投入量在相当大的范围内呈下降趋势。由于学习效应而导致的单位产品劳动投入量的下降必然导致产

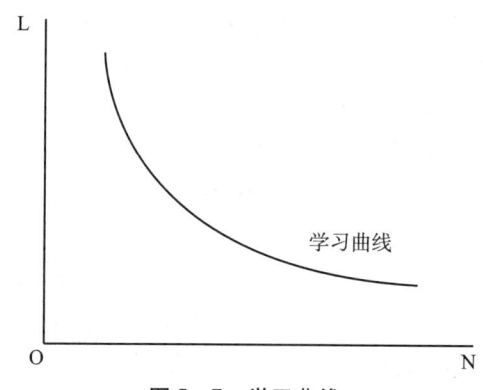

图 5-7 学习曲线

品长期平均成本的下降。当学习效应完全实现后,学习曲线与横坐标相平行。

当企业生产了多批产品以后,学习效应有可能全部实现。学习效应将使得长期平均成本曲线向下移动。如图 5-8 所示。从 LAC_1 移动到 LAC_2。

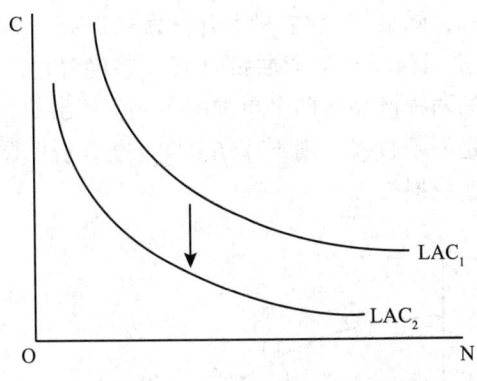

图 5-8　学习曲线引起 LAC 移动

学习曲线对于一个企业进入一个新的行业从事新产品生产的决策是非常重要的。当一个企业从事某种新产品的生产时,生产的最初阶段产品的成本是很高的,这往往使得不少企业在进入这一新行业时望而却步。但是若该行业产品生产过程中存在学习效应,则企业不应该被产品生产开始阶段较高的生产成本所吓倒。从长期看,进入该行业也许是有利的。

3. 范围经济与范围不经济

范围经济是指一个企业以同一种资源(或同样是资源量)生产两种或两种以上的产品(这两种产品在技术上相互依赖)比多个不同的企业分别这些产品的产出水平要高。

范围经济是引起企业长期平均成本下降的又一重要因素。范围经济产生于多产品生产、而不是单一产品生产的情况。许多企业同时生产技术上相互依赖的多种产品而不是一种产品。例如机动车辆生产厂既生产卡车也生产客车,炼油厂生产出汽油、柴油等各种油品。企业同时进行多产品的生产称为联合生产。企业采取联合生产的方式可以通过使多种产品共同分享生产设备或其他投入物而获得产出或成本方面的好处,也可以通过统一的营销计划或统一的经营管理获得成本方面的好处。

联合生产通常用产品转换曲线来表示。产品转换曲线表示在技术不变的条件下，使用一定的要素投入可以生产不同数量组合的两种产品。如果某企业生产 Q_1、Q_2 两种产品，这两种产品使用同样的生产设备与其他要素投入 X_0。产品转换曲线可由下式给定：

$$X_0 = h(Q_1, Q_2)$$

在图 5-9 中，产品转换曲线具有负斜率，表示在要素投入给定的条件下，为了多生产某种产品 Q_1 而必须减少的 Q_2 的数量。转换曲线凹向原点表示，随着 Q_1 的数量上升，为多获得一单位 Q_1，需放弃更多的 Q_2。这是因为联合生产通常具有某些优势，使单个企业以相同的资源生产的两种产品比两个单独的企业生产出的产品更多。如果产品转换曲线是一条直线，则不存在范围经济，说明联合生产不会带来任何收益或造成损失。

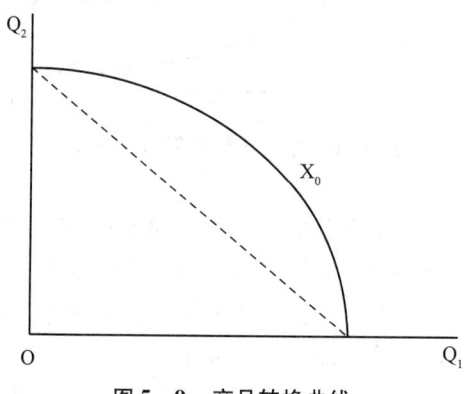

图 5-9　产品转换曲线

如果联合生产的产量低于两个独立企业所能达到的产量之和，则称之为范围不经济，转换曲线将凸向原点。

范围经济的程度可以通过研究企业的成本来确定。如果单个企业使用一定的投入组合生产出比两家独立生产的企业更多的产量，则单个企业的成本就低于独立生产的企业的成本。如果以 $C(Q_1)$ 和 $C(Q_2)$ 分别表示单独生产 Q_1、Q_2 的成本，$C(Q_1, Q_2)$ 表示联合生产两种产量所耗费的成本，我们可以用下式计量范围经济的程度：

$$SC = \frac{C(Q_1) + C(Q_2) - C(Q_1, Q_2)}{C(Q_1, Q_2)}$$

在范围经济的情况下，联合成本低于各自独立成本之和，所以，$SC > 0$。当范围不经济时，$SC < 0$。SC 的值越大，范围经济的程度就越高。

范围经济与规模经济是两个不同概念，范围经济不等于规模经济。一个企业可以在单独生产一种产品时拥有规模经济，即同比例增加各种投入后，其产出以更高比例上升；但该企业可以不拥有范围经济，即如果他同时生产两种产出品时，不会比分别生产单独产品生产更多。同样，一个企业可以拥有范围经济，但不一定意味着每一种产品生产上都存在规模经济。

本章小结

1. 经济成本是用机会成本来衡量的，它不同于会计成本。沉没成本不属于经济成本。成本函数度量的是按既定要素价格生产既定产量的最小成本。

2. 边际成本是增加一单位产量所增加的成本。当边际成本大于平均成本时，平均成本递增；当边际成本小于平均成本时，平均成本递减，在平均成本的最低点，边际成本等于平均成本。

3. 长期总成本曲线是短期总成本曲线的包络线，长期平均成本是短期平均成本曲线的包络线，长期边际成本曲线不是短期边际成本曲线的包络线。

4. 规模经济和规模不经济是决定长期平均成本曲线呈 U 形的决定因素。

5. 范围经济的联合成本低于各自独立成本之和。

关键概念

经济成本	会计成本	隐性成本	沉没成本
成本函数	边际成本	规模经济	规模不经济
范围经济	范围不经济		

复习思考题

1. 判断正误：
（1）边际成本下降时，平均成本不可能上升；
（2）在长期中，厂商总是在最优生产规模的最小成本水平上经营，以生产既定的产量。

2. 对于生产函数 $Q = \sqrt{LK}$，如果两种投入要素价格分别为 w 和 r 给定，试写出成本函数 $C(w, r, Q)$。

3. 说明规模报酬、规模经济和范围经济的关系。

4. 经济成本与会计成本的关系。

5. 经济利润、会计利润和正常利润的关系。

第 6 章
完全竞争市场

本章要点

◇ 了解完全竞争的含义和条件；
◇ 掌握利润最大化的产量原则；
◇ 推导竞争性厂商的短期供给曲线；
◇ 理解竞争市场的长期均衡；
◇ 评估竞争性市场的效率。

前面两章讨论了消费者行为理论和生产者行为理论，现在将二者结合起来，进一步研究他们之间的交易行为是如何决定产品市场价格和数量的。产品市场均衡分析力图描述厂商在不同的外部条件下利润最大化均衡产量和价格的决定。

为了便于经济分析，通常把市场环境划分为完全竞争市场、垄断竞争市场、寡头垄断市场和完全垄断市场四种类型。本章考察完全竞争市场条件下的价格与产量的决定。

6.1 完全竞争市场的特征

完全竞争：所有的买卖者都是价格接收者。

6.1.1 完全竞争市场的条件

经济学中的完全竞争与日常用语中的竞争概念是不同的。日常用语中的竞争是指不同主体之间为了各自利益进行的对抗性行为。两家生产和销售同种商品的厂商之间是竞争关系。存在竞争关系的主体之间，必须关注竞争对手的行为，以及对自己行为的可能反应，才能采取有效的对策，在竞争中获胜。经济学中的完全竞争与上述的竞争概念恰恰相反，是指一个行业中的各个厂商均不需考虑其他厂商的行为，而是按既定的市场价格销售它希望卖出的所有商品。实际上，这里仅考虑价格竞争，并且是价格竞争的结果，而不是竞争过程。就是说，所有厂商通过价格竞争，形成了一个市场价格，每一个厂商均按成本等于价格出售产品。因此，每个厂商均不把其他厂商看作自己的竞争对手。

完全竞争市场必须具备以下四个条件：

第一，存在着数量众多、规模很小的生产者和消费者。市场上有大量互相独立的买者和卖者，每个生产者或卖者所能提供的产品数量和每个消费者或买者所能购买的商品数量对整个市场交易量来讲都仅占有较小的份额，即单个卖者或买者的供求不会对市场上产品的数量发生影响，也不会对市场的价格发生影响。市场价格是由他们的供求总量共同决定的。对于每一个生产者和消费者来说，他们只是市场价格的接受者，而不是市场价格的决定者。

第二，产品同质。所有生产者都是提供标准化产品，它们在原料、加工、包装、服务等方面完全一样，可以互相替代。因此对任何一个消费者来说，他们可以随机购买任何一个生产者的产品。

第三，投入要素可以在各个行业之间自由流动。在长期中，所有的投入要素都可以自由进出任何行业，厂商数目和生产规模也可以任意变动。不存在任何法律的、社会的、技术的或资金的障碍，阻止厂商进出某行业。

第四，信息完备。所有的生产者和消费者都能及时获取有关市场的全部信息，包括现在和未来的价格信息，因而不会有任何人以高于市场的价格进行购买，以低于市场的价格进行销售。

在现实中，严格意义上的完全竞争市场几乎是不存在的。即便如此，经济学家还是常常在许多场合利用完全竞争模型。这是因为，任何一种理论模型的用处，并不取决于其假定的准确性，而是取决于其预测能力。大量经验已经证明，完全竞争模型在说明和观测现实经济行为方面是很有用的，它有助于对资源配置效率做出比较准确的判断。尽管完全竞争模型所假定的条件非常严格，但从这一模型出发，我们可以对原来的假定不断做出修改补充，使之更接近于现实，从而对更复杂的市场结构中产品价格和产量的决定做出更具体的描述。因此，完全竞争市场是与其他市场类型进行比较的有效出发点。

6.1.2 完全竞争厂商所面临的需求和收益

在完全竞争条件下，单个厂商所面临的消费者对其产品的需求曲线与整个市场所面临的需求曲线是不同的。就单个厂商而言，由于市场上的产销者或厂商成千上万，无论他怎样改变其产销量，对市场价格及总销售量都影响甚微。因此，在完全竞争市场上，他不必降低价格，而是可以按照市场既定价格出售他愿意和能够出售的任何数量产品。也就是说，每个厂商所面临的是一条具有完全弹性的需求曲线。

完全竞争厂商所面临的需求曲线是一条完全弹性的水平线，并不是说厂商所面临的价格是不会改变的。它仅仅意味着单个厂商的行为不会影响现行价格。如果一个完全竞争行业中的所有厂商或大多数厂商同时增加或减少其产销量，市场价格就会发生变化，但每次变动后的市场价格对单个厂商而言，都是一个既定的价格。

厂商面临的需求曲线表示的是市场价格与某代表性厂商的产量之间的关系。市场需求曲线表示的则是市场价格与某种商品销售总量之间的关系。市场需求曲线取决于所有消费者行为。市场需求曲线一般是一条斜率为负值、向右下方倾斜的曲线。以 d 表示厂商面临的需求曲线，以 D 表示市场需求曲线。如图 6-1 所示。

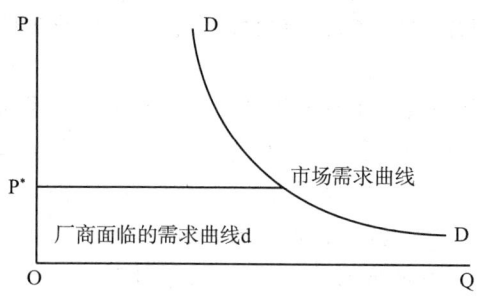

图 6-1　厂商面临的需求曲线

在图 6-1 中，厂商的需求曲线 d 在市场价格 P^* 处是水平的。如果某厂商的价格高于市场价格，商品将一点儿也卖不出去，厂商的销售量为零；低于市场价格，厂商将赢得整个市场，厂商面临的是整个市场的需求曲线 D。

厂商出售一定数量产品获得的全部收入叫作总收益（TR，可简写为 R）。总收益等于单位产品价格 P 乘以销售量 Q，则总收益函数为：

$$TR(Q) = P \cdot Q$$

厂商的平均收益（AR）是按销售量平均计算的收益。平均收益等于总收益除以销售量。

$$AR(Q) = TR(Q)/Q = P$$

由于销售一定量产品对平均每单位产品带来的收益也就是销售任一数量产品时单位产品的价格，而需求曲线可以理解为消费者愿意和能够为任一购买量支付的价格。所以，厂商的平均收益曲线可以用产品的需求曲线来表示。

厂商的边际收益（MR）是增加一个单位产品的销售所得到的总收益的增量，即：

$$MR(Q) = \frac{\Delta TR(Q)}{\Delta Q}$$

在完全竞争市场上，由于价格为常数，厂商的总收益为 $TR(Q) = P_0 Q$，总收益曲线是一条从原点出发的直线，其斜率等于既定市场价格 P_0。

厂商多出售一单位产品所增加的收益等于市场价格。厂商的平均收益和边际收益均等于市场价格。即：

$$AR(Q) = TR/Q = P_0$$
$$MR(Q) = dTR/dQ = P_0$$

表现在几何图形上，平均收益曲线、边际收益曲线和需求曲线是完全重合的。如图 6-2 所示。

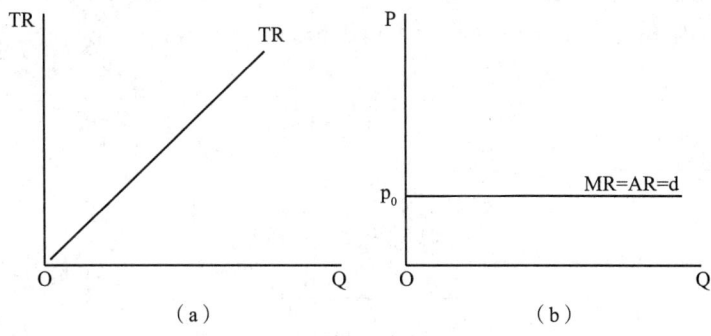

图 6-2　完全竞争厂商的收益曲线

6.1.3 利润最大化的产量原则

经济学中的利润都是指经济利润,它是厂商的总收益扣除经济成本(机会成本)后的剩余。厂商要达到利润最大化,就必须使它的总收益与总成本之间的差额达到最大。用 π 代表利润,则利润函数可表示为:

$$\pi(Q) = TR(Q) - TC(Q)$$

厂商将选择什么样的产量水平呢?答案是,它将在边际收益等于边际成本即增加一单位产量所获得的额外收益正好等于生产该单位产量花费的额外成本的水平上从事生产经营,即:

$$MR(Q) = MC(Q)^{①}$$

如果这个条件没有满足,厂商就可以通过调整产量来增加利润。如果增加 1 单位产量增加的收益为 10 元,而增加的成本为 8 元,则意味着增加这一单位产量能给厂商增加 2 元的利润,厂商就会继续生产一些产量。

一般说来,当 MR > MC 时,增加产量会增加利润,厂商就会扩大产量。当 MR < MC 时,增加产量会减少利润,厂商就会减少产量。当 MR = MC 时,利润达到最大值,厂商既不增加产量也不减少产量,厂商生产处于相对稳定状态即均衡状态。因此,MR = MC 为利润最大化的基本条件,它适用于任何市场类型中的厂商行为。

由于完全竞争厂商的边际收益等于既定的市场价格,因此,厂商的利润最大化原则就可以表述为价格等于边际成本:

$$P = MR(Q^*) = MC(Q^*)$$

也就是说,对一既定的市场价格,竞争厂商将选择某一产量水平,使他所面临的边际成本刚好等于市场价格。

---

① 利润极大化条件可用微分法证明。
$$\pi(Q) = TR(Q) - TC(Q)$$
利润极大化的一阶条件为:
$$\frac{d\pi(Q)}{dQ} = \frac{dTR(Q)}{dQ} - \frac{dTC(Q)}{dQ} = 0$$
$$MR(Q) = MC(Q)$$
利润极大化的二阶条件为:
$$\frac{d^2\pi(Q)}{dQ^2} = \frac{d^2R(Q)}{dQ^2} - \frac{d^2C(Q)}{dQ^2} < 0$$
即:$MR'(Q) < MC'(Q)$

6.2 完全竞争市场的短期均衡

6.2.1 完全竞争厂商的短期利润最大化

在短期内,厂商的生产规模是既定的,因为生产的固定投入量是无法改变的。厂商只能通过调整某些可变投入的数量增加或减少产量来增加利润。我们可以借助成本曲线和收益曲线来分析厂商的产量决策。在图6-3中,我们画出具有代表性的平均成本曲线及边际成本曲线。

完全竞争厂商的短期均衡

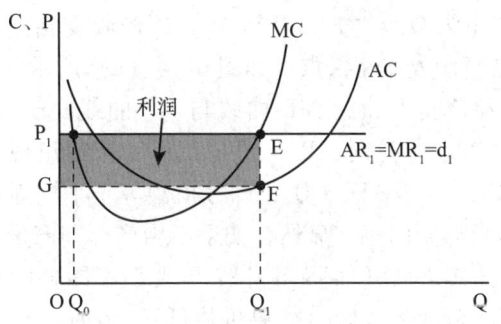

图6-3 厂商短期均衡:$\pi > 0$

当市场价格为 P_1 时,厂商面临的需求曲线、平均收益曲线和边际收益曲线重合,$MR_1 = AR_1 = P_1$。竞争厂商为了获得最大利润,总是按照 $P = MC(Q)$ 的原则来调整自己的产量。但是,在图6-3中有两个产量的边际成本均等于价格 P_1。厂商应选择哪一个呢?在第一个交点,产量为 Q_0,边际成本曲线在该处向下倾斜,这时如果我们增加一些产量,每单位增量的成本就将递减,也就是说边际成本曲线正在递减,与此同时市场价格不变,利润肯定会增加。所以我们可以排除边际成本曲线正在下降时的产量水平。显然,使竞争厂商利润最大化的最优产量是在沿边际成本曲线向上倾斜的部分,也就是在边际成本曲线的斜率大于边际收益曲线的斜率的部分。Q_1 才是价格为 P_1 时的利润极大化的产量水平。因此,竞争厂商的短期利润最大化的充分必要条件为:

$$P = MR(Q) = MC(Q)$$
$$dMR(Q)/dQ < dMC(Q)/dQ$$

但是，在最优产量水平上，厂商是盈利还是亏损，取决于最优产量下的平均成本与市场价格的比较。

设最优产量为 Q^*，由利润函数

$$\pi(Q^*) = TR(Q^*) - TC(Q^*)$$

得到：
$$\pi = AR \cdot Q^* - AC \cdot Q^* = Q^*(P - AC)$$

因此，在短期内，竞争厂商的盈亏可以分为三种情况：$P > AC$，利润大于零；$P = AC$，利润为零，收支相抵；$P < AC$，利润小于零，存在亏损。

图 6-3 表明，当市场价格为 P_1 时，市场价格高于厂商平均成本，此时厂商在短期内可以获得经济利润。在图中，在厂商的边际成本 MC 与市场价格 P_1 的交点 E_1 所对应的利润最大化产量为 Q_1，利润额等于 $(P_1 - AC) \cdot Q_1$，即阴影部分的矩形面积 GP_1EF。

当市场价格下降到 P_2 时，MR 曲线与 MC 曲线相交于 AC 曲线的最低点 E_2，产量为 Q_2。这时，$P_2 = AC$，厂商收支相抵，既无盈余又无亏损。E_2 点叫作收支相抵点。如图 6-4（a）所示。

当市场价格降至 P_3 时，MR 曲线与 MC 曲线交于 AVC 曲线的最低点 E_3，产量为 Q_3。这时，$P_3 = AVC < AC$，厂商出现亏损。亏损额为 $(AC - AVC) \cdot Q_3 = AFC \cdot Q_3$，即亏损额等于平均固定成本乘以产量，即图中阴影部分面积。显然，如果不生产，即产量为零时厂商也必须照付固定成本 FC。厂商无论生产与否都不能补偿固定成本，因而厂商到了停止营业的界限。如果价格低于 P_3 时，亏损大于平均固定成本，厂商不但不能收回固定成本，而且有一部分可变成本也不能收回。这时厂商生产零产量可能更有利。E_3 点被称为厂商停止营业点。如图 6-4（b）所示。

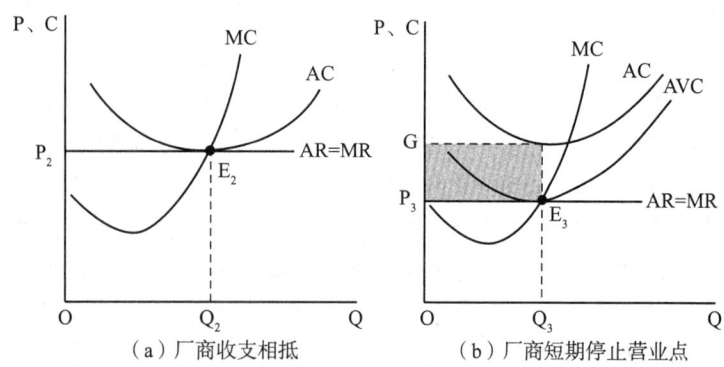

（a）厂商收支相抵　　　（b）厂商短期停止营业点

图 6-4　厂商短期均衡

6.2.2 竞争性厂商的短期供给曲线

厂商的供给曲线表示在每一可能的价格下它所愿意生产的产量。从以上的分析中可以看出,在短期内,由于厂商无法调整生产规模,来不及进入或退出某一行业,所以只要市场价格大于或等于平均可变成本,厂商就会按照价格等于边际成本的最大利润原则安排生产。这就是说,厂商愿意供给的产量等于或大于平均可变成本最低点上的产量。即:

$$P \geqslant \min AVC(Q^*)$$

如果市场价格低于平均可变成本,厂商愿意供给的产量就等于零。价格超过这一点,产量与价格的关系就由边际成本曲线所决定。所以,完全竞争厂商的短期供给曲线就是边际成本曲线高于平均可变成本曲线的部分。如图 6-5 所示,供给曲线上的每一点均对应市场价格下的利润最大或亏损最小的产量点,即均衡产量点,或者说,MC 曲线都是均衡点。

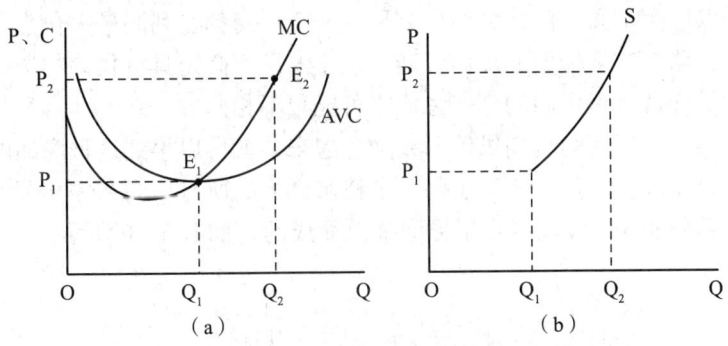

图 6-5 厂商短期供给曲线

从图 6-5 中可以看出,厂商的供给量随着市场价格的上升而增加,随市场价格的下降而减少,厂商的短期供给曲线向右上方倾斜。

短期供给函数可以用两种方法来表述:既可以把产量作为价格函数 $Q^S = f(P)$,也可以把价格作为产量的函数 $P = f^{-1}(Q)$,称为反供给函数,后者测度的是使厂商供给 Q 单位商品所必需的价格。由于竞争厂商的供给曲线是由边际成本等于价格这个条件决定的,所以,价格与供给数量的关系可以直接用 $P = MC(Q)$,$(P \geqslant AVC(Q^*))$ 这一反供给函数形式来表述。

【例 6-1】某竞争厂商的短期总成本函数为:

$$C(Q) = Q^3 - 14Q^2 + 69Q + 128$$

根据利润最大化原则 MC = P，得到：

$$P = 3Q^2 - 28Q + 69$$

平均可变成本函数为：

$$AVC(Q) = (Q^3 - 14Q^2 + 69Q)/Q = Q^2 - 14Q + 69$$

要得到 AVC 函数的最低点的产量，令 AVC（Q）对 Q 的一阶导数等于零，有：

$$dAVC/dQ = 2Q - 14 = 0, \Rightarrow Q = 7。$$

将 Q = 7 代入 AVC 函数，得到 AVC = 20。因此，当价格低于 20 元时，厂商将发现停止生产是最有利的。该竞争厂商的短期供给函数为：

$$\begin{cases} P = 3Q^2 - 28Q + 69 & (P \geq 20) \\ Q = 0 & (P < 20) \end{cases}$$

6.2.3 竞争性行业的短期供给曲线

由于在供给曲线的每一点上边际成本都等于价格，因此市场价格必定能够反映在行业中经营的每一个厂商的边际成本。为了简化分析，以厂商 1 和厂商 2 为例。如果这两个厂商都在利润最大化水平上生产，那么产量较大的厂商和产量较小的厂商必定具有相同的边际成本，尽管每一个厂商的生产总成本可能很不相同。

把各个厂商的短期供给曲线加总起来，就可以得到这种商品的市场供给曲线。它是由相对于每一价格水平上的所有厂商在停止营业点以上部分的 MC 线段在水平方向加总而成的。如图 6-6 所示。

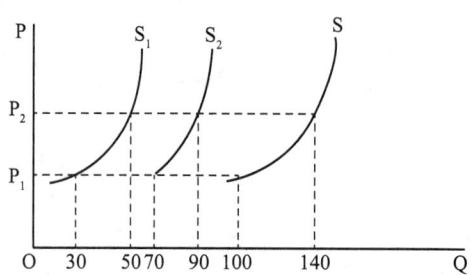

图 6-6 完全竞争市场的短期供给曲线

在图 6-6 中，厂商 1 和厂商 2 的短期供给曲线分别为 S_1 和 S_2，市场的短期供给曲线 S 所表示的正是相对于各种价格水平行业内所有厂商将提供的产量之总和。

如果该行业内有 n 个厂商,则完全竞争市场的短期供给函数可以写为:

$$P = \sum_{i=1}^{n} MC_i(Q), P \geq minAVC(Q)$$

6.2.4 完全竞争市场的短期均衡

把上面所论述的完全竞争市场的短期供给曲线或行业供给曲线与消费者对该行业产品的市场需求曲线结合起来,就可以确定完全竞争市场的短期均衡价格和产量。市场短期均衡就是指在短期内市场供给与需求平衡或一致的状态,即:

$$Q_d(P) - Q_s(P) = 0$$

如图 6-7 所示,在市场短期供给曲线为 S 与市场需求曲线 D_1 的交点 E_1,均衡价格为 P_1^*,均衡产量为 Q_1^*。

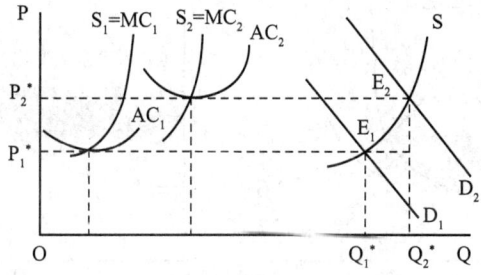

图 6-7 完全竞争市场的短期均衡

在短期内,在供给曲线给定的情况下,如果需求发生变动,则均衡价格和均衡产量就会发生变化。例如需求增加,即需求曲线从 D_1 移动到 D_2 时,均衡价格和均衡产量就会上升。

当均衡价格确定后,我们再来看单个厂商的产量水平和利润,从中可以很清楚地发现:当市场价格为 P_1^* 时,厂商 1 是在价格等于平均成本的点上进行生产的,厂商 1 的利润为零。厂商 2 是在价格低于平均成本的点上经营的,厂商 2 的利润为负;当市场价格上升到 P_2^* 时,厂商 1 的利润为正值,厂商 2 的利润为零。

6.2.5 生产者剩余

在第 3 章我们用消费者剩余测度消费者对一定数量商品愿意支付

的最高价格与市场价格之差。与消费者剩余相类似，我们把厂商从生产产品所得到的总收益超过其边际成本的部分称为生产者剩余。与消费者剩余是需求曲线以下、市场价格以上的面积相类似，生产者剩余是生产者的供给曲线以上、市场价格以下的面积。

图 6-8（a）描述了厂商在短期内的生产者剩余。厂商的短期供给曲线由厂商的边际成本线超过平均可变成本线最低点以上的部分组成，边际成本曲线上每一点都表示增加一单位产量所增加的成本。如果我们把每增加一单位产量所花费的成本加总起来就得到总的经济成本，它不包括固定成本。这是因为在短期内，固定成本不随产量变动而变动。当产量为 0 时，可变成本和边际成本为 0。当产量为 1 时，可变成本即边际成本，即 $VC(1) = MC(1)$。当产量为 2 时，$VC(2) = MC(1) + MC(2)$。因此，当产量从 0 增加到 Q^* 时，$VC(Q^*) = MC(1) + MC(2) + \cdots + MC(Q^*)$。在图 6-8（a）中，可变成本的数量由边际成本曲线以下的部分 OP_0EQ^* 的面积来表示。

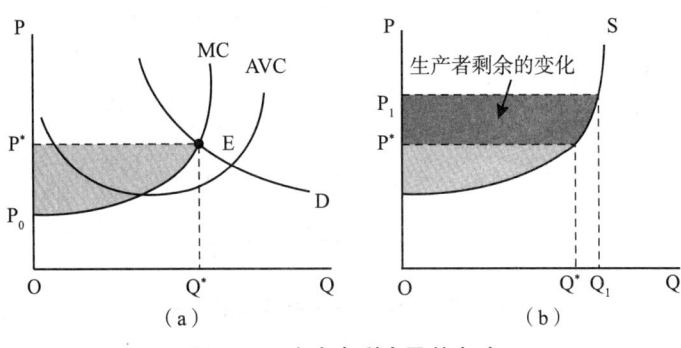

图 6-8　生产者剩余及其变动

由于生产者每单位产量所得到的价格为 P^*，因此提供产量 Q^* 所得到的总收益可以用 OP^*EQ^* 的面积来表示，总收益减去可变成本（边际成本）后的剩余部分，也就是生产者剩余。即图中的阴影部分 P^*EP_0。

生产者剩余与厂商的利润是密切相关的，但不完全相等。生产者剩余等于收益减去可变成本，也等于利润加固定成本：

$$\text{生产者剩余}(PS) = TR - VC$$
$$\text{利润}(\pi) = TR - VC - FC$$

这表明，在短期内由于固定成本不变，生产者剩余大于利润。

当市场价格由 P^* 上升到 P_1，厂商的产量由 Q^* 增加到 Q_1 时，生产者剩余的变动可由图 6-8（b）中所示的梯形面积表示。根据固定成本不变的定义，当产量由 Q^* 增加到 Q_1 时，生产者剩余的变动量正好等于利润的变动量。

生产者剩余和消费者剩余是分析经济效率和福利的十分有用的工具。消费者和生产者剩余的总和是对社会福利的一种度量，其大小可以用来反映市场的效率。

6.3 完全竞争市场的长期均衡

6.3.1 竞争厂商的长期产量选择

经济学所说的长期，是指时间长到足以使厂商能够自由调整生产规模，进入或退出某一行业。长期均衡分析既要考虑厂商生产规模的变动，又要考虑厂商数目的变动。

我们首先分析厂商调整生产规模的情况。假定市场价格在较长时间内稳定在 P_1 水平上，某厂商现有生产规模的短期平均成本曲线 SAC_1 和边际成本曲线 SMC_1 如图 6-9（a）所示。在短期内，厂商短期最优产量水平为 Q_1，利润大于零。在长期内，厂商不受现有生产规模的限制，它可以根据不同的情况，建立图中 SAC_2 等各种不同规模的工厂。

完全竞争厂商的长期均衡

在长期内厂商利润最大化的最优产量是多少呢？条件是长期边际成本与市场价格相等。在短期利润最大化产量 Q_1 上，该厂商并没有实现长期利润最大化。因为，只要它把生产规模进一步扩大，所获得的利润额将大于原有生产规模。因此，厂商将扩大规模，将产量调整到 Q_2 以满足 $P=LMC$，此时所获得的利润在长期内达到最大值。

满足长期最优条件的点也一定满足短期最优的条件。根据第 5 章对短期和长期边际成本的关系的描述，在长期边际成本等于市场价格的产量水平上，厂商所用生产规模的短期边际成本也与市场价格相等。在图 6-9（a）中，当厂商建立第二种生产规模时，生产 Q_2 的产量时 $SMC_2=LMC=P_1$，厂商实现长期利润最大化。

同样，假定市场价格在较长时间内稳定在为 P_0 的水平上，短期内厂商将出现亏损。在长期中，由于所有成本都是可变成本，如果厂商无论怎样调整所有的投入，其平均成本都高于市场价格 P_0，都始终处于亏损状态，那么该厂商就没有理由生存下去，亏损厂商必定停产。

因此，在长期内，厂商获得的利润至少等于零：

$$R(Q) - C(Q) \geq 0$$
$$P \geq LAC(Q)$$

这就是说，在长期内价格至少必须和平均成本相等。对于在长期平均成本曲线最低点以下的任何价格，厂商都应该停产。因此，位于长期平均成本曲线之上并向上倾斜的长期边际成本曲线就是厂商的长期供给曲线。完全竞争厂商的长期供给曲线在市场价格低于其长期平均成本时与纵轴重合。在市场价格位于厂商长期平均成本之上时，长期供给曲线与厂商的长期边际成本曲线重合。厂商长期供给曲线由两段粗线组成。如图 6-9（b）所示。

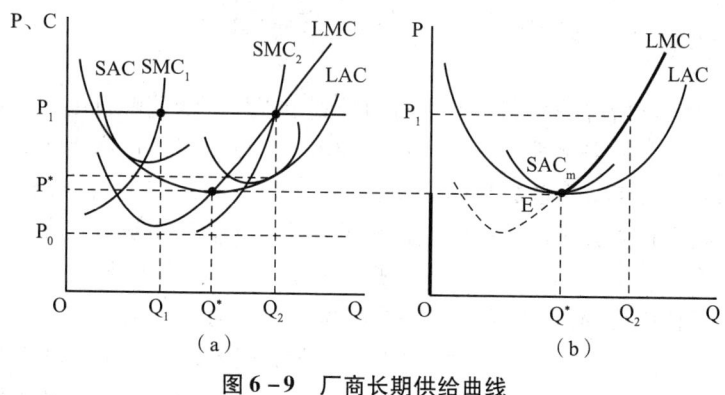

图 6-9　厂商长期供给曲线

6.3.2　竞争市场的长期均衡

现在，再将厂商对生产规模的调整与行业内厂商数目的调整这两个因素结合起来，分析完全竞争市场的长期均衡的实现过程。

在长期中，厂商不仅可以调整生产规模，而且还可以自由进入或退出某一行业，这表明一个行业的厂商数目是可变的。从图 6-9（a）中可以看出，由于市场价格 P_1 高于产量 Q_1 的平均成本，厂商将获得经济利润，这就意味着该行业厂商得到的收益大于它将资源用于其他行业时所能获得的收益。这种高于机会成本的利润，会吸引新的厂商进入该行业，行业的供给量将比以前有所增加。在需求曲线不变的情况下，市场价格就会下降。面对新的市场价格，追求长期利润最大化的厂商就会沿着长期边际成本曲线即长期供给曲线向下移动，以重新调整自己的生产规模和最优产量。只要该行业仍存在经济利润，新的厂商就会不断进入，每个厂商的调整过程还将继续下去。

如果加入该行业的厂商数目过多，导致市场价格下降到 P_0，这时所有厂商都会出现亏损。其结果是，一些厂商将相继退出这一行业。随着一部分厂商的退出，整个行业的供给就会减少，市场价格就会上升。当市场价格上升到 P^* 时，每个厂商选择生产规模为 SAC_m，生产产量 Q^* 时，该行业中留存下来的每个厂商将都处于一种既无亏损又无经济利润的状态，行业内厂商的进入和退出也就停止了，将处于一种长期均衡状态。

如图 6-9（b）所示，在长期均衡时，每个厂商的最优产量 Q^* 都是在它的长期平均成本曲线与长期边际成本曲线的交点 E 处实现的，E 点即为厂商长期均衡点。在 E 点，长期边际成本等于市场价格，厂商实现利润最大化；市场价格等于厂商长期平均成本，厂商的经济利润等于零。由此可以得到完全竞争市场长期均衡的条件为：

$$P = LMC = LAC = SMC = SAC$$

当经济利润为零时并不意味着该行业消失，而是意味着该行业厂商数量不再增加，因为不再具有进入该行业的吸引力。在经济利润为零的长期均衡情况下，一切生产要素费用均以市场价格支付——这些要素在其他地方也可以得到同样的市场价格。该行业中每种生产要素所得到的报酬与它在其他行业所得到的报酬一样，不存在额外的报酬——没有经济利润来吸引新的生产要素进入该行业。但也没有理由使厂商离开该行业，每个厂商都得到了正的会计利润。零经济利润并不能说明厂商的经营不好，相反，它只表明厂商所在行业是具有竞争性的。

6.3.3　行业的长期供给曲线

前面的分析表明，厂商的短期供给曲线位于停止营业点以上的那一部分边际成本曲线上，市场的短期供给曲线是由各厂商短期供给曲线水平加总而成的，市场短期供给曲线一般具有正斜率。厂商的长期供给曲线则位于长期平均成本曲线最低点以上的长期边际成本曲线上，但是行业的长期供给曲线却不是由所有厂商的长期供给曲线简单加总而成的。这是因为，要知道在既定价格下行业或市场供给数量，必须获得行业中每个厂商的产量和在该价格水平上选择进入该行业的厂商数目。而厂商的数目是不确定的；而且在长期内，行业的扩张或收缩会引起厂商投入要素价格的变化。因而我们不能通过对单个厂商供给曲线的简单加总得到行业或市场供给曲线。

考虑到行业的扩张或收缩引起投入价格变化的不同情况，完全竞争行业的长期供给曲线有三种情况：成本不变行业的长期供给曲线、成本递增行业的长期供给曲线和成本递减行业的长期供给曲线。

1. 成本不变行业的长期供给曲线

根据完备信息假定,在长期中所有的厂商都可以拥有相同的技术,而且假定不管有多少厂商进入这个行业,投入要素的价格保持不变。这就是说,假定行业中所有厂商都具有完全相同的长期成本曲线,代表性厂商的长期成本曲线如图 6-10(a)所示。图中的长期平均成本的最低值等于 P^*,边际成本等于在这个产量水平下的平均成本。

在图 6-10(b)中,我们假设没有其他厂商进入,只有一家厂商,则行业长期供给曲线为 S_1。市场需求曲线 D_0 与 S_1 的交点将决定市场价格为 P^*。行业供给量为 $Q_0 = q^*$。现在假定市场对该行业产品的需求增加,市场需求曲线由 D_0 提高到 D_1。市场需求曲线 D_1 与 S_1 的交点将决定市场价格为 P_1,从行业的角度看,D_1 与 S_1 的交点并不是最终的均衡点。因为在供给曲线 S_1 情形下,该厂商利润大于零,新厂商将进入该行业。只要需求曲线与长期供给曲线的交点处于某行业厂商获取超过正常利润的价格水平上,即超过平均成本最低值的任何价格,新的厂商就可能进入,长期行业供给量将是无限的。

随着行业中的厂商数目越来越多,原来厂商的供给量加上新进入厂商的供给量所构成行业的供给量会越来越大,这会使长期供给曲线不断向右移动。当市场上的厂商数目达到合适的程度时,行业的长期供给曲线就是价格等于最小平均成本时的一条水平线。长期行业供给曲线用 S_{LR} 表示。所有留存下来的厂商在 P^* 下愿意供给任何数量。

长期行业供给曲线是长期平均成本曲线最低点的轨迹。由于不论长期行业供给数量是多少,生产的平均成本始终是 P^*,所以这个类型的行业被叫作成本不变行业。该行业具有规模报酬不变性质。

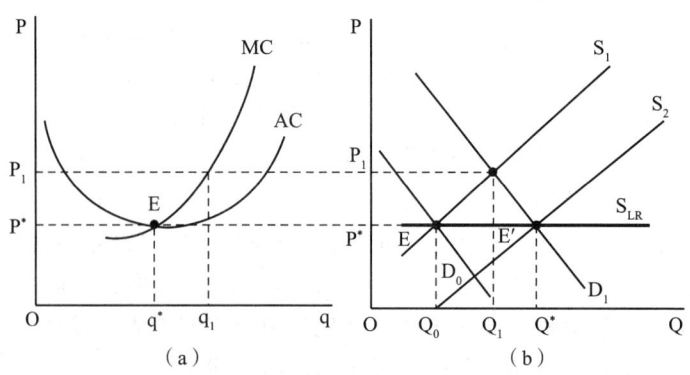

图 6-10 行业长期供给曲线

2. 成本递增行业的长期供给曲线

行业长期供给曲线并不总是水平线。水平的行业长期供给曲线是以所有厂商具有相同成本函数和投入要素价格不变为前提的。如果考虑到某行业产量变动可能引起相关的投入要素价格的变动，则完全竞争行业的长期供给曲线还可以产生向右上方倾斜或向右下方倾斜两种形状。前者称作成本递增行业的长期供给曲线，后者称作成本递减行业的长期供给曲线。

成本递增行业是指当整个行业产量的增加导致投入要素价格的上升，从而引起厂商的成本包括平均成本、边际成本以至于长期最低平均成本的上升。在完全竞争市场，尽管任何一个厂商单个投入要素的选择对于投入要素的市场价格没有明显的影响，但整个行业对投入要素需求数量的增加将抬高投入品的价格。厂商为了提供更多的产品必须接受更高的价格，单个厂商的成本曲线也会向上移动。为了促使厂商提供更多的产品，产品的市场价格也必须上升。在这种情况下，行业的供给价格随着总供给量的增加而不断上升，行业长期供给曲线是一条向右上方倾斜的曲线，具有正的斜率。如图 6-11 所示。

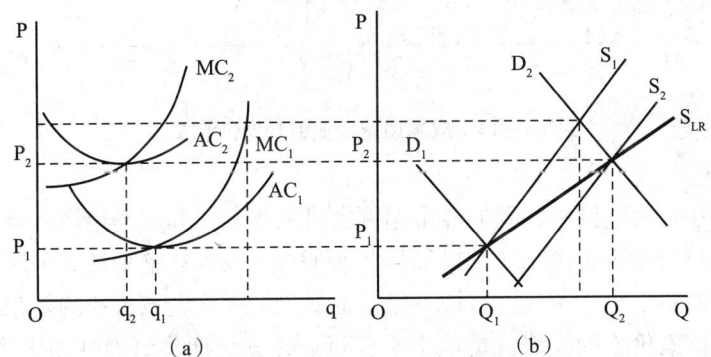

图 6-11 成本递增行业的长期供给曲线

在图 6-11（b）中，向右上方倾斜的 S_{LR} 曲线是成本递增行业的长期供给曲线。初始的均衡价格和均衡产量分别为 P_1 和 Q_1。行业的均衡产量等于代表厂商的均衡产量乘以厂商数目，即 $Q_1 = nq_1$。在图 6-11（a）中，厂商初始的均衡产量 q_1 是位于长期平均成本曲线 LAC_1 最低点的产量。

现在假定市场需求增加。需求增加引起价格上涨，吸引新厂商进入，导致供给曲线不断右移。与此同时，由于投入价格随产量扩张而不断上涨，使得每个厂商的边际成本、平均成本上升，最低平均成本也随着行业总供给量的增加而提高,厂商的成本曲线随着行业的扩张向上移动。结果,整个行业的长期供给曲线向上倾斜。新的均衡价格和均衡产量分别为 P_2 和 Q_2。

3. 成本递减行业的长期供给曲线

成本递减行业是指当整个行业产量的增加导致投入要素价格的下降,从而引起厂商的长期最低平均成本的下降。在这种情况下,行业的供给价格随着总供给量的增加而不断下降,成本递减行业的长期供给曲线是一条向右下方倾斜的曲线,具有负的斜率,如图 6-12 所示。例如,当某一个行业的扩大使铁路运输代替公路运输成为可能时,铁路运输将使单个厂商的运输成本降低。

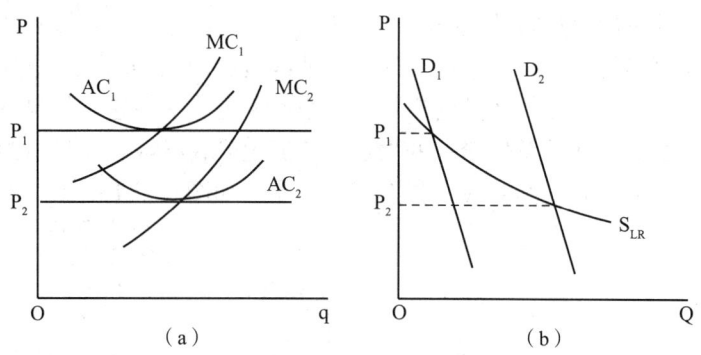

图 6-12 成本递减行业的长期供给曲线

在日常生活中,我们经常遇到的是成本不变和成本递增行业,成本递减行业则很少见。如果某行业所消耗的投入在整个社会中所消耗的这些要素投入中只占有微不足道的比例,那么,该行业的扩张不会引起要素价格的上涨,是成本不变行业,其长期供给弹性为无穷大。如果某行业中所需要的一种或几种要素在整个社会中占有相当比重,那么该行业的扩张会带动要素价格的上升,是成本递增行业。大多数成本递增行业的长期供给弹性仍是相当大的。例如,如果一个行业产量扩大了 1 倍,可能会引起投入要素不同程度的上涨,但该行业毕竟不是这些要素的唯一雇主,所有要素的平均上涨幅度就不会太大,所以,大多数成本递增行业的长期供给曲线仍是相当平坦的。

在考察短期供给曲线时,我们曾把市场价格以下、供给曲线以上的面积定义为生产者剩余。在图 6-13(b)中,长期行业供给曲线是向上倾斜的,这个行业的厂商获得的利益似乎等于生产者剩余。但是,实际上这个行业的厂商并没有获得这部分生产者剩余。这是因为，当行业的产量上升时，投入品的价格也会随之上升。在均衡的产量水平 Q^*，投入品的价格相当高，长期平均成本最低值正好等于平均收益。图 6-13（a）说明了这种情况。既然平均收益等于平均成本，在长期均衡中，每个厂商获得的经济利润都等于零。

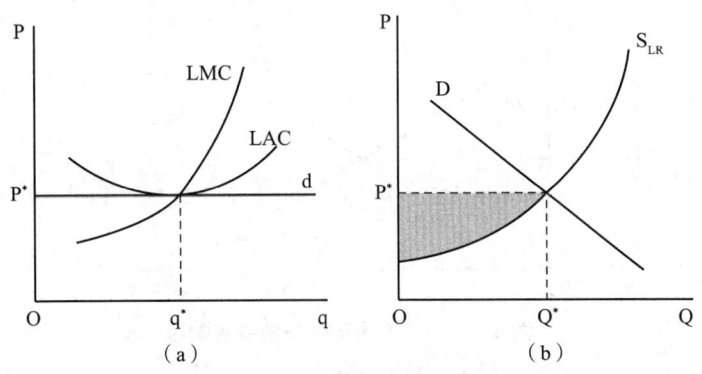

图 6-13 行业长期均衡与生产者剩余

如果该行业所有厂商获得的利润为零，那么又是谁获得这部分生产者剩余呢？答案是投入要素的供给者。既然在这个行业投入品的价格随着购买数量上升，必须是投入品市场存在着一条向上倾斜的要素供给曲线。图 6-13（b）中的阴影部分生产者即剩余由投入品的供给者获得了。后面有关章节将讨论这个问题。

6.4 完全竞争市场的经济效率

6.4.1 消费者剩余与生产者剩余

考察一个市场是否有经济效率，可以用消费者剩余和生产者剩余的总和——总剩余来度量。因为消费者和生产者剩余的总和是对社会福利的一种度量，其大小可以用来反映市场的效率。

在一个完全竞争的市场上，市场均衡价格由供给曲线和需求曲线的交点决定。在图 6-14 中，市场均衡价格为 P^*，区域 A 为消费者剩余，区域 B 为生产者剩余。在一个完全竞争的市场上，代表消费者和生产者剩余的 A 和 B 两个区域覆盖了需求曲线之下、供应曲线之上的全部面积。可以证明，此时消费者和生产者剩余的总和达到了最大值，从这个意义上来说，完全竞争是最有效率的。以后我们会看到，在非完全竞争市场上，消费者和生产者剩余的总和就不会有这么大。

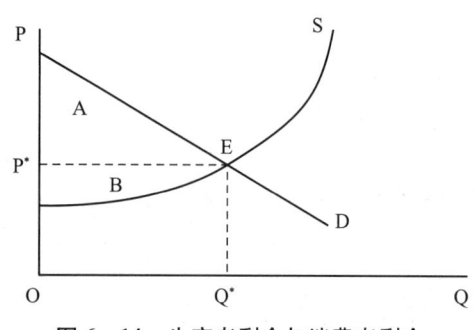

图 6-14　生产者剩余与消费者剩余

需要注意，总剩余的度量是建立在收益的净变化基础上的。比如当一种商品的价格下降，消费者得到了 100 元的剩余而生产者失去 100 元的利润，总剩余并没有改变，因而社会既没有变得更富裕，也没有变得更贫穷。

6.4.2　税收的效率损失

在第 2 章，我们看到供给和需求的价格弹性决定税负如何在买方和卖方之间分担。这里，我们将利用总剩余分析进一步讨论全部的税收负担，说明税负在竞争市场中所造成的效率损失。

在没有征税以前，均衡位于市场供给曲线与需求曲线的交点 e，如图 6-15 所示。竞争市场的均衡价格为 P^*，均衡产量或需求为 Q_1。产生的总剩余为区域 A、B、C、E 之和。

每单位产品加税 T 以后，对购买者来说，这个税收将使供给曲线向上移动 T 单位，新的均衡数量在需求曲线与新的供给曲线交点 e′。一般说来，征税以后购买者将面临较高的价格，而生产者将得到较低的价格。买者支付的价格为 P_d，卖者实际得到的价格为 P_s，两者之差为 $P_d - P_s$，恰好等于税率 T。这时，均衡需求或产量降低为 Q_2。

由于税收，消费者剩余减少了 $eP^*P_de′$ 的区域，生产者剩余失去了 P^*efP_s 区域。这些失去的区域，一部分以税收的形式转移到政府手中，即区域 B，政府所获得的税收收益也被称为政府剩余。假设

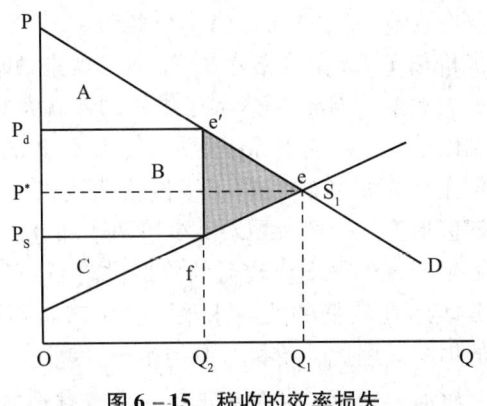

图 6-15 税收的效率损失

政府将这些税收毫无效率损失地全部地用来提高社会成员的福利，那么区域 B 这部分剩余仍在社会之中。但是阴影区域却彻底消失了，这便是效率损失。这个损失也被认为是无谓损失，因为它对生产者和消费者来说都是一个损失。

6.4.3 价格管制的效率损失

假设政府出于某种考虑而控制某一产品的价格，使之低于市场的均衡价格。例如，为了使低收入者能够以较低的租金租到房屋，政府往往会对房租规定一个最高价格。我们可以利用竞争模型来分析这种价格管制的影响。

在图 6-16 中，在没有价格管制以前，竞争市场的均衡位于市场供给曲线与需求曲线的交点，均衡价格为 P^*，均衡产量或需求为 Q^*。产生的总剩余为区域 A、B、C、E、F 之和。

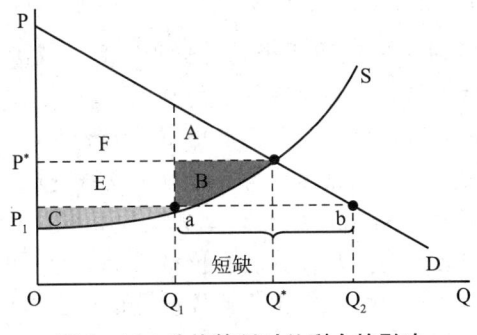

图 6-16 价格管制对总剩余的影响

现在假定政府强制规定最高价格不得超过 P_1，该价格水平低于竞争市场的均衡价格 P^*。在价格水平 P_1 下，需求数量为 Q_2，但厂商愿意提供的最大数量为 Q_1，需求大于供给的缺口为 $Q_2 - Q_1$。

在价格管制以前，生产者剩余是区域 C、E 和 B 的总和。价格控制后，生产者剩余为新的价格线以下、供给曲线以上得到区域，即图 6-16 中阴影区域 C。生产者剩余减少了两个部分。矩形区域 E 表示在价格控制下生产者不得不以较低的价格供给 Q_1 产量所遭受的损失。阴影区域 B 表示在较低的价格水平下，生产者不愿意生产这部分产品所遭受的损失。因此，价格管制使生产者境况变得更坏了。

由于价格被压低，消费者剩余增加了。消费者剩余从原来的区域 F 和 A 之和，变为 E 和 F 区域的合计。区域 E 是由原来的生产者剩余转为消费者剩余，但消费者剩余却减少了阴影区域 A。区域 E 表明有些消费者由于价格管制而境况变好；减少的阴影区域 A 则意味着有些消费者从价格管制中受到损害，这些消费者将愿意付给竞争价格 P^*，他们将从自由市场上获得这些产品。当价格被管制后，产品的供给数量下降时，他们实际上并没有得到这些产品。价格管制对这些人的唯一影响是将他们拒之于该市场门外，从而他们失去的剩余是区域 A。

我们把价格管制对消费者和生产者的影响综合起来，就可以看到，区域 E 只是由原来的生产者剩余转为消费者剩余，这部分的总剩余并没有任何净变化。价格管制唯一的净影响是区域 A + B，这两部分的剩余并没有转移给交换的对方，区域 A 和 B 之和是总剩余的减少。对整个社会来说，这是纯粹的福利损失——效率损失。

本 章 小 结

1. 利润最大化的产量位于边际收益等于边际成本水平上，即 $MR(Q) = MC(Q)$。

2. 完全竞争市场依赖于四个基本假设，即为数众多的卖者和买者，产品同一性，信息完备性和资源的自由流动性。因此，每一个竞争厂商面临水平的需求曲线，其高度由市场价格决定。根据利润最大化原则，竞争性厂商的产量由价格等于边际成本决定。

3. 竞争性厂商的短期供给曲线是其边际成本曲线在平均可变成本曲线以上的向上倾斜的那部分。当价格低于平均可变成本时，企业关门，产量为零。行业的短期供给曲线就是该行业单个厂商供给曲线的水平加总。

4. 完全竞争厂商的长期供给曲线是其长期边际成本曲线在长期

平均成本曲线以上的向上倾斜的那部分。行业的长期供给曲线必须考虑厂商进入或退出行业情况，以及行业产量扩张对投入价格的影响，行业长期供给曲线可能有三种形状：水平的、正斜率的和负斜率的。完全竞争市场达到长期均衡时，厂商的长期利润为零。

5. 完全竞争均衡导致的是生产者剩余和消费者剩余的总和最大化的产量水平。

6. 完全竞争模型显示了税收或价格管制所引起的效率或福利损失。

关 键 概 念

完全竞争　　　停止营业点　　　厂商短期供给曲线
生产者剩余

复习思考题

1. 判断正误
(1) 在竞争行业长期均衡下，没有一家企业亏损。
(2) 完全竞争行业实现长期均衡，厂商会计利润为零。
2. 反映完全竞争市场基本特征的是哪一个主要假设？
3. 在一个完全竞争市场中，什么因素使完全竞争厂商的长期均衡利润为零？为什么厂商愿意在利润为零时生产？厂商在短期利润为负仍继续生产时，这是理性的选择吗？说明其原因。
4. 为什么在完全竞争条件下利润最大化条件可以表达为 MC＝P？
5. 为什么不能从厂商的供给曲线直接推导出行业长期供给曲线？
6. 政府对产品实行价格补贴是否可能改进效率？试用完全竞争模型解释你的结论。
7. 如果政府对一个具有长期成本不变性质的完全竞争行业的产品征税，这笔税款在短期和长期中是由谁负担的？其效率损失在短期和长期中有何不同？
8. 某完全竞争厂商的短期成本函数为 $C(Q) = 0.04Q^3 - 0.8Q^2 + 10Q + 70$。
(1) 试求厂商的短期供给函数；
(2) 如果市场价格 P＝10 元，试求厂商利润最大化的产量和利润。
(3) 在市场价格为多高时，厂商只能赚取正常利润？在市场价格为多高时，厂商将停止生产？
9. 在一个成本不变的完全竞争行业中，每个厂商的长期成本函数为 $C = q^3 - 70q^2 + 770q$，市场需求函数为 $P = 2\,000 - 4Q$，其中，q 为每个厂商的产量，Q 为行业销售量。

(1) 试求该行业的长期供给曲线；

(2) 在该市场达到均衡时，行业中有多少家厂商？

(3) 如果课征产品价格20%的营业税，则在新的均衡点时，该行业有多少厂商？

(4) 如果用每单位产品70元的消费税代替上述的营业税，该行业达到长期均衡时有多少厂商？

第 7 章
完全垄断市场

本章要点

◇ 了解垄断形成的原因;
◇ 掌握价格歧视;
◇ 理解垄断的低效率;
◇ 掌握限制垄断势力。

垄断市场是指一种产品市场上只有一个卖主的市场结构。当产品市场上只有一家厂商时,该厂商是不太可能接受既定市场价格的。相反,垄断厂商能认识到它对市场价格的影响,并选择使它的总利润达到最大叫作厂商的市场力量。在垄断市场上,独家厂商的市场力量仅受到需求和法律的约束。

如同完全竞争的模型一样,垄断也只是对现实市场结构的一种抽象,现实经济中很少有纯粹的垄断市场。但是,垄断模型可以充分描绘卖方在拥有市场力量时的行为,这对于研究现实世界中存在近似的垄断行为是相当有价值的。

7.1 完全垄断的特点

垄断: 价格决定者

7.1.1 形成垄断的原因

完全垄断是与完全竞争相对的另一个极端。这种市场结构的特点包括：(1) 某种产品市场上只有唯一的一个生产者；(2) 而且该厂商生产和销售的商品没有任何相近的替代品。之所以强调垄断厂商的产品没有相近的替代品，是因为如果存在替代品的话，该厂商就不得不和别的厂商进行竞争而没有控制市场的能力，这也保证了该行业只有一个厂商的假设，从而厂商在进行利润最大化决策时，不必考虑别的厂商的反应；(3) 其他任何厂商进入该行业都极为困难或不可能。在这样的市场中，排除了任何的竞争因素，独家垄断厂商控制了整个行业的生产和市场的销售，所以，垄断厂商可以控制和操纵市场价格，垄断厂商是市场价格的决定者，而不像完全竞争厂商那样是价格的接受者。

当然，垄断厂商不可能独立地选择价格和产量。对于任何既定的价格而言，垄断厂商只能以市场能够承受的数量出售商品。如果它选择较高的价格，则它只能销售较少的数量。消费者的需求行为约束着垄断厂商对价格和产量的选择。

形成垄断的原因主要有以下几种：

第一，独家厂商控制了生产某种商品的全部资源或基本资源的供给。这种对生产资源的独占，排除了经济中的其他厂商生产同种产品的可能性。

第二，独家厂商拥有生产某种商品的专利权，使得该厂商可以在一定时期内垄断该产品的生产。

第三，特许权。政府往往在某些行业授予某个厂商垄断经营某种产品的特许权。如邮政部门、广播电视、供水部门等，于是，一家厂商就成为这个行业的唯一供给者。

自然垄断：一个厂商在任何产量范围内都有规模经济（下降的平均和边际成本）。

第四，自然垄断。有些行业的生产具有这样的特点：生产的规模经济需要在一个很大的产量范围和相应的巨大的资本设备的生产运行水平上才能得到充分的体现，以至于只有在整个行业的产量都由一个企业来生产时，才有可能达到这样的生产规模。而且，只要发挥这一企业在这一生产规模上的生产能力，就可以满足整个市场对产品的需求。如果由两家或两家以上的企业生产，将产生较高的平均成本，造成资源浪费。在这类产品的生产中，行业内总会有某个厂商凭着雄厚的经济实力和其他优势，最先达到这一生产规模，从而垄断了整个行业的生产和销售。这就是自然垄断。许多公用事业，例如电力供给、煤气供给、自来水供给、固定电话、铁路等都是典型的自然垄断行业。

7.1.2 垄断厂商的需求曲线和收益曲线

由于垄断行业中只有一个厂商,所以,垄断厂商所面临的需求曲线就是市场的需求曲线,它是一条向右下方倾斜的曲线。这就意味着,垄断厂商可以通过改变销售量来控制市场价格:以销售量的减少来抬高市场价格,以销售量的增加来压低市场价格。也就是说,垄断厂商的销售量和市场价格呈反方向变动。

垄断厂商所面临的需求状况直接影响到厂商的收益。随着厂商销售量的增加,产品的价格(平均收益)会下降,每单位销售量带来的收益的增量也会下降,而且后者下降的速度更快。因此,与完全竞争厂商不同,垄断厂商的边际收益曲线向下倾斜,并且处于需求曲线的下方。

假定垄断厂商面临一条线性需求曲线:

$$P(Q) = a - bQ$$

其中,a,b 为常数,且 a、b 大于零。那么,收益函数和边际收益函数分别为:

$$R(Q) = P(Q)Q = aQ - bQ^2$$
$$MR(Q) = a - 2bQ$$

由此可得出如下结论:当垄断厂商所面临的向右下方倾斜的需求曲线为直线型时,边际收益曲线也呈向右下方倾斜的直线型;需求曲线和边际收益曲线在纵轴上的截距是相等的;边际收益曲线在横轴上的截距是需求曲线在横轴上的截距的一半,即边际收益曲线平分由纵轴到需求曲线之间的任何一条水平线。这些特征描绘如图 7-1(a)所示。

我们还可以用弹性来表示边际收益。当厂商所面临的需求曲线向右下方倾斜时,厂商的边际收益、价格和需求的价格弹性之间存在如下的关系:

$$MR = P(1 - 1/|e_d|)[1]$$

---

[1] 推导过程如下:
假定反需求函数为 $P = f(Q)$,总收益函数为:
$$R(Q) = P(Q)Q$$
$$MR(Q) = \frac{dR(Q)}{dQ} = P + \frac{dP}{dQ}Q = P\left(1 + \frac{dP}{dQ} \cdot \frac{Q}{P}\right)$$

即
$$MR = P\left(1 + \frac{1}{e_d}\right) = P\left(1 - \frac{1}{|e_d|}\right)$$

式中，e_d 是需求的价格弹性，$e_d = \dfrac{dQ}{dP} \cdot \dfrac{P}{Q}$。由于弹性是负的，所以 e_d 取绝对值。

边际收益与需求弹性的关系可归纳如下：

当 $|e_d| > 1$，$MR > 0$；当 $|e_d| = 1$，$MR = 0$；当 $|e_d| < 1$，$MR < 0$。当 $|e_d|$ 趋于无穷大，MR 趋于价格。见图 7-1（a）。图 7-1（b）所反映的是对应于线性需求曲线的总收益曲线。当 $Q < Q_0$ 时，总收益是递增的，且 $|e_d| > 1$；当 $Q = Q_0$ 时，总收益达到最大值，且 $|e_d| = 1$；当 $Q > Q_0$ 时，总收益是递减的，且 $|e_d| < 1$。

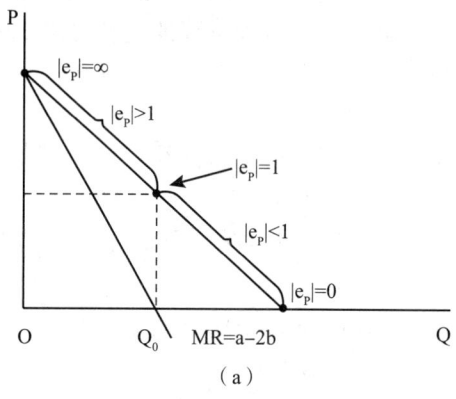

(a)

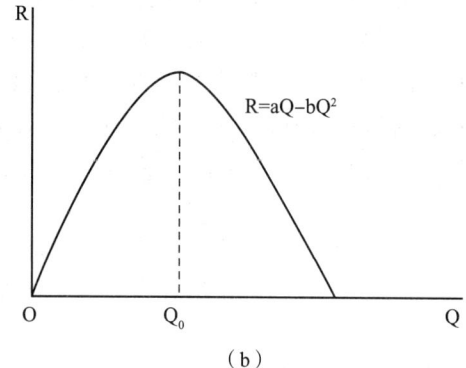

(b)

图 7-1 垄断厂商的需求曲线与边际收益曲线

7.1.3 利润最大化

现在我们研究垄断厂商的利润最大化问题。垄断厂商的利润最大化问题可以表示为：

$$\max R(Q) - C(Q)$$

最优条件为: $$MR(Q) = MC(Q)$$

借助联结边际收益与需求弹性的公式,我们可以把利润最大化原则 MR = MC 写为:

$$MR(Q) = P\left(1 - \frac{1}{|e_d|}\right) = MC(Q)$$

从上式可以看到,如果需求弹性为无穷大,$1/|e_d| = 0$,对厂商来说,最优化原则就是价格等于边际成本,这正是完全竞争厂商的利润最大化原则。因此,垄断厂商不可能面对水平的需求曲线。

追求最大化利润的垄断厂商也不会选择在需求曲线无弹性的地方经营。原因是,如果需求缺乏弹性,即 $|e_d| < 1$,那么 $1/|e_d| > 1$,边际收益就只能取负值,因此,它就不可能等于边际成本。这时,减产就会增加收益,而减产一定减少总成本,利润必定会增加。因此,任何 $|e_d| < 1$ 的点都不可能是垄断厂商的利润实现最大化的点,因为垄断厂商还可以通过减少产量来增加它的利润。由此,必然可以得出这样的结论:产生最大利润的点,只可能出现在 $|e_d| \geqslant 1$ 的地方。

7.1.4 成本加成定价原则

利用上面的弹性公式,我们还可以说明垄断厂商利润最大化的定价原则。

根据 $$MR(Q) = P\left(1 - \frac{1}{|e_d|}\right) = MC(Q)$$

可得: $$P = \frac{MC}{1 - 1/|e_d|}$$

上式表示,市场价格等于边际成本加成,加成数为 $\frac{1}{1 - 1/|e_d|}$。

加成数取决于需求弹性。由于垄断厂商一般将产量推进到产品需求弹性(绝对值)大于 1 的地方,因此加成数一定大于 1,也就是说厂商对自己产品的定价高于边际成本。比如,某垄断厂商产品的边际成本是 8 元,该产品的需求弹性是 2,则垄断厂商可以将自己产品的价格确定为 12 元。可见,在边际成本上加价多少取决于垄断厂商产品需求弹性的大小。需求弹性越大,加价越低。若需求弹性为无穷大,则无法在边际成本上加价,只能让边际成本等于价格,因为在这种情况下垄断是没有必要的。

如果将 $MR(Q) = P(1 - 1/|e_d|) = MC(Q)$ 重新排列,我们可以得到以下公式:

$$\frac{P-MC}{P} = \frac{1}{|e_d|}$$

(P-MC)/P 度量价格中超过边际成本部分的比例，它被称做价格加成指数、勒纳指数。若以 L 表示勒纳指数，则：

$$L = \frac{P-MC}{P} = \frac{1}{|e_d|}$$

勒纳指数可以用来测度市场的垄断程度。勒纳指数的数值介于 0 和 1 之间（包括 0 和 1）。如果需求弹性趋于无穷大，价格就等于边际成本，市场垄断程度为 0；如果需求弹性很小，价格高出边际成本很多，勒纳指数趋于 1，市场就趋近于完全垄断。很明显，厂商对于市场的垄断程度与其产品需求弹性呈反方向变化。

7.2 垄断厂商的短期和长期均衡

7.2.1 完全垄断厂商的短期均衡

垄断厂商的短期和长期均衡

垄断市场的均衡不必像完全竞争市场那样区分厂商均衡和行业均衡，因为垄断厂商是市场上唯一的供给者，垄断厂商均衡就是行业均衡或市场均衡。

在短期内，垄断厂商来不及调整固定要素投入量，他将在既定的生产规模下，通过对价格和产量的同时调整来实现利润最大化。短期利润最大化原则为：

$$SMC = MR$$

图 7-2 描绘了垄断厂商的边际收益曲线和边际成本曲线。最优产量 Q^* 出现在边际收益曲线和边际成本曲线相交的地方。垄断厂商按该产量所能得到的最高价格 P^* 收费，其总收益为 $P^* Q^*$，减去总成本 $C(Q) = AC \cdot Q^*$，剩下的阴影部分的面积即为利润。

但是，在短期内垄断并不能保证厂商利润一定大于零。垄断厂商的盈亏既取决于既定生产规模的成本的大小，也取决于市场需求的大小。假如在利润极大化产量水平下，市场需求太小而该产量下的成本相对过高，则垄断厂商就会出现亏损。如图 7-3 所示。

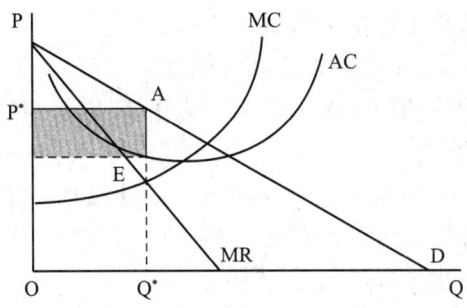

图7-2 垄断厂商的最优决策：盈利

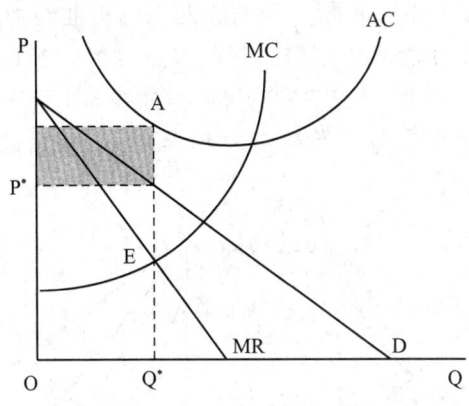

图7-3 垄断厂商的最优决策：亏损

图7-3中垄断者亏损最小化的均衡产量是 Q^*，收取的价格是 P^*。在 Q^* 的产量水平下，垄断者生产的平均成本大于平均收益。垄断厂商亏损总额为图中阴影部分。垄断厂商虽然发生亏损，但是只要其所获得的平均收益能够弥补其平均可变成本，短期内仍然应该开工生产。亏损状况留待长期调整时消除。

在完全竞争的条件下，我们通过对所有厂商短期供给曲线的加总可以得到行业的供给曲线。由于行业供给曲线的存在，对于每一产量水平，都有唯一的供给价格与之相对应。在垄断条件下是否存在类似的供给曲线呢？答案是否定的。因为在垄断条件下供给价格不是唯一的。供给价格的高低依赖于需求曲线的形状。由于垄断者具有某种垄断力量，它可以直接决定利润最大化产量，同时也间接地决定了市场价格。事实上，正如我们后面将要分析的那样，垄断厂商还可以对自己产品的销售实行市场分割，因而在不同的市场上垄断者可能面临不同的需求曲线。若垄断者所面临的需求曲线形状不同，供给量与价格可以有各种不同的组合：既可以在不同的价格下提供相同的产量，也可以在相同的价格下提供不同的产量。

我们利用图 7-4 来讨论这两种情况。图 7-4（a）中，我们假定垄断者短期面临两种可能的需求曲线 D_1 与 D_2。与这两种需求曲线相对应的两条边际收益曲线 MR_1 与 MR_2 恰好与边际成本曲线 MC 相交于 E 点。厂商获得最大化利润的最优产量为 Q_0。由于厂商面临两条不同的需求曲线，所以，对应于 Q_0 的产出水平，厂商存在两种供给价格：面对需求曲线 D_1，厂商的供给价格是 P_1；面对需求曲线 D_2，厂商的供给价格是 P_2。这表明在某一种产量水平下并不存在唯一的供给价格。

图 7-4（b）中，垄断厂商面临两条需求曲线 D_1 与 D_2。由 D_1 所确定的边际收益曲线 MR_1 与边际成本曲线相交于 E_1，均衡产量为 Q_1，价格为 P_1；由 D_2 所确定的边际收益曲线 MR_2 与边际成本曲线相交于 E_2，均衡产量为 Q_2，价格仍为 P_1。这就是说，同一个价格对应着两个不同的产量。

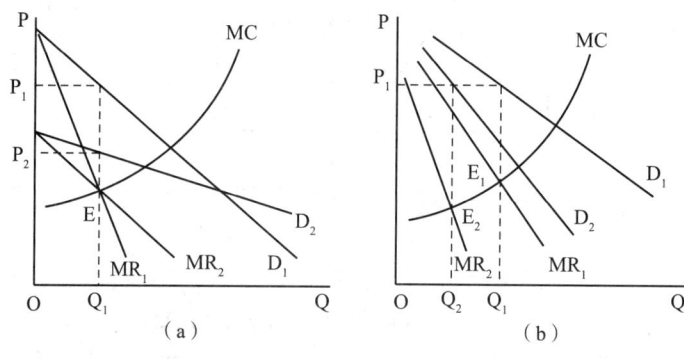

图 7-4 垄断厂商的产量与价格组合

因此，在垄断条件下，由于价格和产量之间不存在一一对应关系，供给曲线对垄断厂商就没有确定意义。这一结论同样适合于或多或少带有垄断因素的市场组织——垄断竞争市场和寡头垄断市场。

7.2.2 垄断厂商的长期均衡

在长期里，厂商可以通过调整生产规模实现最大化的利润。与完全竞争市场不同，垄断行业排除了其他厂商加入的可能性。如果垄断厂商在短期内获得利润，那么它的利润在长期内也不会消失，并且在长期经营中通过调整生产规模，可能会获得更多的利润。但是，如果垄断厂商在短期内是亏损的，而在长期中又不存在一个使它获得利润的生产规模，该厂商就将退出生产。因此，垄断厂商长期利润最大化的条件是：
$$MR = LMC = SMC$$

假设垄断厂商所面临的市场需求曲线 D 和边际收益曲线 MR，以及垄断厂商的长期平均成本曲线 LAC 和长期边际成本曲线 LMC 如图 7-5 所示。假定开始时垄断厂商是在由 SAC_1 曲线和 SMC_1 曲线所代表的生产规模上进行生产。在短期内，垄断厂商只能按照 $SMC_1 = MR$ 的原则，在现有的生产规模上将产量和价格分别调整到 Q_1 和 P_1。垄断厂商获得的利润为图中较小面积的阴影部分。

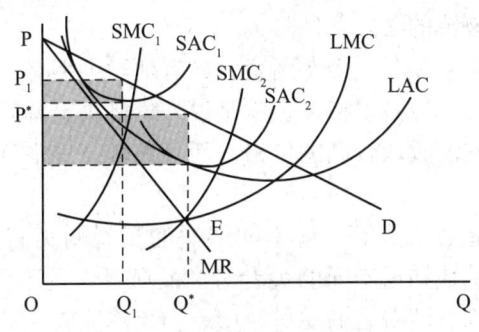

图 7-5　垄断厂商的长期均衡

在长期中，垄断厂商通过对生产规模的调整，进一步增大利润。按照 MR = LMC 的长期均衡原则，垄断厂商的长期均衡产量和均衡价格分别为 Q^* 和 P^*，垄断厂商所选择的相应的最优生产规模由 SAC_2 曲线和 SMC_2 曲线所代表。此时，垄断厂商获得了更大的利润，其利润量为图中较大面积的阴影部分。这表明垄断厂商进行长期调整是有利的。在达到长期均衡时，长期边际成本等于边际收益；长期平均成本曲线与短期平均成本曲线相切。由于不存在直接的竞争对手，垄断者的经济利润可以长期保持。

7.3　价格歧视

价格歧视

7.3.1　价格歧视的条件

至此，我们一直假定所有消费者购买给定商品或服务均支付相同

价格歧视： 厂商对成本相同的产品索取不同价格。

的价格。然而，垄断厂商可以按不同的价格出售不同单位的产品。所谓价格歧视就是指厂商对同一种商品索取两种或两种以上的价格，而且这些价格的差别不能反映成本的差别。价格歧视也叫差别定价、价格差别。例如，足球赛门票对学生实行优惠，而对其他观众实行标准票价；对购买整个赛季套票实行优惠价，而对零售票实行标准票价；工业用电和生活用电实行不同价格；铁路客运在节假日和非节假日收取不同的车票价格；同一商品的外销价格不同于国内市场的售价，等等。后面的分析将表明，垄断厂商实行价格歧视，其目的是为了在一定条件下获取更高的利润。

实行价格歧视的必要条件是：

第一，卖者必须是一个垄断者，或者他至少拥有一定程度的垄断权力，因而他可以控制价格。也就是说，价格决定者面对着下滑的需求曲线，所以它能收取较高的价格，而且该较高价格只针对那些愿出高价的消费者。

第二，卖者必须能够了解不同层次的买者购买商品的意愿或能力。也就是说，他知道不同的买者对商品所具有的不同的需求弹性，至少能够识别部分消费者的支付愿望。如果不能确认不同消费者的支付意愿，就不能实施价格歧视。

第三，各个市场必须是相互分离的。如果某厂商不能分离他的商品市场，那么买者就可能会到价格最低的市场去购买商品，然后将该商品转手倒卖给接受高价的其他消费者而从中套利，如此一来，这个厂商就无法实行价格歧视。

一般来说，价格歧视可以分为三种类型，分别是一级价格歧视、二级价格歧视和三级价格歧视。

7.3.2 一级价格歧视

一级价格歧视是指完全垄断厂商根据每一个消费者对买进每一单位产品愿意并能够支付的最高价格并逐个确定产品卖价的情况。由于这些价格可以因人而异，因而这种情况有时被称为完全价格歧视或完全价格差别。当单个消费者购买一单位以上产品时，完全价格歧视也使对同一消费者以不同价格售出不同数量成为必要。

如图 7-6 所示，假定厂商的边际成本和平均成本相同等于一常数。如果垄断厂商按照利润最大化原则统一定价、定产，则价格和产量分别为 P_0、Q_0。

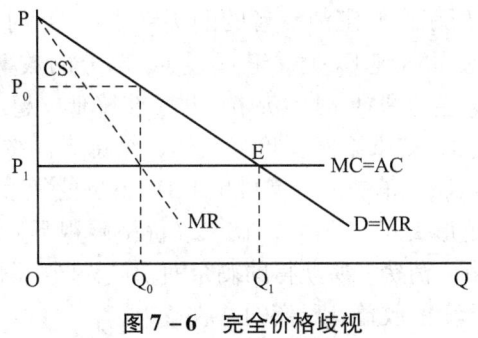

图 7-6 完全价格歧视

假定消费者甲购买一单位商品愿意支付的最高价格为 20 元，消费者乙购买一单位商品愿意支付的价格为 19 元，消费者丙愿意支付的最高价格为 18 元，依次类推。垄断厂商按照消费者的需求价格逐个索价，每一单位商品出售给愿付最高价的消费者。如果价格和数量都是连续函数，那么在这样的市场上就不会产生消费者剩余，所有的剩余都归于生产者。

在完全歧视的条件下，只要价格大于边际成本，那就意味着消费者愿意支付的价格高于生产这一额外单位产品的成本，厂商就会增加生产并卖给该消费者。这样，垄断厂商的边际收益曲线与需求曲线（平均收益曲线）重合。该厂商必定会在价格等于边际成本的产量水平上进行生产并销售。实行完全价格歧视的厂商的理想产量水平位于需求曲线与边际成本曲线的相交处 E。在第 5 章中我们已知道这就是生产的有效率水平。换言之，完全歧视的利润最大化厂商可生产出使消费者剩余和生产者剩余的总和即总剩余最大的产量水平。与完全竞争市场所不同的是，生产者最终将得到市场所产生的全部剩余。

一级差别价格是一种罕见的价格歧视情况。实际上，只有当垄断厂商确切了解每个消费者对其产品的需求曲线，一级歧视才可能发生。例如，有能力控制一个地区市场的医生或律师，根据人们的贫富程度所能支付的最高价格，对相同服务收取不同的费用。

7.3.3 二级价格歧视

二级价格歧视是指垄断厂商按不同价格出售不同单位的产品，但是每个购买相同数量商品的消费者都会支付相同的价格。二级价格歧视也称非线性定价，因为它意味着每单位产品的价格不是不变，而是取决于消费者购买的数量。最普遍的二级价格歧视就是批量可以打折，即买得越多，价格越低。

如图7-7所示，假定消费者的购买量小于 Q_1 时，他需按价格 P_1 付费；当购买量达到 Q_2 时，其超过 Q_1 部分的数量按价格 P_2 付费；当他的购买量达到 Q_3 时，价格可进一步降低，超过 Q_2 部分按价格 P_3 付费。显然，如果不实行价格歧视，全部产品按价格 P_3 付费，厂商总收益为 P_3Q_3，消费者只需付出 P_3Q_3 单位的货币额，消费者得到的剩余为三角形 PCP_3。但是，在二级价格歧视下，垄断者剥夺了部分消费者剩余。消费者所获得的剩余面积仅为图中阴影部分，而其余部分变成了厂商的收益。厂商的总收益为：

$$R = P_1Q_1 + P_2(Q_2 - Q_1) + P_3(Q_3 - Q_2)$$

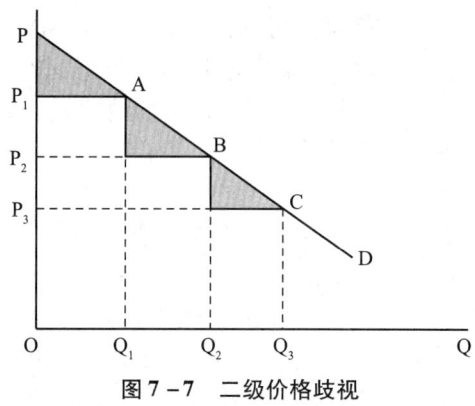

图7-7 二级价格歧视

7.3.4 三级价格歧视

三级价格歧视是指垄断厂商将消费者分为独立组别，对不同组别的消费者按不同的价格出售产品，但同一组别消费者所购买的不同单位的价格是相同的。或者说，同一产品在不同的市场上的价格是不一样的，但在同一市场上则只有一个价格，这种价格歧视也叫作市场歧视，这是最常见的价格歧视。例如电影院对学生减价或对老年人优惠等都属于这类价格歧视。那么，垄断厂商是如何对每个市场索要不同的价格呢？

假如垄断者能够区分两组消费者，并能够对每组按不同的价格出售某种产品，并且还假定厂商能够防止每组的消费者转手倒卖这种商品，即防止套利。这样，厂商就可以把一个完整的市场分成两个市场，每个市场的需求曲线各不相同。我们用 $P_1(q_1)$ 和 $P_1(q_2)$ 分别表示两个市场的反需求曲线，用 $C(q_1 + q_2)$ 表示生产的成本。这样，垄断厂商的利润最大化问题就可以表示为：

$$\max_{q_1,q_2} P_1(q_1)q_1 + P_2(q_2)q_2 - C(q_1+q_2)$$

最优解是:

$$MR_1(q_1) = MC(q_1+q_2)$$
$$MR_2(q_2) = MC(q_1+q_2)$$

即

$$MR_1(q_1) = MR_2(q_2) = MC(q_1+q_2)$$

这就是说,厂商出售每单位产品在每个市场上的边际收益都相等。这样,一个厂商不论在市场1出售还是在市场2出售,它带来的收益一定相同。

垄断厂商依据两个市场的需求价格弹性确定价格:

$$P_1\left(1 - \frac{1}{|e_1|}\right) = MR_1$$

$$P_2\left(1 - \frac{1}{|e_2|}\right) = MR_2$$

$$\frac{P_1}{P_2} = \frac{1 - \frac{1}{|e_2|}}{1 - \frac{1}{|e_1|}}$$

当$|e_1| > |e_2|$时,则厂商可以使市场1的价格低于市场2的价格;如果$|e_1| < |e_2|$,则市场1的价格高于市场2的价格;如果$|e_1| = |e_2|$,则两个市场的价格相同。总之,弹性大,价格低;弹性小,价格高。

图7-8描述的是垄断者在两个市场实行三级价格歧视的情况。

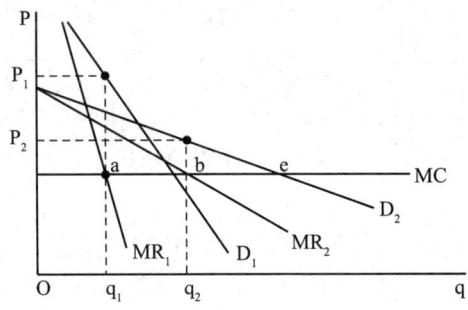

图7-8 固定边际成本的三级价格歧视

在图7-8中,市场1的需求曲线为D_1,垄断者在市场1销售产品的边际收益曲线为MR_1;市场2的需求曲线为D_2,垄断者在市场2销售产品的边际收益曲线为MR_2。市场1的需求价格弹性小于市场2的需求价格弹性,即市场1的需求曲线比较陡峭,市场2的需求曲线比较平坦。垄断者的边际成本曲线为 MC。为了分析方便，这里假定厂商为规模报酬不变，边际成本不随产量变化而变化，即厂商边际成本曲线 MC 为一条水平线。垄断者要想获得最大化利润，必须使两个市场上边际收益相等且等于边际成本。在达到均衡时，厂商在市场 1 销售 q_1 的数量，索取 P_1 的价格；在市场 2 销售 q_2 的数量，索取价格为 P_2。在图中，显然 P_1 高于 P_2。也就是说，垄断者对需求弹性较小的市场索取较高的价格，而对需求弹性较大的市场索取较低的价格。

当边际成本随产量变动而变动时，情况稍微复杂一些。假设厂商的边际成本曲线如图 7-9 所示，其他情况相同。市场上某产品的边际成本取决于总产量 Q，$MC(Q) = MC(q_A, q_B)$。而总产量被分别在市场 A 和市场 B 销售，这两个市场的边际收益分别为 $MR(q_A)$ 和 $MR(q_B)$。要想使厂商利润最大化，必须使厂商生产总产量 Q 的边际成本等于销售总产量 Q 的边际收益，为此须将 MR_A 曲线和 MR_B 曲线水平相加得到市场总边际收益曲线 MR_T。由 MR_T 曲线和 MC 曲线的交点确定厂商生产该产品的最优数量 Q_T。确定了最优产量后，追求最大化利润的垄断厂商按照 $MR_A = MR_B = MC$ 原则，在市场 1 销售 q_A^* 的数量，索取 P_A 的价格，在市场 2 销售 q_B^* 的数量，索取 P_B 的价格。

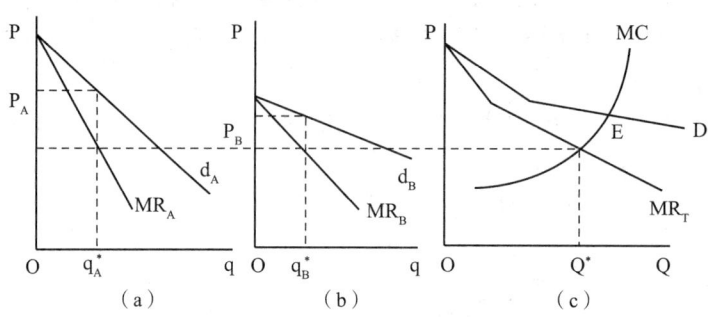

图 7-9 三级价格歧视

通常来讲，低收入者比高收入者对价格更敏感，低收入者的需求价格弹性大于高收入者。与实行单一价格相比，价格歧视损害了低需求弹性组别消费者的利益，而有利于高需求弹性组别消费者。

【例 7-1】假定垄断厂商面对的两个市场的反需求函数分别为：

$$P_1 = 80 - 5q_1$$
$$P_2 = 180 - 20q_2$$

假定垄断厂商的边际成本固定为每单位 20 元。如果该厂商能够实行价格歧视，为使利润最大化，应满足每个市场中的边际收益都等于边际成本，所以有：
$$80 - 10q_1 = 20$$
$$180 - 40q_2 = 20$$

解出 q_1 和 q_2，并代入反需求函数，得：$q_1 = 6$，$P_1 = 50$；$q_2 = 4$，$P_2 = 100$。

如果垄断厂商不能实行价格歧视，对每个市场必须索取相同的价格，那么我们可以先计算总需求：
$$q_1 = 16 - 0.2P_1$$
$$q_2 = 9 - 0.05P_2$$
$$Q = q_1 + q_2 = 25 - 0.25P$$

反需求函数是：
$$P = 100 - 4Q$$

令边际收益等于边际成本，得到：
$$100 - 8Q = 20$$

求得 $Q = 10$，$P = 60$。

7.4 完全垄断市场的经济效率

7.4.1 垄断的低效率

完全竞争行业在价格等于边际成本的点上经营。完全垄断行业在价格高于边际成本的地方经营。因此，一般说来，如果一个厂商的行为是垄断的而不是竞争的活，那么它的价格就会比较高，而产量则会比较低。图 7-10 垄断厂商的价格和产量。按照利润最大化原则，MR 曲线和 MC 曲线的相交处决定了最优产量 Q_m，相对于产量 Q_m，垄断厂商在需求曲线上确定了垄断价格 P_m。

为了分析垄断的效率，我们可以假设政府迫使垄断厂商像完全竞争厂商那样经营，并接受由外部决定的市场价格，这样我们就可以得到竞争性的价格 P_c 和产量 Q_c。在图中表示为需求曲线和边际成本曲线的交点，这时，$P_c = MC$，符合完全竞争的最优产量原则。可以看出，与理想的完全竞争相比，垄断厂商的产量小于完全竞争的产量，而价格却高于完全竞争市场。

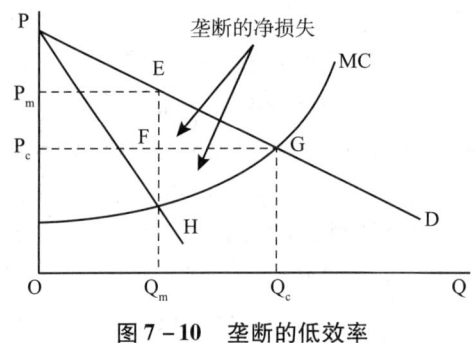

图 7-10　垄断的低效率

如何度量垄断引起的低效率呢？我们可以从垄断产量向竞争产量的变化所引起的消费者剩余和生产者剩余的变化来说明。消费者剩余是指消费者为购买一定量商品愿意支付的价格和实际支付价格之间的差额。在图 7-10 中，如果竞争性市场价格为 P_c，消费者购买的商品数量为 Q_c。消费者愿意为 Q_c 单位商品支付的全部价格总额为 OQ_cGP，而他实际支付的价格为 OQ_cGP_c，二者之间的差额就是消费者剩余的面积 PP_cG。

当垄断价格 P_m 已变为竞争价格 P_c 时，由于厂商原来愿意出售的各单位商品价格的降低，垄断厂商减少了 P_mEFP_c 面积的收益，而超额出售的各单位商品所带来的利润，使垄断厂商的剩余增加了 FGH 的面积。而消费者现在按照价格 P_c 得到他们以前购买的 Q_m 单位商品，使消费者的剩余增加了 P_mEFP_c 面积，并从额外出售的产量（Q_c-Q_m）中得到 EFG 面积的消费者剩余。在这里，垄断厂商减少 P_mEFP_c 面积的剩余，恰好是消费者剩余所增加的面积，从社会角度看，总剩余不变。只有 EFG 区域和 FGH 区域代表的是真正增加的剩余。换言之，EFG 区域 + FGH 区域就是垄断所造成的社会福利的净损失，称为效率损失。

为了理解净损失，我们可以考虑从垄断点开始增加一单位产量的情况。生产这一额外单位产量的边际社会价值就是市场价格，而生产这一额外单位产量的成本就是边际成本。在垄断产量 Q_m 水平上，由于 $P_m > MC$，这就意味着增加一单位产量的边际社会价值大于边际成本。如果继续增加其产量，则二者之间的差额就会越来越小，当价格为 P_c 时，商品的边际社会价值等于边际成本。但是，垄断厂商却不生产 Q_c-Q_m 这部分产量。从几何图形上看，当我们从垄断产量向竞争产量水平移动时，只要把需求曲线与边际成本曲线之间的距离加总，就可以得到由于垄断行为而损失的产量的价值。

7.4.2 对垄断厂商的价格管制与税收

对政府授权经营的完全垄断厂商,如果不在价格上加以管制,他就会按照 MR = MC 原则确定其产量和价格。如图 7-11 所示,MC 与 MR 的交点 E_1 所确定的产量为 Q_1,价格为 P_1。此时其价格高而产量低。因此,从资源的有效利用和社会福利出发,对这个厂商的价格,一般都由政府规定一个价格上限,即最高价格。这种价格的制定,可以采取以下两种办法:

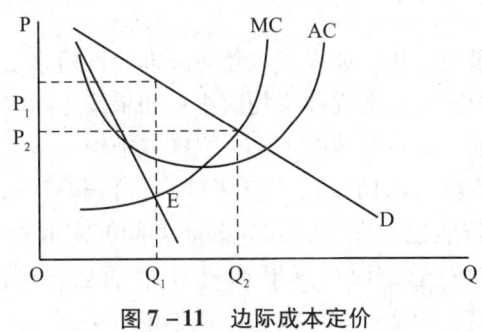

图 7-11 边际成本定价

1. 边际成本定价

以边际成本曲线与需求曲线的交点来确定厂商的价格上限,叫作边际成本定价法。在图 7-11 中,政府按边际成本等于价格的原则,为该厂商规定了一个最高价格 P_2,使厂商的产量增加到 Q_2,从而使价格和产量更接近于完全竞争的水平。

2. 平均成本定价

当垄断厂商所面对的需求曲线与它的平均成本曲线下降的部分相交时,如图 7-12 所示,边际成本曲线处于平均成本曲线之下,如果把价格定在与边际成本相等的水平时,垄断厂商将不能补偿其全部成本,亏损额为图中阴影部分的面积。若政府不给予相应的补贴,没有一个厂商愿意在这种情况下长期经营下去。

这类厂商往往具有规模经济的特点,即平均成本曲线向下倾斜,产量越高,平均成本越低。这是因为,这种生产技术的固定成本非常高而边际成本很小,边际成本曲线处于平均成本曲线之下,平均成本下降。例如,煤气公司铺设管道的固定投入大,而维修煤气输送管道和额外增加一单位煤气的边际成本却非常小。许多公用事业部门如供水、供电、有线电视、公路等的生产都具有这一特征。

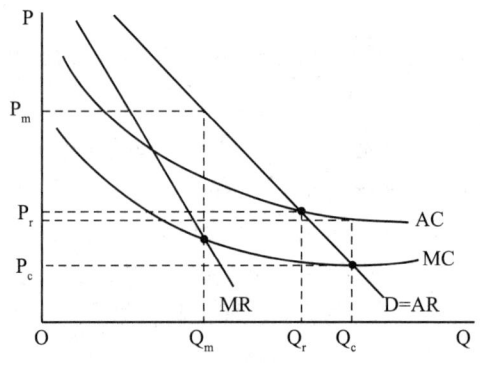

图 7-12 自然垄断的价格管制

对于自然垄断市场，如果引入竞争，即允许两家或两家以上的厂商进入该行业经营，就会提高平均成本；如果按边际成本定价则可能导致垄断者亏损。在这种情况下，可以采取平均成本定价法，即以平均成本曲线与市场需求曲线的交点来确定价格和产量，即图中的 P_r 与 Q_r。显然，按照这一定价方式，垄断者能够赚取正常利润，他提供的产量大于未被管制时的垄断产量 Q_m，而且价格低于垄断价格 P_m。但相对而言，生产效率不如边际成本定价法高。

在实践中，政府对垄断厂商的价格管制取决于有关成本信息的准确性。如果管制机构无法获取厂商的真实成本信息，所定的价格就会偏离政府目标，而且这种价格管制还可能会使厂商无法享受成本降低的好处而放弃进一步降低成本的任何努力。

3. 数量税与效率

既然价格管制面临信息不完全和激励问题，那么，政府向垄断厂商征税能否改变垄断厂商的行为以减少效率净损失呢？

假定政府对每单位产量征收数量税 tQ。为了讨论方便，假定厂商的边际成本固定不变，需求弹性不变。根据垄断厂商的成本加成定价原则：

$$P = \frac{MC}{1 - 1/|e_d|}$$

如果每单位产量加税 t，垄断者的边际成本就会按税收额上升，即 $MC + t$。垄断者的价格为：

$$P = \frac{MC + t}{1 - 1/|e_d|}$$

这就是说，每单位产量征税 t 元时，价格将增加 $t(1 - 1/|e_d|)$。由于垄断厂商一般将产量推进到需求弹性（绝对值）大于 1 的地方，

因此厂商提价的幅度就超过了税率。比如,当 $|e_d|=3$,每单位产量征税 6 元会使产品价格上升 9 元。这样垄断者不仅把税负全部转嫁到消费者身上,而且使效率净损失进一步增大。可以证明,对于线性需求曲线,税收会使价格按小于税收额的幅度提高。

本章小结

1. 只有一个卖者的市场叫作垄断市场。垄断厂商是价格的决定者,它是在边际收益等于边际成本处生产的。因此,垄断厂商索取的价格高于边际成本,加成的幅度取决于需求弹性。

2. 价格歧视是厂商能以不同价格出售同一产品来增加利润的常用手段。一级价格歧视使得每个买者支付他所愿意的最高价格;二级歧视将不同数量的产品以不同价格出售;三级价格歧视是利用需求弹性的不同特点,在需求弹性小的市场上索取较高的价格。

3. 如果成本相同,垄断者生产总量小于竞争行业。这种低效率的程度可以用总剩余的净损失来度量。

4. 从资源的有效利用和社会福利出发,对垄断行业,特别是自然垄断行业由政府来管制。

关 键 概 念

垄断　　自然垄断　　勒纳指数　　成本加成定价
价格歧视　一级价格歧视　二级价格歧视　三级价格歧视

复习思考题

1. 试比较完全竞争厂商的长期均衡与完全垄断厂商的长期均衡。
2. 假定垄断厂商的成本函数为 $C = Q^2 + 2Q$,产品需求函数为 $P = 10 - 3Q$。
   (1) 求利润最大时的产量、价格和利润;
   (2) 如果政府限定厂商以边际成本定价,求这一限制价格以及垄断厂商提供的产量和赚取的利润;
   (3) 如果政府限定的价格为收支相抵的价格,求此价格和相应的产量。
3. 假定垄断厂商面对的两个市场的反需求函数分别为:
$$P_1 = 80 - 5q_1$$
$$P_2 = 80 - 20q_2$$

（1）如果两个市场实行价格歧视，求利润极大时两个市场的售价、销售量；

（2）如果两个市场只能索取相同价格，求利润极大时的售价、销售量。

4. 一个垄断厂商在 $|e_d|=3$ 的产量水平上经营。政府对每单位产量征收 6 元的从量税。如果垄断厂商面临的需求曲线是线性的话，价格将会上升多少？

第 8 章 垄断竞争与寡头垄断

本章要点

◇ 了解垄断竞争的特点，垄断竞争市场的短期和长期均衡；
◇ 了解斯威齐模型；
◇ 掌握古诺模型；
◇ 理解并掌握斯塔克伯格模型、价格领头者制模型和卡特尔模型；
◇ 理解并掌握占优均衡与纳什均衡。

完全竞争和完全垄断分别是市场结构的两个极端。在现实中，我们经常遇到的是各种中间状态的市场类型，垄断竞争和寡头垄断市场就是主要的两种中间市场结构，也称为不完全竞争市场，前者更靠近完全竞争市场，后者则更靠近完全垄断市场。

8.1 垄断竞争

垄断竞争厂商
的短期均衡

8.1.1 垄断竞争的特点

垄断竞争是一种竞争与垄断兼而有之的，既非完全竞争又非完全垄断的市场结构。垄断竞争市场具有以下几个特点：第一，厂商数目较多。第二，产品存在差别。这些产品相互之间是高度可替代的，但不能完全替代。第三，厂商进出市场不受限制。

产品差别指同类产品在商品本身存在的差别如质量、包装、品牌、商标等，或者是同类商品在销售条件方面的差别如卖者的地理位置、服务质量、交货的及时性和可靠性等。厂商形成产品差别的目的就在于引起消费者对自己产品的重视，降低其他厂商的产品对自己产品的替代性，在一定程度上排除别的厂商的竞争而处于一定的垄断地位。例如，汽车有很多种品牌。由于人们对这些汽车有不同的偏好，生产不同汽车的厂商就各自具有一定的垄断因素。又如，销售位置对商品的价格和销售量也有影响。由于人们不愿意为购买一些普通的商品而花费太多时间，因而地理位置越优越的商店，其垄断地位越强，它的价格和销售量可以高于其他商店。

当然，这里所说的产品差别是同一类产品之间的差别，这些产品在根本属性上是基本相同的，它们之间存在着很强的替代关系，每一个厂商都面临与之竞争的众多竞争者，每一种产品都会遇到大量的其他的相似产品的竞争。

由于各个厂商的产品之间存在着差别，要定义一个行业就十分困难。一般地，我们把生产相近产品的厂商归为一个产品集团或厂商集，如汽车集团、香烟集团等等。垄断竞争厂商一般存在于零售业和服务业等行业中，通常把加油站、服装店、药店、化妆品、牙膏、食品、餐馆等作为垄断竞争市场的例证。

8.1.2 垄断竞争厂商的需求曲线

完全竞争厂商面临的是一条水平的需求曲线，而每个垄断竞争厂商所面临的却是向下倾斜的需求曲线。因为垄断竞争厂商可以在一定程度上控制自己产品的价格，即通过改变自己所生产的、有差别的产品的销售量来影响商品的价格，所以，如同垄断厂商一样，垄断竞争厂商所面临的需求曲线也是向右下方倾斜的。

与完全垄断厂商所不同的是，完全垄断厂商所面对的是整个市场的需求曲线，不存在直接的竞争对手。而垄断竞争厂商的需求曲线通常取决于其他厂商产品的相似程度以及其他厂商的产量决策和所索要的价格。

当某个代表性厂商正要决定是否降低价格以扩大销售。假定集团内其他厂商的产品价格都保持不变。在图 8-1 中，某垄断竞争厂商开始时处于价格为 P_1 和产量为 Q_1 的 A 点上，他想通过降价来增加自己产品的销售量。因为，该厂商相信，它降价后其他厂商不会对他的降价行为做出反应。这样他不仅能增加自己产品的原有买者的销售量,而且还能把顾客从生产集团内的其他厂商那里吸引过来,使其销售量会大幅度增加。反之,假定该垄断竞争厂商相信其他厂商对他将提高价格行为无反应,则他会预期自己产品的销售量会大幅度下降。

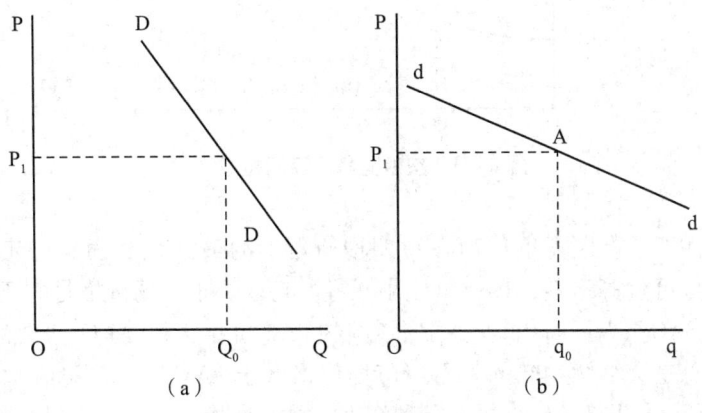

图 8-1 垄断竞争的需求曲线

由于各垄断竞争厂商的产品相互之间都是很接近的替代品,代表性厂商变动价格时,与其竞争的其他厂商也对价格做同样的变动。在这种情况下,价格的变动不会改变集团内原有顾客在各厂商之间的分配。代表性厂商降低价格,仅能增加对自己原有顾客的销售量,而不可能比其他厂商拥有更多的顾客,厂商的销售量提高得十分有限;同样道理,如果某厂商提高价格,且其他厂商同样提高价格,则仅能减少对自己原有顾客的销售量,不会失去顾客,厂商的销售量不会大幅度地下降。每个厂商所占有的市场份额不会改变。如果生产集团内有 n 个垄断竞争厂商,每个厂商的实际销售份额仅为市场总销售量的 $1/n$。因此,厂商有可能面临的是一条比市场需求曲线弹性更大的需求曲线,但也不同于完全竞争厂商所面临的那种完全弹性的需求曲线。

8.1.3 短期均衡和长期均衡

为了分析方便,一般假定产品集团内所有厂商都有同样的需求曲线和成本曲线,讨论某个代表性厂商的行为。

在短期内,某代表性垄断竞争厂商是在现有的生产规模下通过对产量和价格的同时调整,来实现 MR=MC 的均衡条件。图 8-2 反映了短期均衡。该代表性厂商的需求曲线 d 是向右下方倾斜的,利润最大化的产量 Q^* 位于边际收益和边际成本线的交点处。

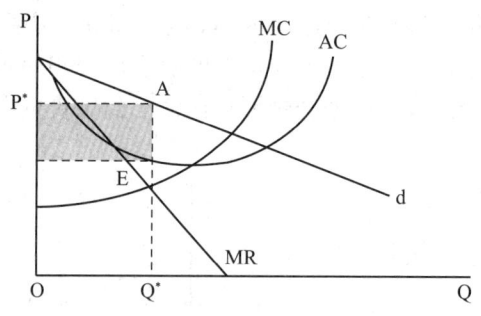

图 8-2 垄断竞争厂商的短期均衡

注意，垄断竞争厂商在短期均衡点上的最大化利润不一定为正值，也可能等于零，还有可能小于零。它取决于市场价格是大于还是小于 SAC。当厂商出现亏损时，只要市场价格大于 AVC，厂商在短期内总是会继续生产的，而当市场价格低于 AVC 时，厂商在短期内就会停产。图 8-2 给出的是利润大于零的情形。

由于价格高于平均成本，厂商可以获得经济利润。在长期内，经济利润的存在会吸引新的厂商加入。新的厂商进入，将使消费者有更大的选择机会，并且只光顾一家商店的顾客会越来越少。假设厂商的数量由 n 增加到 n_1，结果市场将更加拥挤，在既定价格下每个厂商的销售量就会减少。这就意味着，垄断竞争厂商在长期均衡时的利润必定为零。垄断竞争厂商的长期均衡可以用图 8-3 来说明。

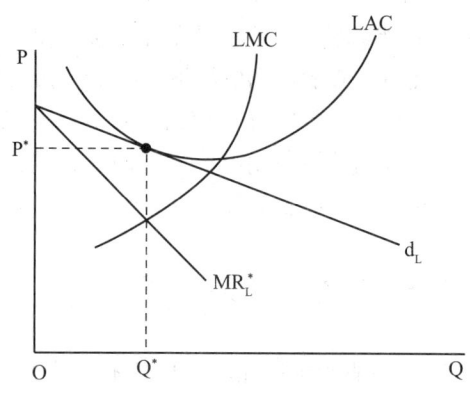

图 8-3 垄断竞争厂商的长期均衡

在垄断竞争厂商的长期均衡点上，长期需求曲线 d_L 必定与 LAC 曲线相切。切点所对应的价格 P^* 和产销量 Q^* 是长期均衡时的价格—数量组合。垄断竞争厂商的销售总额等于总成本，产品集团的经济利润为零，垄断竞争厂商实现了长期均衡。

垄断竞争厂商的长期均衡条件为：
$$MR = LMC$$
$$AR = LAC$$

与完全竞争市场长期均衡条件不同的是，垄断竞争厂商达到长期均衡时，平均收益、平均成本、边际收益和边际成本并不都相等。

在垄断竞争市场上，尽管存在短期均衡和长期均衡，但是很难找到具有规律性的供给曲线，因为厂商的产量和价格之间不存在一一对应的关系。

8.1.4 垄断竞争的过剩生产能力

垄断竞争的长期均衡与完全竞争和完全垄断的长期均衡相比，存在着差别。

与完全垄断相比，垄断竞争厂商的产量相对地高一些，价格则相对低一些。但在长期均衡条件下，垄断竞争厂商没有经济利润，这一点与完全垄断不同，而与完全竞争相同。

垄断竞争条件下的产量可能比完全竞争条件下的产量相对低一些，但价格却相对高一些。垄断竞争厂商所面对的需求曲线不像完全竞争厂商那样完全富有弹性。由于垄断竞争厂商的边际收益低于价格，所以，其产量也低于价格与边际成本相等时的产量，或者说低于完全竞争的产量。但是这一差别不会太大，因为垄断竞争厂商所面对的需求曲线可能非常接近于完全富有弹性。

垄断竞争行业存在着过剩的生产能力，因为每个厂商都不是在 LAC 曲线的最低点上进行生产。有些经济学家认为，厂商的理想产量处于 LAC 曲线的最低点。同样地，理想的工厂规模是 SAC 曲线与 LAC 曲线在理想产量点上相切时的规模，或者说，是 LAC 曲线与 SAC 曲线的最低点相切时的规模。而过剩的生产能力则是指长期均衡条件下理想产量与现实产量之间的差额。

从垄断竞争的长期均衡图 8-4 可以看出，处在长期均衡状态的垄断竞争厂商都是在 LAC 曲线的最低点的左侧经营的。只要厂商所面对的需求曲线是向右下方倾斜的，结果总会是这样的。因此，厂商的平均成本就高于可能的最低成本。如果每个厂商都生产较大的产量，同一个总产量就有可能由较少的厂商生产出来。而既然每个厂商都能够在 E 点而不是 F 点进行生产，平均成本肯定会降低。因此这种过剩能力是非效率的。

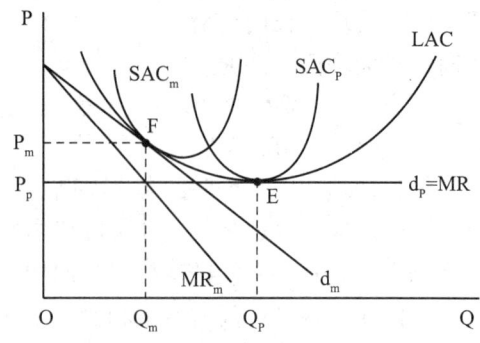

图 8-4 垄断竞争与完全竞争的比较

尽管以较低的成本生产相同的总产量听起来很有吸引力，但有些经济学家却认为，上述结果只有在减少厂商数目从而减少消费者所能得到的产品种类的条件下才能达到。如果产品差别本身是有价值的——可以满足多样化、个性化的消费者偏好，那么，我们必须在产品差异与较低的平均成本之间做出权衡。就这一点而言，与垄断竞争相联系的过剩的生产能力实际上并不一定是一个缺点，它或许是与获得所希望的产品差异相联系的必要的成本。

8.2 寡头垄断市场

寡头垄断市场

8.2.1 寡头垄断与选择策略

寡头垄断市场又称为寡占市场。它是指少数几家厂商控制整个市场产品的生产和销售的这样一种市场组织。它们生产的产品可能是同质的，如钢铁、水泥等行业的产品，也可能是有差别的，如汽车业、飞机制造业、电气设备业等。

寡头市场的成因和垄断市场是很相似的，厂商进入或退出行业十分困难，这是少数厂商能够占据绝大部分市场份额的必要条件。因为这些行业存在着规模经济。规模经济的存在使得小企业无法生存，最终形成少数厂商激烈竞争的局面。寡头市场被认为是一种较为普遍的市场组织，不少行业都表现出寡头垄断的特点。

与前面三种市场结构不同的是，寡头垄断市场的厂商之间存在着相互依存的关系，这是寡头垄断市场最突出的特点。在完全竞争市场，厂商的行为是完全独立的，根本没有必要去考虑其他人的反应。在垄断市场，垄断厂商垄断了整个行业，也根本不存在对它行动产生反应的对手。在垄断竞争市场，虽然厂商之间也存在一定程度的相互依存性，但由于厂商数量众多，每家厂商都只占很小的市场份额，其他厂商的反应可以忽略不计。

在寡头市场上，由于每个厂商的产量都在全行业的总产量中占一个较大的份额，从而每个厂商的产量和价格的变动都会对其他竞争对手以致整个行业的产量和价格产生举足轻重的影响。正因为如此，每个寡头厂商在采取某项行动之前，必须首先要推测或掌握自己这一行动对其他厂商的影响以及其他厂商可能做出的反应，然后才能在考虑到这些反应方式的前提下采取最有利的行动。所以，每一个寡头厂商的利润都要受到行业中所有厂商决策的相互作用的影响。

寡头厂商们的行为之间这种相互影响的复杂关系，使得寡头理论复杂化。寡头垄断模型有许多形式，其中有些模型非常复杂。为简化起见，通常假定一个行业只有两个厂商生产同质的产品，这种只有两个厂商的行业叫作卖方双头垄断。它涉及四个重要的变量：厂商1和厂商2的价格 P_1、P_2；厂商1和厂商2的产量 Q_1、Q_2。围绕这四个变量，存在着几种可能的策略选择：（1）每家厂商同时选择产量，称之为联合定产；（2）每家厂商同时选择价格，称之为联合定价。这两种选择是一种联合对策；（3）一家厂商率先决定它的价格，另一家厂商追随其做出决策；（4）一个厂商也可以先行选择它的产量，另一个厂商追随其做出决策。

此外，厂商相互之间可能串谋，两家厂商可以共同商定使它们利润总和实现最大化的价格和产量，称为合作对策。

8.2.2 古诺模型

法国数理经济学家古诺在1838年提出了一个双寡头垄断模型。这一模型的基本假设包括：（1）一个行业只有两家厂商，生产同一种同质产品。（2）两个厂商均以产量为决策变量，独立行动，且一个厂商在选择其产量时，假定另一厂商的产量不会因它的决策而变化。换言之，每个厂商在做产量决策时，假定其竞争对手的产量是给定的。这是古诺模型的关键假设。（3）为了最大限度简化模型，假定需求函数是线性的，并且边际成本为常数。

我们考察厂商1的产量决策。首先，假设厂商1预期厂商2的产量为0，这时厂商1的需求曲线实际上代表了市场需求曲线 $D_1(0)$，

$D_1(0)$ 表示假定厂商 2 的产量为 0 的情况下所得到的厂商 1 的需求曲线。与 $D_1(0)$ 相对应的厂商 1 的边际收益曲线为 $MR_1(0)$。如图 8-5 所示。假定厂商的边际成本为常数，设 $MC_1 = 100$。厂商 1 利润最大化的产量位于 $MR_1(0) = MC_1$ 的地方，厂商 1 的最优产量是 50。因此，在假定厂商 2 的产量为 0 的情况下，厂商 1 应该生产 50 单位的产量。

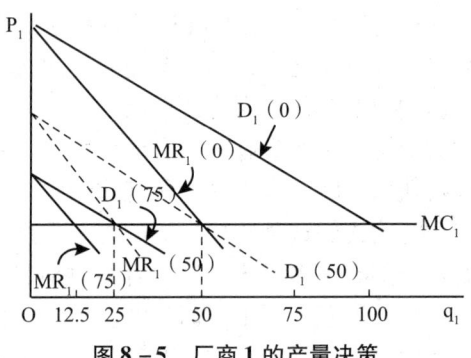

图 8-5 厂商 1 的产量决策

现在，假设厂商 1 预期厂商 2 将生产 50 单位的产量，那么厂商 1 所面对的需求为市场需求总量减去 50 单位以后的剩余部分。也就是说，厂商 1 的需求曲线就是将市场需求曲线向左移动 50 单位，如图 8-5 中的需求曲线 $D_1(50)$，这一曲线被称作厂商 1 的剩余需求曲线。与 $D_1(50)$ 相对应，厂商 1 的边际收益曲线移至 $MR_1(50)$。按照 $MR_1(50) = MC_1$，厂商 1 的利润最大化产量为 25。假设厂商 1 预期厂商 2 将生产 75 单位的产量，那么厂商 1 的剩余需求曲线就是将市场需求曲线向左移动 75 单位，如图中 $D_1(75)$，相应地，边际收益曲线为 $MR_1(75)$。按照 $MR_1(75) = MC_1$，厂商 1 的利润最大化产量为 12.5。假设厂商 1 预期厂商 2 将生产 100 单位产量或更多，厂商 1 将出现亏损，因此厂商 1 的产量应该为 0。

由此可见，厂商 1 的利润最大化产量是厂商 2 的预期产量的递减函数。厂商 2 多生产，厂商 1 就少生产。这种关系称为厂商 1 对厂商 2 的反应函数或反应曲线，因为它表明厂商 1 对厂商 2 的每一个可能的产量选择做何反应。我们把厂商 2 的预期产量和厂商 1 的最优选择之间的函数关系写作：

$$q_1 = f_1(q_2)$$

图 8-6 显示了厂商 1 的反应曲线。对于厂商 2 的每一个可能选择的产量 $q_2 = 0$，50，75，100；厂商 1 所选择的利润最大化产量依次

为 $q_1 = 50$, 25, 12.5, 0。

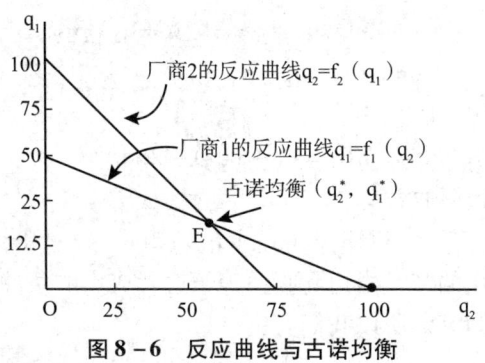

图 8-6 反应曲线与古诺均衡

利用完全相同的方法，我们可以对厂商 2 的产量选择做出同样的考察，同样可以推导出厂商 2 的反应曲线：

$$q_2 = f_2(q_1)$$

它表示对于厂商 1 的既定预期产量 q_1，厂商 2 的最优产量选择。一般说来，如果厂商 2 的边际成本与厂商 1 的边际成本不相等，那么，厂商 2 的最优产量水平 q_2 和厂商 1 预期的产量水平 q_1 并不相等，厂商 2 的反应曲线也就不同于厂商 1 的反应曲线。

市场在什么条件下处于一种稳定状态，厂商就不再改变它们的产量呢？在图 8-6 中，在两条反应曲线的交点 E 处，厂商 1 和厂商 2 的产量分别为 q_1^* 和 q_2^*。由于 E 点在厂商 1 的反应曲线 $q_1 = f_1(q_2)$ 上，所以 q_1^* 是厂商 1 对 q_2^* 的最优对策。如果厂商 2 的产量为 q_2^*，那么厂商 1 的产量一定是 q_1^*。同样，E 点也在厂商 2 的反应曲线 $q_2 = f_2(q_1)$ 上，q_2^* 是厂商 2 对 q_1^* 的最优策略。这样，如果厂商 1 生产 q_1^*，厂商 2 生产 q_2^*，两个厂商都不会改变它们的产量。所以 E 点是一种稳定状态，我们称这一对产量 (q_1^*, q_2^*) 为古诺均衡。

假设市场需求曲线为：

$$P = a - bQ$$
$$= a - b(q_1 + q_2)$$

q_1 和 q_2 分别是厂商 1 和厂商 2 的产销量。为方便起见，我们假定两厂商的边际成本相等，且等于零，即 $MC_1 = MC_2 = 0$。根据古诺假设，厂商 1 确定产量决策时，认为厂商 2 的产量是给定的。所以，厂商 1 所面临的剩余需求是 $(a - bq_2) - bq_1$。

厂商 1 和厂商 2 的收益函数分别为：

$$R_1 = P(Q)q_1 = [a - b(q_1 + q_2)]q_1$$
$$= aq_1 - bq_1^2 - bq_1q_2$$
$$R_2 = P(Q)q_2 = [a - b(q_1 + q_2)]q_2$$
$$= aq_2 - bq_2^2 - bq_1q_2$$

厂商1的边际收益为：
$$MR_1 = (a - bq_2) - 2bq_1$$

厂商2的边际收益为：
$$MR_2 = (a - bq_1) - 2bq_2$$

利润最大化的产量由边际收益等于边际成本的条件所确定。在这里，边际成本为零，所以我们有：
$$a - 2bq_1 - bq_2 = 0$$
$$a - 2bq_2 - bq_1 = 0$$

整理得：
$$q_1 = a/2b - q_2/2$$
$$q_2 = a/2b - q_1/2$$

上式显示，厂商2产量的增加会导致厂商1最优产量的下降，厂商1的产量是厂商2产量的函数：$q_1 = f_1(q_2)$；同样，厂商2的产量是厂商1产量的函数：$q_2 = f_2(q_1)$。这两个式子分别为厂商1和厂商2的反应函数。

解得：
$$q_1^* = q_2^* = \frac{a}{3b}$$
$$Q = q_1^* + q_2^* = \frac{2a}{3b}$$

代入需求函数，得：
$$P = a - b(q_1 + q_2) = a/3$$

这就是说，如果两家厂商的边际成本相同，每家厂商生产的均衡产量水平也是相同的，均为$a/3b$，市场均衡总产量为$2a/3b$，均衡价格为$a/3$。当然，如果两个厂商的边际成本不相同，这两个厂商的均衡产量也会不同。

古诺模型可以很容易推广到有n个相同厂商的行业。市场需求函数为：
$$P = a - bQ = a - b(q_1 + q_2 + q_3 + \cdots + q_n)$$

为了简化起见，假设所有厂商的边际成本相同，$MC_1 = MC_2 = \cdots = MC_n$。则厂商1利润最大化的一阶条件为：
$$a - 2bq_1 - b(q_2 + q_3 + \cdots + q_n) - MC_1 = 0$$

由于每个厂商的生产条件是相同的，在均衡产出水平上，则有：$q_1^* = q_2^* = \cdots = q_n^*$，因此上式可以写成：

$$a - (n+1)bq_1^* - MC_1 = 0$$

$$q_1^* = \frac{a - MC_1}{(n+1)b}$$

$$Q = nq_1^* = \frac{n(a - MC_1)}{(n+1)b}$$

$$P = a - bQ = \frac{a}{n+1} + \frac{n}{n+1}MC_1$$

显然，当 n 趋于无穷大时，每个厂商的均衡条件为：价格等于边际成本。这就是说，如果厂商的数目很多，则每家厂商对市场价格的影响就可以忽略不计，古诺均衡和完全竞争均衡实际上是一回事。Q^* 趋于完全竞争产量 $(a - MC)/b$。

8.2.3 伯特兰德模型

在古诺模型中，寡头厂商是以产量为决策变量，由市场来决定价格。法国数理经济学家伯特兰德提出了一个以价格为决策变量的均衡模型。在该模型里，厂商之间同时选择它们的价格，由市场决定销售的数量。这些选择的厂商被称为伯特兰德竞争对手。

仍以双寡头厂商为例。当厂商 1 在选择价格时，必须对其竞争对手确定的价格进行预测。即假定厂商 2 的预期价格为 P_2^e，厂商 1 的最大利润的价格为 P_1；同样，当厂商 2 在选择价格时，也必须对厂商 1 的价格进行预测。如果厂商 2 的预期价格为 P_1^e，厂商 2 将选择最大利润的价格为 P_2。

在厂商销售的都是同一产品的情况下，如果厂商 1 的价格高于厂商 2，那么，所有的顾客均选择厂商 2，厂商 1 的需求为零。同样，如果厂商 2 的定价高于厂商 1，那么，厂商 1 就可以吸引整个市场。如果两个厂商的定价相同，顾客会任意选择一家厂商的产品。

那么这两家厂商的价格竞争均衡条件是什么呢？为了使问题简化，假定两个厂商有固定的边际成本，均为 c。显然，没有一家厂商的价格会低于边际成本 c，因为在此价格下，厂商宁愿关门也不生产。那么，是否存在一个高于边际成本的均衡价格？如果厂商 1 以为厂商 2 会索要高于边际成本的价格，那么厂商 1 就会通过对价格作任意少量的调整，厂商 1 就能把顾客从厂商 2 那里全部吸引过来。同样，厂商 2 亦会作相同的推理。因此，任何高于边际成本的价格都不可能是均衡价格，唯一的均衡价格就是和边际成本相等的价格：$P_1^* = P_2^* = c$。这是一种竞争均衡。在达到伯特兰德均衡时，没有一个厂商在知道了竞争对手的价格后，还想改变价格。

8.2.4 斯塔克伯格模型

在古诺模型中，两个寡头厂商实力相当，在市场上的地位是平等的，它们的行为是一致的，同时做出决策。在有些行业，厂商之间的地位并不是对称的。例如，IBM 经常被看作计算机行业处于支配地位的厂商，小厂商通过观察 IBM 的行为来调整自己的产量决策。斯塔克伯格模型描述了在市场里，有一个处于支配地位的领导厂商，有一个或多个追随厂商这样的行业。

一般来说，随从厂商的行为如同古诺模型里的一样，它把领导厂商的产量看作固定的。领导厂商知道追随厂商一定会对它的产量做出反应，因而当它在确定产量时，把追随厂商的反应也考虑进去了。也就是说，领导厂商在决定其最优产量时，把追随厂商的反应函数看作是给定的，而不是以它们的产量为给定的。

我们首先分析对于领导厂商的任一决策，追随厂商的最优策略是什么，从而得到追随厂商对领导厂商的反应函数。然后，我们再把追随厂商的反应函数代入领导厂商的目标函数，从而确定领导厂商的最优决策。

我们仍以双寡头市场为例，我们只考虑一个追随厂商的情况。继续假定需求函数为 $P = a - bQ$，且领导厂商和追随厂商的边际成本均为零。

如果领导厂商的产量为 q_1，那么追随厂商的产量为：
$$q_2 = a/2b - q_1/2$$
这就是追随厂商的反应函数。

领导厂商的利润函数为：
$$\pi_1 = [a - b(q_1 + q_2)]q_1 - C(q_1)$$
由于它知道追随厂商的反应函数，所以其目标函数可以写成：
$$\pi_1 = \left[a - b\left(q_1 + \frac{a}{2b} - \frac{q_1}{2}\right)\right]q_1 - C(q_1)$$
一阶最优条件为：
$$a - a/2 - bq_1 = 0$$
得到：
$$q_1^* = a/2b$$
将 q_1^* 代入随从厂商的反应函数，得到：$q_2^* = a/4b$

行业的总产量为：
$$Q = q_1^* + q_2^* = a/2b + a/4b = 3a/4b$$

与古诺模型相比，斯塔克伯格领导厂商比古诺厂商的产量高而追随厂商的产量则低于古诺厂商的产量。它们的利润水平也有类似的关系。

8.2.5 价格领导

价格领导是指在一个行业中由某一家厂商率先制定价格，其他厂商随后以该领导者的价格为基准决定各自的价格。在这种行业中，率先制定价格的领导者通常是该行业中占有支配地位的厂商，其他的追随者则都是一些规模较小的厂商。这一模式的突出特点是，领导厂商可以根据其自身利润最大化的准则来制定价格和产量，而其余的厂商则与完全竞争市场中的厂商一样，被动地接受领导厂商制定的价格，并据此决定能使各自利润最大化的产量。

如图8－7所示。假定市场需求曲线为 $Q = a - bP$。面对领导厂商所确定的价格水平，追随厂商为了实现利润最大化，将选择使 $P = MC_2(q_2)$ 的产量水平。因此，追随者的供给曲线 $S_2(P)$ 是由价格高于其平均可变成本最低点以上的边际成本曲线组成。如果市场价格低于 AVC 最低点，追随者的产量为0，领导厂商将面对整个市场。当价格为 P_0 时，追随厂商的供给曲线与市场需求曲线相交，表明此时追随者所生产的产量已能满足整个市场的需求，对领导厂商来说，其产品需求量为0。

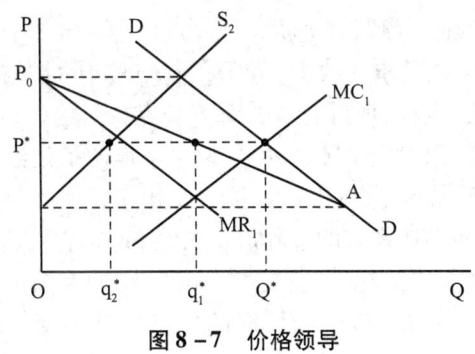

图8－7 价格领导

领导厂商所面临的剩余需求曲线是在各种价格水平下，扣除追随厂商愿意提供的产量之后的需求量：$q_1 = Q(P) - S_2(P)$。在图8－7

中，领导厂商所面对的剩余需求曲线为折线 P_0AD。

在确定了领导厂商的需求曲线后，可以得到其相应的边际收益曲线 MR_1。为了使利润最大化，领导厂商将选择使边际收益 MR_1 和边际成本 MC_1 相等的价格和产量组合。在图中，领导厂商按边际收益等于边际成本确定最优供给量为 q_1^*，确定价格为 P^*。追随厂商按边际成本等于价格 P^* 来确定最优供给量为 q_2^*，市场的总供给量为 $q_1^* + q_2^* = Q^*$。

8.2.6 斯威齐模型

美国经济学家斯威齐于 1939 年提出了一个用以说明寡头垄断市场价格刚性的寡头垄断模型。价格刚性表明当需求或成本发生适量变动时，或二者均发生适量变动时，市场价格却保持不变。斯威齐从一个价格既定的寡头垄断市场出发，用折拗需求曲线来说明。

与古诺模型不同，在斯威齐模型中，寡头垄断者充分地意识到其竞争对手的存在，并确知它们之间价格与产量决策的相互依存关系。斯威齐断言，寡头垄断厂商推断其他厂商对自己价格变动的态度是：跟跌不跟涨：预计自己降低价格时，其他厂商也会采取同样的降价行为，以保持其市场份额；相反，当自己提高价格时，其他厂商却不跟着提价，以坐等自己失去的顾客，扩大市场份额。

如图 8-8 所示，P_0 为已经确定的价格，Q_0 为与之相对应的产量。折点的需求曲线由 AE 和 ED_2 两部分组成。其中，AE 正是需求曲线 D_1 上的一部分，表示当厂商涨价时，其他厂商不予理会，该厂商的市场份额将下降；ED_2 是需求曲线 D_2 上的一部分，表示当厂商降低价格时，其他厂商跟着降价，该厂商的市场份额保持不变。MR_1 和 MR_2 是分别根据需求曲线 D_1 和 D_2 得出的边际收益曲线，由于需求曲线 AED_2 在 E 点出现折点，因而与 E 点相对应，边际收益曲线间断，MR_1 和 MR_2 间出现空隙，MC_1 和 MC_2 是两条边际成本曲线，它们在 MR_1 和 MR_2 的空隙与边际收益曲线相交，实际上，可以设想在 MR_1 和 MR_2 之间存在许多的边际成本曲线 MC，它们均可以与 MR 曲线的不连续部分相交。这表明在 MR_1 和 MR_2 的空隙，边际成本有较大的变动范围，在这一范围内厂商的价格保持不变，因而是具有刚性的。

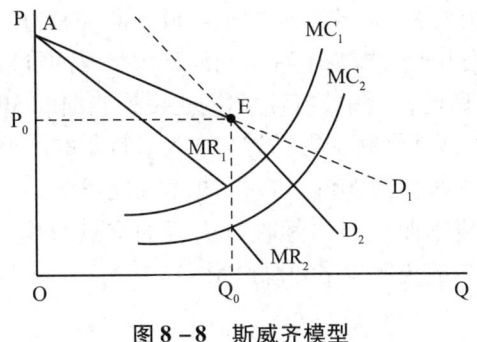

图 8-8 斯威齐模型

斯威齐模型解释了寡头垄断市场的价格刚性问题，但由于它对已经确定的价格没能作出说明，同时，其他厂商价格"不跟涨"的假定在现实中难以成立。因此，这是一个不完善的寡头垄断模型。

8.2.7 卡特尔

到目前为止，在所考察的模型中，各厂商都是独立经营的，不存在勾结行为。如果寡头们互相勾结，共同决定它们的产量、价格，所得到的利润最大化均衡被称为串谋均衡。

由于寡头垄断市场厂商数目很少，足以使厂商意识到他们之间的相互依存关系，这将使他们由相互竞争走向相互勾结。这不仅可以避免两败俱伤、同归于尽的局面，而且可以减少不确定性，增加利润。寡头垄断者之间的勾结可能是公开的或正式的，也可能是秘密的或非正式的。当厂商串通在一起，试图确定使整个行业的利润最大化的价格和产量时，这些厂商就被总称为卡特尔。所谓卡特尔就是一个行业的独立厂商之间通过有关价格、产量和市场划分等事项达成明确的协议而建立的垄断同盟。例如，石油输出国组织——欧佩克（OPEC）就是一个典型的国际卡特尔，欧佩克的石油年产量大约占世界总产量的 2/3，因此，世界石油市场价格为其所控制。

卡特尔的价格和产量决定同完全垄断厂商的价格和产量决定是一样的，因此，在这里可以将卡特尔当成一个完全垄断厂商来分析。假设卡特尔由两个厂商组成，我们首先求出能使二者总利润达到最大的产量 Q 和价格 P，然后确定它们之间如何瓜分总产量。

为了实现利润最大化，卡特尔必须使整个行业的边际成本等于边际收益，即 $MR_T = MC_T$。卡特尔的边际收益曲线 MR_T 可以由其所面对的市场需求曲线求得，其边际成本曲线 MC_T 可由各个厂商的边际成本曲线水平相加求得。卡特尔的边际成本曲线和边际收益曲线的交点所确定的价格和产量即为卡特尔利润最大化时的价格和产量。

如图8-9所示，图中的卡特尔的边际成本曲线 MC_T 是将所有厂商的边际成本曲线水平相加得到的。D 为卡特尔的需求曲线，与此相对应的边际收益曲线为 MR_T。根据边际收益等于边际成本的原则，卡特尔的边际成本曲线与边际收益曲线的交点所确定的价格 P^* 和 Q^*，就是卡特尔的统一价格和总产量。

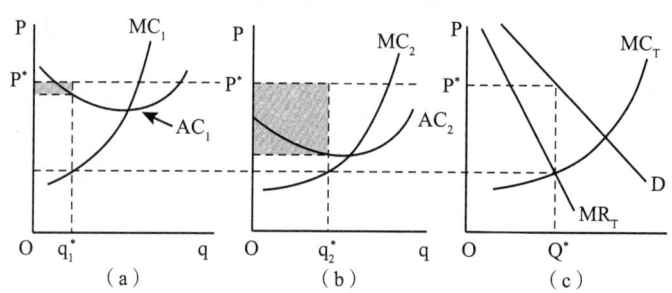

图8-9 卡特尔的利润最大化

卡特尔的总产量决定以后，要在各成员厂商之间进行分配。一个理想的分配方式是：通过调整各成员的产销量，使它们额外生产的一单位产量的边际成本都相等且等于卡特尔的边际收益。这种分配方式可以使卡特尔获取最大利润①。

这种分配产量方式被认为是一种理想的分配方式，它使平均成本较低的厂商获得了大部分的市场和利润，但这往往会引起成本较高厂商的反对，因此，实行起来比较困难。在现实中，产量的分配既可能是按照厂商的地位和谈判能力或厂商以前的生产能力和销售额或地理区划实行定额分配，也可能是在统一的价格下，由各厂商通过广告、信用、服务等非价格竞争手段争取销量。在某些情况下也可能采用均分市场的方式。

---

① 设厂商1和厂商2的成本函数分别为 $C_1(q_1)$ 和 $C_2(q_2)$，卡特尔的利润等于厂商1和厂商2的总收益与总成本之差，即：
$$\pi = R(q_1 + q_2) - C_1(q_1) - C_2(q_2)$$
要使卡特尔的利润最大，边际收益应该等于每一个厂商的边际成本，即：
$$\pi_1 = R'(q_1 + q_2) - C'_1(q_1) = 0$$
$$\pi_2 = R'(q_1 + q_2) - C'_2(q_2) = 0$$
得到：
$$R'(q_1 + q_2) = C'_1(q_1) = C'_2(q_2)$$
式中 $R'(q_1 + q_2)$ 为卡特尔的边际收益函数，$C'(q_1)$、$C'(q_2)$ 分别是厂商1和厂商2的边际成本函数。

卡特尔是不稳固的。更大的利润会诱使个别厂商避开卡特尔而另做手脚。如图 8-10 所示，P^* 和 q^* 分别是卡特尔的统一价格和卡特尔分配给某厂商的产量。如果某厂商稍微降低价格，而卡特尔内的其他厂商维持原来的价格，那么该厂商所面对的将是一条很富有弹性的需求曲线 d。因此，该厂商将价格降低为 P_1，产量将大幅度增加为 q_1，从而可以获得最大化的利润。若卡特尔的其他厂商不采取同样的行动，该厂商将稳定获得这种经济利润。但是如果卡特尔的其他成员都效仿，则卡特尔解体。

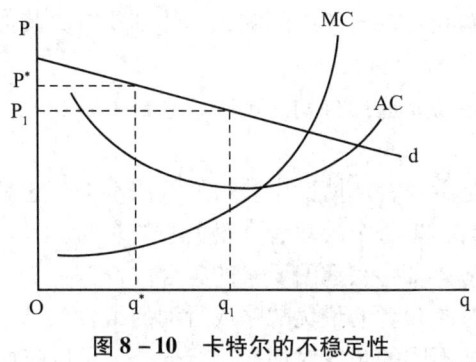

图 8-10　卡特尔的不稳定性

在上述模型中，一般来说，串谋均衡的产量最小，价格最高；伯特兰德均衡的产量最高、价格最低；其他模型的结果介于这两个极端之间。

8.3　博弈论

8.3.1　博弈论的基本概念

上一节我们已经分析了寡头厂商之间相互影响的经典模型。本节则运用博弈论工具进一步拓展厂商在相互依存关系的策略分析。

博弈论又称对策论或游戏论，是研究决策主体的行为发生直接相互作用时的决策以及这种决策的均衡问题。例如，在厂商之间高度依存的市场中，厂商明确地知道自己的竞争手是谁。每一个厂商都必须选择一种策略，即厂商在决定采取某一行动之前必须对同行其他厂商

博弈论

可能的反应有自己的估计，并相应地制定下一步的行动，因而一个厂商好像是与其他厂商玩游戏（如下棋、打扑克等）。所以，博弈论可以用于研究相互依存的厂商之间的竞争与合作行为，也可以用于研究政治谈判、战争等对抗现象。

在一个博弈中，基本要素为：游戏者、行动、信息、策略、支付函数、结果与均衡。

游戏者是指博弈中选择行动以最大化自身利益（效用、利润等）的决策主体，如个人、厂商、国家等。

行动是指游戏者的决策变量。

信息是指游戏者在博弈中的知识，特别是有关其他游戏者的特征和行动的知识。

策略是指参与人选择行动的规则，它告诉游戏者在什么时候选择什么行动。

支付函数是游戏者从博弈中获得的效用水平，它是所有游戏者战略或行动的函数，是每个游戏者真正关心的东西。

结果是指博弈者感兴趣的要素的集合。

均衡是所有游戏者的最优战略或行动的组合。

我们可以从不同的角度对博弈进行分类。可以将博弈分成合作博弈与非合作博弈。合作博弈是指博弈的当事人之间达成一个有约束力的协议。例如，如果几家寡头通过订立并实行协议，限制产量，制定垄断高价，则称这种博弈为合作博弈。若寡头们在市场竞争中没有达成有约束目的协议，每个企业仅仅是在考虑到竞争对手可能采取的行为的条件下，独立地进行产量与价格的决定，则称这种博弈为非合作博弈。本节主要介绍非合作博弈。

在非合作博弈中，根据游戏者行动的先后顺序，可以将博弈分成静态博弈与动态博弈。静态博弈是指博弈中游戏者同时选择行动；或者虽非同时行动，但行动在后者并不知道行动在先者采取了什么具体行动。动态博弈是指游戏者的行动有先后顺序，而且行动在后者可以观察到行动在先者的选择，并据此做出相应的选择。

根据游戏者对其他游戏者的了解程度，可以将博弈分成完全信息博弈和不完全信息博弈。完全信息博弈是指：在每个游戏者对所有其他游戏者的特征、战略和支付函数都有精确了解的情况下所进行的博弈。如果了解得不够精确，或者不是对所有的参与人都有精确的了解，在这种情况下进行的博弈就是不完全信息博弈。

8.3.2 囚犯困境与占优均衡

先来看一个经典的例子——囚犯困境。假定两个犯罪嫌疑人因作案被捕并受到指控,警方将他们分别关在不同的牢房里进行审讯,并向他们说明其不同行动带来的不同后果:如果他们都不坦白,根据已掌握的证据,他们俩将被判处 2 年徒刑;如果一人坦白,而另一人不坦白,坦白的一方从轻判 1 年徒刑,而不坦白的一方将被判处 10 年徒刑;如果他们都坦白,却因其涉及多起罪案而被判处 5 年徒刑。

对于这两个参与者怎样选择策略,对策的结果会如何呢?博弈论采用报酬支付矩阵来描述这种博弈。报酬矩阵概括了该博弈的全部信息。它列出了参与者采取各种不同的策略和相应的报酬。囚犯 A、B 的报酬矩阵如图 8-11 所示。在这里,表中前一列数字是囚犯 A 的报酬,后一列数字是囚犯 B 的报酬。负数值表示他们的报酬是负的。

	囚犯 B	
	坦白	不坦白
囚犯 A 坦白	-5　-5	-1　-10
不坦白	-10　-1	-2　-2

图 8-11 囚犯困境

在这个博弈中,每一个囚犯都有两个可供选择的策略:一个是坦白;一个是不坦白。很明显,不论同伙选择什么策略,每一个囚徒都会选择坦白。

对于囚犯 A 来说,如果囚犯 B 选择了不坦白,那么,A 选择坦白的报酬是 -1,选择不坦白的报酬是 -2,因此,A 应该选择坦白;如果 B 选择了坦白,A 选择坦白的报酬是 -5,选择不坦白的报酬是 -10,因此,A 也应该选择坦白。可见,不管 B 选择什么样的策略,坦白永远是 A 的最优策略。同样,坦白也永远是 B 的最优策略。像这种不管其他参与者采取什么策略,每一个参与者都有一个最优策略选择,叫作占优策略。在上例中,两个囚犯的占优策略都是坦白,因此,最容易出现的结局也就是两人都被判 5 年徒刑。(坦白、坦白)或 (-5,-5) 就成为囚犯困境的均衡。在一个博弈中如果所有参与人都有占优策略,那么,所有参与人的占优策略组合便是该博弈的唯一均衡,叫作占优策略均衡。

需要说明的是,占优战略均衡只要求所有的参与者都是理性的,而并不要求每个参与者知道其他参与者也是理性的。因为，不论其他参与者是否理性，占优策略总是一个理性参与者的最优选择。

囚徒困境反映了一个深刻的问题，这就是个人理性与团体理性的冲突。如果他们都坦白，他们将都被判处 5 年徒刑；如果他们都选择不坦白，则他们都只被判 2 年。因此，如果他们都拒不坦白，他们的境况就会比其他选择下要更好一些，即策略（不坦白、不坦白）比策略（坦白、坦白）更好一些。然而，尽管每个囚犯都寻求最好的结局，而他们俩所得到的却不是最好的结局。其问题在于，这两个囚犯没有办法协调他们的行动，而且即使他们曾经订立攻守同盟，在一次博弈中难免面临同伙背叛的风险。囚犯 A 和 B 都面临一种两难境地。

囚犯困境在经济和政治现象中有着广泛的应用。例如，两个厂商面对"提价"和"降价"两种价格策略选择。如果他们采取合作的态度，那么这两个厂商最好的策略是都提价。但只要任何一方采取不合作的态度而选择降价，那么每一方最终都会选择降价，降价将成为每一个厂商的占优策略。同样，在卡特尔博弈中，如果厂商 1 预测其他厂商维持行业价格，那么厂商 1 降价销售就能获利，则最终降价将成为每一个厂商的占优策略！这再次说明卡特尔是不稳定的。军备控制中也存在相似的情况。

8.3.3 纳什均衡

囚犯困境是一个特殊的博弈。在这一博弈中，每个参与者都存在着一个占优策略。而对于大多数博弈，每个参与者的占优策略并非必然存在，因而并不一定存在占优策略均衡。例如，图 8-12 所示的策略就没有一个占优策略的均衡。

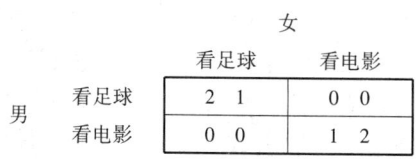

图 8-12 性别战

假设一对情侣准备共度周末而不愿意分开活动。但对于周末干什么，男女双方却各自有着自己的偏好。男的喜欢看足球赛，女的喜欢看电影。

在这个博弈中，是否存在博弈的均衡状态呢？回答是肯定的。分开活动将使他们两人得不到任何满足，只要在一起，不管是看电影还是看足球赛，两人都会得到一定的满足。但看足球赛将使男的得到更大满足，看电影则使女性得到更大满足。因此，他们的最优策略依赖于对方的选择，一旦对方选定了某一项活动，另一个人选择同样的活动就是最好的策略。

纳什均衡是指在对手的策略既定的情况下，各个参与人所选择的策略都是最好的，每个参与人都不会改变其策略。

纳什均衡不仅要求博弈的所有参与人都是理性的，而且要求每个参与人都了解所有的其他参与人都是理性的。根据这一定义，在上例博弈中，如果女的选择给定，男的选择是最优的，以及男的选择给定，女的选择是最优的，因而存在着两个纳什均衡。男女双方一起去看电影，即策略（电影，电影）是纳什均衡。男女双方一起去看足球比赛，即策略（足球赛，足球赛）也是纳什均衡。

任何占优策略均衡必定是纳什均衡。在占优策略均衡中，无论所有其他参与人选择什么策略，一个参与人的占优策略都是他的最优策略。显然，这一占优策略也必定是所有其他参与人选择某一特定策略时该参与人的最优策略。

纳什均衡却不一定是占优均衡。占优均衡是纳什均衡的一种特殊情况。上一节所描述的古诺均衡就是纳什均衡。在古诺模型中，每个厂商都把另一个厂商的产量选择看作是给定的，然后选择自己的最优产量水平。在古诺均衡点上，每个厂商的选择都是在它对另一个厂商行为的预测既定情况下的最优产量选择。同样，伯特兰德均衡也是纳什均衡。

8.3.4 重复博弈

在上面的分析中，所有的对局者仅对抗一次，不会重复进行。这是一种静态博弈。但是在现实中，同样结构的博弈可能要重复许多次。在对局可以多次重复的情况下，每个对局者在选择策略的时候，不仅需要考虑当前的对局，可能还要考虑当前选择的策略对于以后的对局将产生什么影响。

影响重复博弈均衡结果的主要因素是博弈重复的次数。在囚犯困境策略中，如果同伙人 A 在某一局中做出背叛的选择，那么另一个同伙人 B 就可以在下一局中做出背叛的选择。如果博弈重复多次，每个参与人都有机会树立合作的信誉，并鼓励对方也树立起合作的信誉以换取双赢的机会。

以产品定价博弈为例。如图 8-13 所示，如果一次博弈中，厂商 B 选择了高价，使得选择了高价的厂商 A 得到了报酬 145，那么在下一次博弈中，厂商 A 会继续选择高价作为对厂商 B 的奖励。如果某一次博弈中，厂商 B 选择了低价，使得选择了高价的厂商 A 受到损失，那么厂商 A 在下一次博弈中就会选择低价作为对厂商 B 的报复。

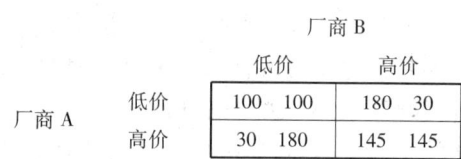

图 8-13　产品定价博弈

我们具体考察博弈重复的次数对局中人的选择所产生的影响。我们先看无限次重复的博弈。

在无限次重复博弈中，厂商 A 和厂商 B 每期都得到一定的报酬。如果 B 选择与 A 合作维持产品高价，那么 B 在各期的报酬都是 145；如果 B 选择不与 A 合作，在一次博弈中选择低价而使选择了高价的 A 受到损失，A 也会在以后各次博弈中永远选择低价报复 B。这样，采取了低价欺骗的厂商 B 最多只能占一次便宜，即得到 180，这比合作的报酬 145 多了 35。但这一欺骗却带来长期的损失，以后 B 每期只能得到 100，B 的不合作态度将导致得不偿失的后果。因此，只要欺骗的短期利益小于长期损失，厂商 B 就会采取积极合作的态度。这表明，如果对方合作，本方也始终合作；如果对方不合作，本方也不会合作。这种策略被称为"针锋相对"。

但是，如果博弈重复次数有限，则得不到上述结论。假定博弈重复次数十次，在最后一局博弈中，所有的对局者都明白，如果某一方选择了自己的占优策略，给对方造成损失，则对方不可能报复。因此，对局者双方都会选择占优策略。比如，在上例中，厂商 A 和 B 都会给自己的产品制定低价，采取不合作态度，这和一次性囚犯困境博弈相同。不仅如此，厂商 A 还会进一步推理：既然 B 在最后一次都将采取低价战略，那么，在第九局中，A 就没有必要因为担心 B 的报复而采取高价战略。同样厂商 B 也会做出相应的推理。由此从最后一局开始，逐次进行推理，直到第一局，可以得出以下结论：A 和 B 都从一开始就采取低价竞争的策略。这就是说，有限次的博弈与一次性的博弈在本质上没有什么不同，每次博弈出现的都是一次性博弈的均衡结果。

8.3.5 序列博弈

在上面讨论中,我们假定了每个参与者是同时选择他们的策略。但实践中大量存在的另一种情况是,参与者的行动有先后顺序,而且后行动的参与者在自己行动之前可以观测到先行动者的行动,并选择相应的策略。这种博弈被称为序列博弈。序列博弈是动态博弈的一种形式。

假定两个厂商试图进入某一市场,市场进入博弈的支付矩阵如图8-14所示。

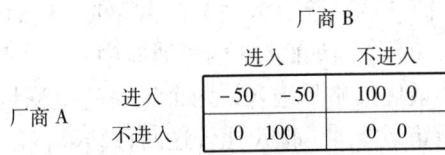

图8-14 市场进入博弈

当厂商面对这样一种博弈的时候,先行者优势就是厂商成功的关键。一家厂商一旦进入市场,第二家厂商就只能选择不进入的策略。先进入市场,就成为这个市场上的垄断者,并可获取100万元的年利润;如果有第二家厂商进入,那么两家都要亏损50万元。

我们可以采用博弈的扩展形式来分析序列博弈。博弈的展开形式详细地描绘了博弈的发展过程,包括参与者的所有可能决策、决策的次序、决策时所掌握的信息,以及博弈各个结果给予参与者的报酬。图8-15就是该博弈的展开形式,对于厂商A——先行动者来说,他拥有后行动者B可能选择策略的完全信息,因而厂商A在选择自己的策略时,可以预先考虑自己的选择对后行动者——厂商B选择的影响,并采取相应的对策。

从每个决策点出发,我们用一条分支来代表决策者在该决策点所可能采取的行动。当决策者在每一决策点做选择时,他掌握此前的所有信息,包括自己和对手在此前采取的行为。从每一决策点向右展开的部分,叫作子博弈。子博弈是从整个博弈中间某一决策点开始并展开到结束的博弈。

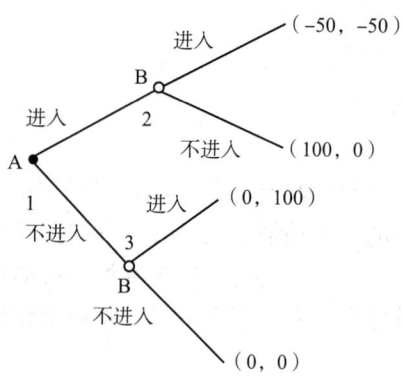

图 8-15 市场进入的博弈扩展形式

厂商 A 首先考察厂商 B 在两种情况下的选择。从决策点 2 开始的子博弈里，厂商 B 的最优决策是选择不进入，这时厂商 A 和厂商 B 的报酬是（100,0）。从决策点 3 的子博弈中，由于厂商 A 没有进入市场，厂商 B 的最优策略是进入，两个厂商的报酬是（0,100）。再回到厂商 A 的决策点 1，厂商 A 比较这两种结果，显然进入对厂商 A 最有利，此时厂商 A 将获利 50 万元，厂商 B 则无任何利润。因此，厂商 A 的最佳选择应当是进入这个市场。在此条件下，厂商 B 的理性选择就是不进入。

一家厂商要能够获得先行者的优势，需要采取相应的战略性行为，即通过限制自己的行为来限制竞争者的选择。例如，在前面提到的性别战中，存在着两个纳什均衡。在这种情况下，男方仅仅提出要看足球比赛是不够的，他应该采取行动，先买好足球票，从而使女方因感到"男朋友非常想看这场比赛"而接受两人一起看足球比赛的选择。

本 章 小 结

1. 垄断竞争是一种既有垄断又有竞争的市场结构，引起垄断竞争的基本条件是产品差别。

2. 由于厂商可自由进入，从长期的观点看，垄断竞争市场的经济利润为零。垄断竞争市场价格低于完全垄断市场，高于完全竞争市场，其最优产量小于完全竞争产量水平。

3. 寡头市场的重要特征是少数几家厂商之间的价格—产量策略存在相互依存性。

4. 古诺模型假定厂商以产量为决策变量，伯特兰模型以价格为决策变量。两个模型都假定两厂商同时决策，且一个厂商决策时，假定其他厂商的产量或价格为既定的。斯塔克博格模型则假定领导厂商率先作出最优产量决策时，以随从厂商的反应函数既定为前提。在价格领导模型中，领导者率先进行价格决策时必须考虑追随者的行为。

5. 一个卡特尔包括许多家厂商，它们通过串谋限制产量以实现行业的最大利润。

6. 拗折的需求曲线解释了价格刚性问题。

7. 博弈论描述、说明每个参与人的决策行为的理论。占优策略均衡是指这样一组选择：不管其他参与者采取什么策略，每一个参与者都有一个最优策略选择。囚犯困境均衡是一种占优策略均衡。

8. 纳什均衡是指在对手的策略既定的情况下，各个参与人所选择的策略都是最好的，每个参与人都不会改变其策略。

关 键 概 念

垄断竞争　　　　过剩生产能力　　寡头垄断　　古诺模型
斯塔克伯格模型　价格领头制　　　卡特尔　　　博弈论
囚犯困境　　　　占优均衡　　　　纳什均衡

复习思考题

1. 判断正误：
（1）需要大量做广告的行业是垄断竞争行业。
（2）任何占优均衡必定是纳什均衡。
（3）纳什均衡必定是占优均衡。

2. 完全竞争和垄断竞争条件下的长期均衡产量和价格有什么区别？垄断竞争与完全垄断条件下的长期均衡产量和价格又有什么区别？

3. 设双头垄断厂商 1 和厂商 2 的需求函数和成本函数分别为：$P = 100 - 0.5(Q_1 + Q_2)$，$C_1 = 5Q_1$，$C_2 = 0.5Q_2^2$。试分别求寡头厂商 1 和厂商 2 的产量反应函数及古诺均衡产量、价格。

4. 如果某行业是由一个价格领导企业和 50 个小企业组成，该行业的需求函数为 $Q = 1\,000 - 50P$，每个小企业的成本函数为 $C_2 = q_2^2/2$，而大企业的成本函数为 $C_1 = q_1$。试求：
（1）领导企业的需求函数；
（2）领导企业的利润最大化产量是多少？市场的总供给量是多少？

5. 对某商品的市场需求函数为 $P = 100 - 2Q$，生产该产品的任何厂商的总成本函数都是 $C = 4q$。
（1）假设市场上有两个古诺厂商 A、B，这两个厂商的反应函数是什么？求解古诺均衡时的产量。

(2) 假设这两个厂商，一个是领导者 A，一个是追随者 B，求解斯塔克尔伯格模型。

6. 厂商 1 和厂商 2 都是轿车生产商，他们可以生产中档产品或高档产品，假设每个厂商在决定生产哪档产品时，并不知道竞争对方的对策。每个厂商在不同情况下的利润由支付矩阵所表示：

		企业 2 高档	企业 2 低档
企业 1	高档	400 400	1 000 800
企业 1	低档	800 1 000	500 500

(1) 厂商有没有占优策略？

(2) 这一博弈有没有纳什均衡？如果有，请指出。

(3) 如果厂商 1 先于厂商 2 投入生产，而且厂商 1 知道厂商 2 在决定产品时，一定知道厂商 1 的产品。这一博弈的纳什均衡是什么？

(4) 该博弈的扩展形式如何？

第 9 章
要素市场的均衡

本章要点

◇ 了解竞争性要素市场的均衡；
◇ 理解卖方垄断势力的要素市场；
◇ 理解买方垄断势力的要素市场；
◇ 理解劳动、土地、资本的均衡价格决定；
◇ 掌握产量分配净尽定理。

前面我们讨论了产品市场的均衡价格和产量的决定。本章则主要讨论投入要素的价格与使用量是如何决定的。由于投入要素价格就是要素所有者的收入，因此，生产要素价格决定理论也就是收入分配理论。

与产品市场类似，投入要素的价格是由要素市场的供求关系决定的。我们将考察不同的要素市场结构：完全竞争的要素市场、产品市场的卖方垄断以及要素市场的买方垄断。

9.1 竞争性要素市场

9.1.1 竞争性厂商的要素使用原则

产品可以直接满足消费者的需求，但产品必须通过使用生产要素才能生产出来。产品的需求来自消费者,供给来自厂商;生产要素的需求来自厂商,供给来自生产要素的所有者。厂商之所以需要生产要素,是因为用它可以生产各种可供消费的物品以满足消费者的需求。也就是说,厂商对生产要素的需求是由对消费物品的需求产生的,它是一种派生的需求,又称引致需求。如果消费者对某种产品的需求增加了,那么厂商对生产这种产品所需要的投入要素的需求也会增加。

追求利润最大化目标的厂商对生产要素的需求既取决于产品市场环境,也取决于要素市场环境。完全竞争产品市场被描述为具有如下特点:大量的具有完全信息的买者和卖者买卖完全相同的产品。和完全竞争产品市场一样,完全竞争要素市场的基本性质可以描述为:要素的供求双方人数都很多;要素没有任何区别;要素供求双方都具有完全的信息;要素可以充分自由地流动,等等。我们把同时处于完全竞争产品市场和完全竞争要素市场中的厂商称为完全竞争厂商。

厂商在进行生产的时候,总是遵循着最大利润原则,使边际收益等于边际成本。在前面几章的分析中,我们把利润看作是产量的函数。现在,我们把最优产量选择同投入要素的使用数量联系起来,着重考察厂商利润最大化的最优要素使用原则。

厂商在使用某种生产要素时必须首先考虑要素的"边际收益"——边际收益产品,用 MRP 表示。所谓边际收益产品是指厂商每增加 1 单位要素投入带来的产量所增加的收益。用公式表示,即:

$$MRP_X = \frac{dR}{dX} = \frac{dQ}{dX}\frac{dR}{dQ} = MP_X \times MR$$

显然,生产要素的边际收益产品不同于产品的边际收益,产品的边际收益是指增加一单位销售量(或产量)所增加的收益;它也不同于边际产品,边际产品是指增加一单位生产要素所增加的实物产量。要素的边际收益产品 MRP 的变化取决于:(1)增加 1 单位要素投入所生产的边际产品 MP 的变化;(2)增加 1 单位产品所增加的收益 MR 的变化。

对于 MP 的变化,我们在第 5 章中曾指出,在技术给定和其他要素投入不变的情况下,连续增加 1 单位某种要素所带来的产量的增量迟早会出现下降,这就是边际报酬递减规律,也称为边际生产力递减规律或边际产量递减规律。

MR 的变化,取决于产品的市场结构。在完全竞争的产品市场条件下,由于生产者和消费者都不可能影响商品的价格,厂商生产的产品将按同一价格出售,厂商增加 1 单位产量所增加的收益就是产品的价格,即 MR = P。在这种情况下,厂商增加 1 单位投入要素(例如劳动 L) 所带来的产量所增加的收益等于劳动的边际产品乘以产品的价格：

$$MRP = P \times MP_L$$

由于 $P \times MP_L$ 表示厂商增加 1 单位投入要素所增加的产量的价值，我们又把它称为生产要素的边际产品价值，用 VMP_L 表示，$VMP_L = P \times MP_L(L)$。

厂商在使用生产要素时还要考虑它的边际要素成本。边际要素成本是厂商增加 1 单位生产要素所增加的成本，用 MFC 表示，即：

$$MFC_X = \frac{dC}{dX}$$

边际要素成本的变化取决于要素的市场结构。在完全竞争的要素市场条件下，对于每个厂商来说，它只是众多的要素购买者之一，不管它雇用多少数量的要素，都不能改变要素的市场价格。因此，厂商多雇用 1 个单位的要素所必须多支付的成本等于单位要素的价格，$MFC_L = w$。如果要素市场为不完全竞争的市场，则 MFC 将随要素需求量的增加而递增且总是大于要素价格。

竞争性厂商的利润最大化要素使用原则[①]是：

$$MRP_L = w$$

为了理解这一原则，考虑增加 1 单位劳动的情况。如果厂商雇用最后 1 个单位的劳动所得到的收益大于支付给这 1 单位劳动的工资，意味着厂商继续增加劳动数量可以增加利润总量；如果劳动的边际收益产品小于支付给劳动的报酬，即厂商雇用最后 1 个单位的劳动所得到的收益不足以补偿支付给这 1 单位劳动的工资，意味着厂商减少劳动数量能够增加利润总量。只有在劳动 MRP_L 等于工资的时候，厂商才能从劳动的使用中获得最大利润。

完全竞争厂商的利润最大化的要素选择规则与我们以前的利润最

---

① 上述结论也可以通过解利润最大化问题来得到。

在一个竞争性的要素和产品市场上，假定一个厂商使用两种投入 (L, K) 生产一种产品，产品的市场价格为 P，以及两种投入的价格 w、r 给定不变。厂商的生产函数为 $Q = f(L, K)$，成本方程为 $C = wL + rK$。这样，厂商的利润 π 极大化问题就可以表示为：
$$\max_{L,K} \pi = Pf(L, K) - wL - rK.$$
其中，$P \cdot f(L, K)$ 表示总收益，$(wL + rK)$ 表示总成本。利润极大化的一阶条件为：
$$\frac{\partial \pi}{\partial L} = P \frac{\partial f(L, K)}{\partial L} - w = 0$$
$$\frac{\partial \pi}{\partial K} = P \frac{\partial f(L, K)}{\partial K} - r = 0$$
整理得到：
$$MP_L \cdot P = w$$
$$MP_K \cdot P = r$$

大化的产量选择规则之间是什么关系呢？事实上，这两个规则是一致的。

完全竞争下的要素使用规则要求厂商应该在 $MRP_L = w$ 时雇用劳动。由于 $MRP_L = P \cdot MP_L = w$，所以要素使用原则也可以写作：

$$P = w/MP_L$$

完全竞争条件的产量选择规则要求厂商应该在 $P = MC$ 时选择产量水平。在第4章中我们曾推导了边际产量与边际成本之间的关系，得到：

$$MC = w/MP_L$$

从而得到：

$$P = MC = w/MP_L$$

由此可见，要素使用规则暗含地决定了产量水平，要素使用规则与产量选择规则对厂商应该生产多少产量有相同的答案。

我们可以用几何方法来说明利润最大化的要素使用原则。在完全竞争的产品市场上，厂商是价格的接受者，产品价格 P 为既定常数。因此，劳动的边际产量价值曲线的形状取决于劳动的边际产量曲线。由于边际生产力递减规律的作用，劳动的边际产量随着劳动投入量的增加而递减，MP_L 曲线是向下倾斜的。相应地，MRP_L 也是一条向下倾斜的曲线。如图9-1所示。

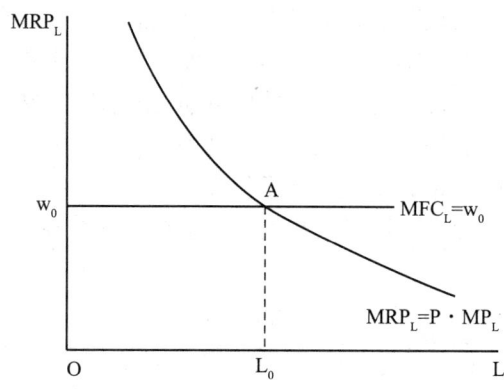

图9-1 利润最大化的劳动雇用量

在完全竞争的劳动市场上，每一个厂商都是价格的接受者。如果劳动的市场价格为 w_0，那么厂商可以按市场价格 w_0 雇用到足够多的劳动，因此，劳动的边际成本曲线 MFC_L 在工资水平 w_0 下稳定不变，是一条水平线。MRP_L 曲线与 MFC_L 曲线相交于 A 点，对应的劳动雇用量为 L_0。对于任何小于 L_0 的劳动投入量，劳动的边际收益大于劳动边际成本,即 $MRP_L > MFC_L$,如果增加劳动雇用量,利润上升;对于任何大于 L_0 的劳动投入量,劳动的边际收益小于劳动边际成本,即 $MRP_L < MFC_L$,如果减少劳动投入量,利润会上升。只有在劳动的雇用量为 L_0 时,在劳动雇用水平 L_0 上,$MRP_L = MFC_L = w_0$,厂商利润达到最大化。

9.1.2 一种可变要素的需求曲线

如果劳动的价格变动了,厂商如何选择劳动的最优投入量呢?在图9-2中,对应于劳动价格 w_0,在劳动的 MRP_L 曲线上找到了一点 A,对应的劳动的最优需求量为 L_0。如果工资率由 w_0 上升到 w_1,在劳动的 MRP_L 曲线上找到了一点 B,相应的最优劳动雇用量为 L_1。如果工资率下降到 w_2,在劳动的 MRP_L 曲线上找到了一点 C,劳动雇用量为 L_2。因此,对于劳动的每个工资水平,我们都可以在劳动的 MRP_L 曲线上找到相对应利润最大的劳动雇用量。也就是说,完全竞争厂商的短期要素需求曲线和其要素边际产量价值曲线是完全重合的。厂商的 MRP_L 曲线表示了劳动的最优数量和劳动的价格之间的关系。厂商的 MRP_L 曲线就是厂商对劳动的需求曲线。这一曲线可用下式表示:

$$P \cdot MP_L(L^*) = w$$

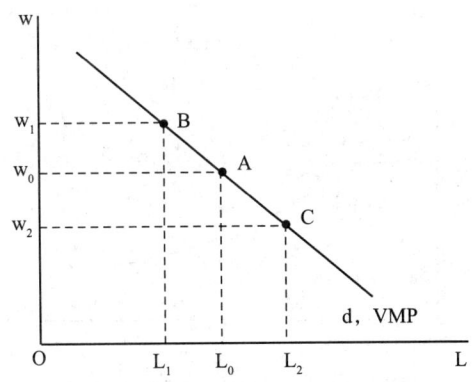

图 9-2 完全竞争厂商的要素需求曲线

注意,尽管要素的需求曲线与其边际产量价值曲线重合为一条线,但这同一条线在这两个场合的含义却是截然不同的。(1)它包含的变量的含义不同。作为边际产量价值曲线,L 表示要素使用量;而作为要素需求曲线,L 却是表示最优要素使用量或要素需求量。

(2) 它反映的函数关系不同。在边际产量价值曲线场合，自变量为要素使用量 L，边际产量价值是要素使用量的函数；而在要素需求曲线场合，自变量是要素价格 w，要素需求量是要素价格的函数。

9.1.3　几种投入要素可变时对一种要素的需求

现在我们来讨论两种可变投入下厂商对任一种要素的需求。这里仍以劳动为例，讨论资本和劳动的数量可以调整的情况下，当劳动的价格发生变化时，厂商对劳动的需求量会发生什么变化。

在资本与劳动的数量可以调整的情况下，当劳动的价格上升，而资本的价格保持不变时，厂商对劳动的需求也会产生两种效应：替代效应和产量效应。我们可以用第 4 章中的等产量—等成本分析方法来说明劳动价格变动的这两种效应。

在图 9-3 中，假定最初的劳动和资本的价格分别为 w_1 和 r_1，厂商利润最大化的最优投入组合（L_1^*，K^*）位于等产量线和等成本线的切点 E_1，产量水平为 Q_0。当工资从 w_0 上升到 w_1 时，工资的提高会改变等成本线的斜率。在资本价格 r 不变的情况下，等成本线 C_0 将绕 A 点作顺时针旋转，新的等成本线 C_2 与更低的一条等产量曲线 Q_1 相切于 E_2 点。此时厂商雇佣劳动的数量由 L_0 减少到 L_2，资本的使用量由 K_0 减少到 K_2，最优产量也由 Q_0 减少到 Q_1。

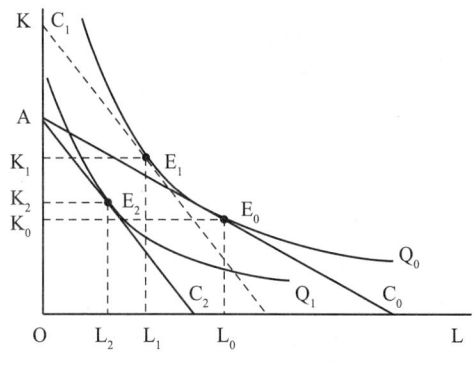

图 9-3　劳动价格上升产生的效应

这一变化可以分解为替代效应和产量效应。

(1) 替代效应。在图 9-3 中，当劳动的价格上升后，为了生产既定产量 Q_0，厂商将增加资本的使用数量以替换相对价格上升的劳动数量。这时厂商的总成本也增大了，因为只有较高成本的等成本线

才能与等产量曲线 Q_0 相切,新的最低成本组合位于等成本线 C_1 与等产量曲线 Q_0 相切的点 E_1,均衡投入组合为 (L_1,K_1)。从 E_0 点移动到 E_1 点,劳动投入量由 L_0 减少到 L_1。因此,要素的替代效应是指在产量不变的情况下,由于要素相对价格的变动所引起的要素组合比例的变动。

(2) 产量效应。当劳动的价格上升后,如果厂商的总成本支出保持不变,厂商只能购买到较少的投入要素,达到较低的产量水平 Q_1。均衡点从 E_1 移动到 E_2 点,劳动投入量从 L_1 减少到 L_2。因此,产量效应是指在成本不变的情况下,要素价格上升导致产量减少,并由此引起的要素需求的减少。在图 9-3 中,产量效应使厂商雇用更少的劳动量。

由此可见,劳动价格的上升引起劳动需求量从 L_0 减少到 L_2,是替代效应(从 L_0 到 L_1)和产量效应(从 L_1 到 L_2)叠加的结果。

图 9-4 显示了厂商对劳动的需求曲线 d_L。图中横轴表示劳动投入数量,纵轴表示劳动的价格。当劳动的价格为 w_0 时,劳动需求量是 L_0;当劳动价格是 w_1 时,劳动需求量是 L_2。用同样的方法,还可以得到其他的价格和需求量的对应值。把这些对应点用曲线连接起来,就可以得到劳动的需求曲线 d_L。

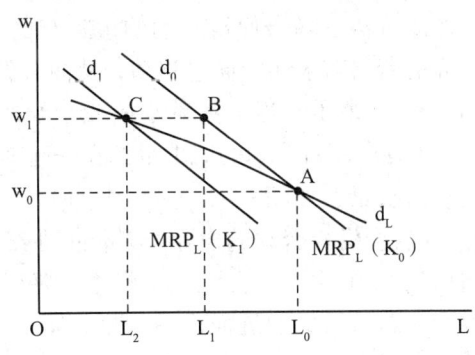

图 9-4 厂商对劳动的需求曲线

显然,在资本与劳动的数量可以调整的情况下,厂商对劳动的需求曲线不同于只使用一种可变要素需求曲线,劳动需求曲线不再是 MRP_L 曲线。但是,劳动需求曲线 d_L 仍可以从 MRP_L 曲线推导出。图 9-4 中的 $MRP_L(L,K_0)$ 曲线是厂商在资本投入量为 K_0 时的劳动需求曲线。当劳动价格从 w_0 上升到 w_1 时,生产产品的边际成本也上升了。假定资本固定为 K_0,厂商只有通过减少劳动的数量来减少总投入量和总产量,即对劳动的需求量沿着 $MRP_L(L, K_0)$ 曲线从 L_0 减少到 L_1。但是,由于厂商可以用资本替换相对昂贵的劳动数量来减少总投入量和总产量,最终将资本使用量调整为 K_1 水平上,从而劳动的需求曲线向左方移动到 $MRP_L(L, K_1)$ 曲线,也就是厂商在资本投入量为 K_1 时的劳动需求曲线 d_1。所以,当劳动价格为 w_1 时,厂商将雇用 L_2 数量的劳动,而不是 L_1,即 $MRP_L(L, K_1)$ 曲线上的 C 点。连接 A 点和 C 点,就得到两种生产要素投入量可变时的厂商的劳动需求曲线 d_L。

9.1.4 市场需求曲线

上面所分析的生产要素的需求曲线是单个厂商的要素需求曲线。与产品市场需求曲线不同,生产要素的市场需求曲线不能简单地由各个厂商对该要素的需求曲线水平加总而成。这是因为,在完全竞争的产品市场上,虽然单个厂商使用的某一要素价格和数量的变化不会影响产品的价格,但是,在考虑到整个市场或行业的情况时,就必须考虑该要素使用量的变化对产品价格所产生的影响。

例如,当生产要素 L 的价格 w 下降时,所有的厂商都会或多或少地增加劳动的投入量,从而都增加产量时,就会引起厂商所生产的产品价格下降。产品价格下降会使得劳动的边际产量价值向左移动,也就是使单个厂商的劳动需求曲线向左移动,从而会影响到劳动的市场需求曲线。如图 9-5 所示。当工资率为 w_1 时,单个厂商对劳动的需求为 L_1,将此时所有厂商对劳动的需求量加在一起则得到工资率 w_1 时市场对劳动的总需求量,如图 9-5(b)中的 L_1^*,当工资率下降到 w_2 时,单个厂商就会沿着劳动的边际产量价值曲线即需求曲线 d_1 将劳动需求量增加到 L_2 的水平。但是,工资率下降引起对劳动需求的增加,会导致产品总供给增加进而产品价格下降,从而使 VMP 曲线向左下方移动,在图 9-5(a)中表现为 d_1 移至 d_2。于是,在工资率为 w_2 时,厂商对劳动的需求量不再是 L_2 而是 L_3,连接 A、C 形成一条需求曲线 d^*,即厂商新的劳动需求曲线。与此相对应,我们可以找到劳动的市场需求的两个点 E 和 F 点。用同样的方法我们还可以得到其他各点,连接起来就是劳动的市场需求曲线 D。

要素市场需求曲线表示行业中所有厂商对要素的需求量和要素价格之间的数量关系。市场需求曲线也向右下方倾斜,斜率为负值。

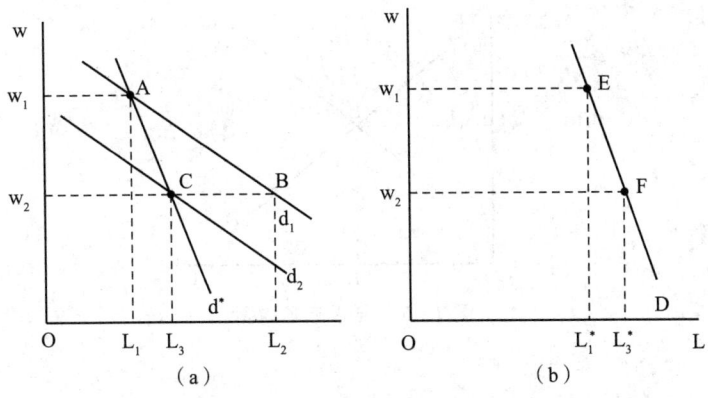

图 9-5　厂商和市场需求曲线

9.1.5　竞争性要素市场的均衡

生产要素的价格决定与产品的价格决定一样,是由市场供求决定的。

由于要素拥有者的要素供给各不相同,各种生产要素具有不同的流动性。有些生产要素,包括劳动资源和自然资源,有总量固定的特性。土地就是最明显的例子。土地泛指所有自然资源,包括土壤、矿藏、森林、河川、海洋等,它们的供给总量是固定的,在短期内很少有变动的可能。但这并不意味着各行业所面对的土地资源供给量是固定的,相反,其供给弹性可能非常大。如一块土地既可以种麦子,也可以种蔬菜或葡萄等,这取决于它们的相对价格。劳动资源总量受到人口的限制,人们对各种行业的劳动供给,在短期内可能改变的幅度不大,尤其是那些有特殊技术、专门化的劳动供给,在短期内很难随工资率的上升而增加,供给弹性几近于零。而那些非技术性、非专门化的劳动供给在短期内会随着工资率的上升而增加。时间越长,各行业的劳动供给弹性也越大,因为只要有足够的时间,转业和改行都可以通过教育与培训来实现。而资本供给量在短期内是固定的,长期中流动性非常大,超过了劳动与土地。

一般来说,各种资源在短期中的供给总量是固定的,但长期中要素的供给量完全受相对价格所左右,供给量随着要素价格的上升而增加,市场要素供给曲线是向右上方倾斜的。

我们把生产要素的需求曲线与生产要素的供给曲线结合起来就可以确定某一行业的均衡。图 9-6 显示了生产要素市场的均衡情况。行业的均衡点为 E,行业的均衡要素价格为 w^*,而行业对要素的均衡雇用量为 L^*。

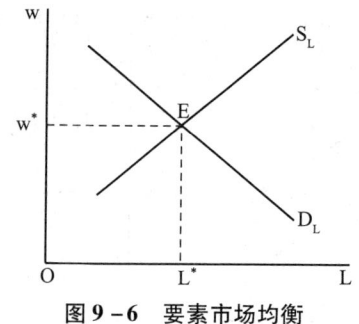

图9-6 要素市场均衡

9.2 不完全竞争市场的均衡价格

上面所讨论的是产品市场和要素市场均为完全竞争市场的要素价格的决定。本节将分三种情况讨论不完全竞争市场的要素价格的决定：(1) 厂商在产品市场是一个价格决定者，而在生产要素市场上却是一个价格接受者，我们称之为产品的卖方垄断；(2) 厂商在产品市场和要素市场都是价格决定者，我们称之为要素市场的买方垄断；(3) 要素市场的买卖双方都是垄断者，我们称之为双边垄断。

9.2.1 产品的卖方垄断

首先我们讨论生产要素是完全竞争而商品市场是垄断的情况。

在商品市场垄断的情况下，厂商所面临的需求曲线是向右下方倾斜的，表示价格随着销售量的变化而变化，不像完全竞争的市场那样，价格是常数。边际收益也不再像完全竞争情况下那样与商品的价格相等，边际收益随销售量的增加而递减。边际收益产品是生产要素投入的增量所引起的总收益的增量，它等于边际收益与边际产量的乘积。即：

$$MRP_L = MR \cdot MP_L$$

在产品卖方垄断市场上，由于随要素投入的增加，要素的边际产量及出售产品的边际收益都是递减的。因此边际收益产品曲线也随要素投入量的增加而下降，是一条向右下方倾斜的曲线，如图9-7所示。

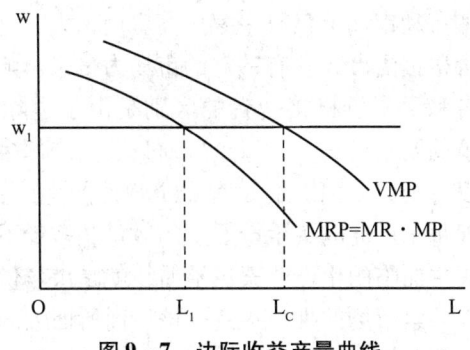

图 9-7　边际收益产量曲线

产品市场的卖方垄断厂商的边际收益产品曲线比产品市场的竞争厂商的边际产量价值曲线陡峭。二者之间的差额为：

$$VMP - MRP = MP \cdot P - MP \cdot MR = MP(P - MR)$$

在完全竞争产品市场上，由于 $P = MR$，所以要素的边际产量价值与边际收益产量是相等的；在产品市场被卖方垄断的情况下，$MR < P$，故 $MRP < VMP$。因此，产品市场的垄断厂商的边际收益产量 MRP 曲线比 VMP 曲线更加陡峭一些。

厂商在使用生产要素时还要考虑边际要素成本。在完全竞争的要素市场上，边际要素成本 MFC 等于生产要素价格 w。厂商将按照 $MRP = MFC = w$ 决定生产要素的需求量，生产要素的边际收益产品曲线就是厂商对这种生产要素的需求曲线。

在产品市场不完全竞争条件下，单个厂商对生产要素的需求曲线与整个市场对生产要素的需求曲线的关系，同完全竞争条件下的情况相似，市场上对生产要素的需求曲线一般陡于单个厂商对生产要素的需求曲线。

在要素市场完全竞争条件下，居民只能在既定的价格下提供生产要素，在以横轴表示要素数量，纵轴表示要素价格的坐标系中，单个居民的供给曲线是一条水平线。全体居民即整个市场的生产要素的供给曲线是一条向右上方倾斜的曲线。

以 MRP 为基础的市场需求曲线和完全竞争的要素市场供给曲线共同决定生产要素的均衡价格和数量。

9.2.2　要素市场的买方垄断

现在我们分析厂商在其产品市场上处于卖方垄断，在要素市场上又处于买方垄断，而产品的买者和要素的供给者却处于完全竞争条件下的情况。比如劳动市场上只有一家厂商雇用工人，这样，雇用劳动的厂商不再是价格接受者，它有一定的市场力量来影响工资率。

买方垄断者和要素价格接受者的区别是由于边际要素成本引起的。在完全竞争的要素市场上，每个厂商只购买全部生产要素供给中的小部分，所以每个厂商面对的是有完全弹性的生产要素供给曲线。换句话说，也即每个厂商购买生产要素的数量之多少不影响生产要素的价格。垄断买主面临的生产要素供给曲线就是市场供给曲线。因为垄断买主是生产要素市场的唯一买者。该厂商所面临的劳动供给曲线是向右上方倾斜的曲线。换句话说，即垄断买主若要增加要素的使用量，他就必须增加对要素的价格支付；垄断买主如果减少要素的使用量，他就可以减少对要素价格的支付。

我们以 w(L) 表示劳动供给的反函数，它反映了工资率与劳动供给量之间的关系。垄断厂商雇用 L 数量的劳动时的成本就是 w(L)·L。劳动的边际要素成本是指增加雇用一单位劳动所增加的成本，即：

$$MFC = \frac{d[w(L) \cdot L]}{dL} = w(L) + L \cdot \frac{dw(L)}{dL}$$

在上式中，w(L) 表示厂商平均要素成本 AFC。dw(L)/dL 表示由于增加劳动雇佣量而引起的劳动价格的变动。L[dw(L)/d(L)] 表示由于劳动价格的变动而引起的成本变动。由于厂商是唯一的劳动雇佣者，而劳动供给随工资率提高而增加，多雇用一个工人就会抬高工资率，w(L) 曲线向右上方倾斜，L[dw(L)/d(L)]>0。因此，当生产要素的市场供给曲线 w(L) 向上倾斜时，

$$MFC > w$$

这意味着厂商增购生产要素，不是仅对增加的生产要素支付更高的价格，而是对全部的生产要素支付更高的价格。

我们也可以把边际要素成本写作：

$$MFC = w\left[1 + \frac{dw}{dL}\frac{L}{w}\right] = w\left(1 + \frac{1}{e_L}\right)$$

式中的 e_L 代表要素的供给弹性，因为供给曲线通常是向上倾斜的，所以，e_L 取正值。如果供给弹性具有完全弹性，使得 e_L 无穷大，那么这就意味着厂商面临竞争要素市场的情况。在市场要素供给曲线不具有完全弹性的情况下，MFC_L 就将严格大于 w。

例如，假定买方垄断厂商面临线性劳动供给曲线。反供给曲线可表示为：

$$w(L) = a + bL$$

总成本是：

$$C(L) = w(L)L = aL + bL^2$$

从而边际要素成本是:

$$MFC_L = a + 2bL$$

如图9-8所示。劳动的边际要素成本MFC曲线位于劳动供给曲线S_L之上。

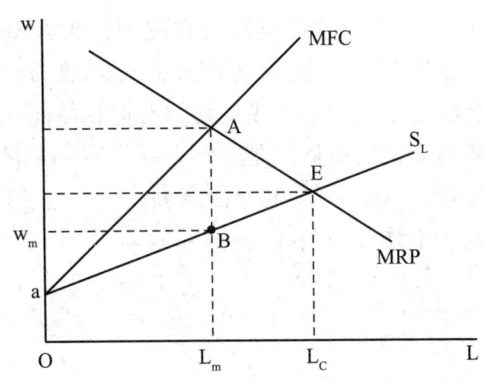

图9-8 买方垄断下的劳动市场均衡

当使用一种可变要素的厂商在其产品市场上处于卖方垄断,在要素市场上又处于买方垄断时,它对生产要素的需求曲线仍然是其边际收益产量曲线MRP。买方垄断的厂商将根据最大利润原则MRP = MFC决定生产要素的雇佣量。而一旦确定了要素的雇佣量,则根据市场上生产要素的供给情况决定雇佣这些要素所要支付的价格。在图9-8中,厂商把生产要素的使用量确定在MRP曲线和MFC曲线相交的水平L_m上,再根据生产要素的供给曲线S_L,决定雇用L_m单位的劳动所要支付的价格w_m。

AB线段通常被定义为买方垄断厂商对劳动的"剥削"。因为厂商没有按照劳动的边际收益产量支付给劳动者报酬,而赚取其间的差额。按照剥削的定义,只要要素市场是完全竞争的,要素所有者就不会受剥削,即便产品市场被垄断厂商所独占亦然。在图9-8中,S_L曲线与MRP曲线相交于E点,相应的雇佣量为L_C,这时工资率为EL_C,这个工资率等于雇佣量为L_C的劳动的MRP值,因而消除了对劳动者的剥削。

9.2.3 双边垄断

以上讨论的是产品市场的卖方垄断和要素市场的买方垄断。如果生产要素市场上的买卖双方都是垄断者，这种市场叫作双边垄断市场。例如，把所有的企业合并成一个大公司，所有的劳动者都被组织在一个大工会中，这样在劳动市场上，就存在着两个垄断者：一个是厂商，它垄断着劳动市场的需求方面；另一个是大工会，它垄断着劳动市场的供给方面。在这种市场上要素价格与使用量是如何确定的呢？

我们用图9-9来说明这个问题。在图中，买方垄断厂商的需求曲线为 D，它是垄断厂商所需劳动投入的边际收益产量曲线 MRP。从垄断卖者工会的角度看，D 曲线是它的平均收益曲线，因为厂商为使用一定量劳动而支付的价格就是劳动者提供这一数量劳动而得到的价格。根据平均收益 AR_S 可以推导出垄断卖者工会的劳动边际收益曲线 MR_S，它低于平均收益曲线。

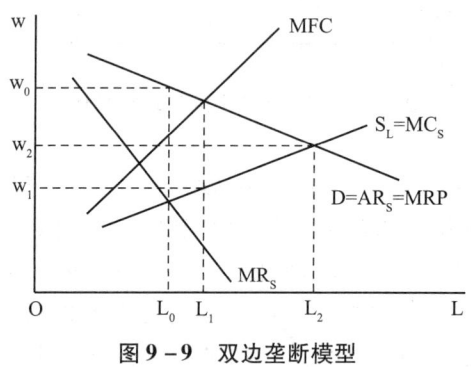

图9-9 双边垄断模型

厂商面对的劳动供给曲线是向右上方倾斜的 S_L 曲线，厂商使用劳动的边际要素成本曲线为 MFC。从工会角度看，劳动供给曲线 S_L 实际上就是其提供劳动的边际成本曲线 MC_S。从图中可以看出，要素买者要实现最大利润，就必须根据劳动的 MFC = MRP 确定劳动使用量和价格。在 MRP 曲线和 MFC 曲线交点所对应的要素购买数量为 L_1，要素买者愿意支付的价格为 w_1。

但对于作为要素垄断卖者——工会来说，如果工会的目标是实现"利润"最大化，将在自己的边际收益曲线 MR 与边际成本曲线 MC 相交的产量点上从事经营。在这种情况下，工会将索取 w_0 的价格，并供给 L_0 的数量的劳动。当然，这里所说的利润，是指要素的实际收入超过其机会成本的余额，即经济租金。

在上述情况下的价格和数量将是不确定的。价格似乎将处在 w_0 和 w_1 之间的某一点上，要素数量将处于 L_0 与 L_1 之间的某一点上，至于具体确定在哪一点上,在很大程度上依赖于双方讨价还价的能力、工会和厂商在政治上和经济上的力量对比,以及其他一些因素。比如,如果工会想争取最大的就业量,可以要求工资为 w_2。

9.3 劳动市场与均衡工资

9.3.1 闲暇与收入的分配

劳动的供给量是指人们工作的时间。劳动供给涉及消费者对其拥有的时间资源的分配。我们将个人拥有的全部时间分为两部分:一部分是工作时间,他从工作中获取货币收入;另一部分是闲暇时间,它是扣除了工作时间后所剩下的时间。例如,用于休息、饮食、娱乐、旅游等,即消费商品的时间。为了获得较多的消费,他必须多赚取一些货币收入;为了获取较多收入就必须多工作,而这又减少了他的闲暇。因此,某消费者必须在闲暇和劳动收入、或闲暇和消费之间进行选择。消费与闲暇的数量将在消费者的偏好和预算约束的相互作用下决定。

劳动市场与
均衡工资

我们可以用无差异曲线—预算线工具来分析消费者效用最大时的闲暇和收入(消费)组合。我们假定个人的消费支出全部来自工作收入,工资率为 w,消费者每周可用于闲暇和工作的最大时间 T 给定不变。C 表示消费量或收入,以货币值度量消费量,则 C 的价格为每单位 1 元。H 为闲暇时间,闲暇的价格等于工资率 w,因为 1 小时闲暇的机会成本实际上就是所失去的 1 小时的工资收入 w。预算约束可以写为如下形式:

$$C + w \cdot H = w \cdot T$$

等式表明消费者的消费 C 加上闲暇的价值等于按工资率定价的全部时间资源的价值。全部时间资源的价值有时被称为完全收入或隐含收入。在这里,时间确实就是金钱。

在图 9-10 中,纵轴代表消费或收入,横轴代表闲暇时间,如果该消费者把全部时间用作闲暇,则他的闲暇时间为 T 小时,即图中横轴上的 B 点,收入为零。如果他把 T 小时全部用来工作,可获得 C_0 的消费,$C_0 = T \cdot w$,闲暇时间为零。这一消费由纵轴上点 A 所表示。预算线为直线段 AB。该预算线的斜率为 w,也就是说,闲暇的相对价格为 w。

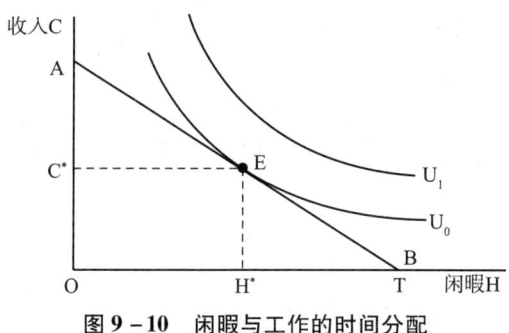

图 9-10　闲暇与工作的时间分配

一般来说，收入和闲暇都是正常商品，即更多的收入或更多的闲暇时间能给人们带来更高的效用水平，消费者对闲暇与收入的无差异曲线的形状如图中曲线 U 所示。在工资率为 w 时，消费者在无差异曲线 U_0 与预算线 AB 的切点 E 处达到效用最大化，与 E 点对应的最优的闲暇量为 H^*，工作 $T-H^*$ 小时，得到的收入 C^* 为 $w(T-H^*)$。根据第 3 章的知识，均衡闲暇—收入组合点 E 满足工资率等于收入对闲暇的边际替代率。即：

$$-\frac{dC}{dH} = \frac{MU_H}{MU_C} = w$$

式中 MU_H 和 MU_C 分别为闲暇与收入的边际效用。上式表明，消费者增加一小时所得到的额外消费的价值必须等于为获得这一消费而失去的闲暇的价值，即闲暇的边际价值等于工资率。

9.3.2　替代效应、收入效应与劳动供给曲线

让我们来考察工资率变动后对劳动供给（或闲暇需求）会产生什么影响。现在假定工资率上升了，工资率的变化就是闲暇的价格的变化。在消费理论里我们知道，商品的价格变化对其需求量会产生两个效应，替代效应和收入效应。

工资率上升时，闲暇的价格提高了，闲暇就变得更昂贵了，导致人们对闲暇的需求减少，即以消费（收入）替代闲暇，换言之，就是劳动供给增加。另外，工资率的提高增加了消费者的实际收入。同样工作 8 小时，工资率高了，收入也就多了。根据收入效应，收入增加，人们会用收入购买更多的闲暇，对闲暇的需求就会增加，于是劳动供给就减少了。

因此，工资率上升带来替代效应和收入效应的作用是相反方向的。闲暇的替代效应总是负的，而其收入效应则是正的，因为我们假定闲暇是一种正常商品。或者说，工资率上升的替代效应鼓励多工作少休闲，而收入效应则是鼓励多休闲少工作。工资率的提高究竟将增加还是减少劳动供给，取决于替代效应和收入效应的相对强度。

一般情况下，在工资率比较低的阶段，替代效应大于收入效应，因为低工资带来的收入变化不会太大，所以劳动供给随着工资率的上升而增加。但达到一定水平后，工资进一步提高带来的收入效应占了上风，劳动者觉得收入已经颇为可观，宁可少工作，多休息和娱乐，所以劳动供给随工资上升而下降。

图9-11（a）描述了消费者随工资变化对闲暇需求量的变化。当工资率为 w_0 时，消费者在 E 点处达到效用最大化，与 E 点对应的最优的闲暇量为 H_0，从而劳动供给量为 $L_0 = T - H_0$。现在假定工资率上升到 w_1，则消费者的预算线将沿 A 点顺时针旋转到 AB_1 线，切点为 F，相对应的最优的闲暇量为 H_1，从而劳动供给量为 $L_1 = 16 - H_1$。重复上述过程，可得到类似 E、F 的其他点 G 等，把这些点连接起来，就得到价格扩展线 PEP。从图中可以看出，随着工资率的上升，从而预算线在纵轴的截距上升，消费者闲暇需求量是先减后增，即从 H_0 减少到 H_1，然后又增加到 H_2。在时间资源总量为既定时，这当然意味着劳动供给量是先增后减。相应地，我们把在不同工资率下的劳动供给量的对应点连接起来，就得到如图9-11（b）所示的向后弯曲劳动供给曲线 S_L。当工资率较低时，随着工资率的上升，消费者为较高的工资吸引将减少闲暇，增加劳动供给量。在这个阶段，劳动供给曲线向右上方倾斜，斜率为正。但是，工资率上涨对劳

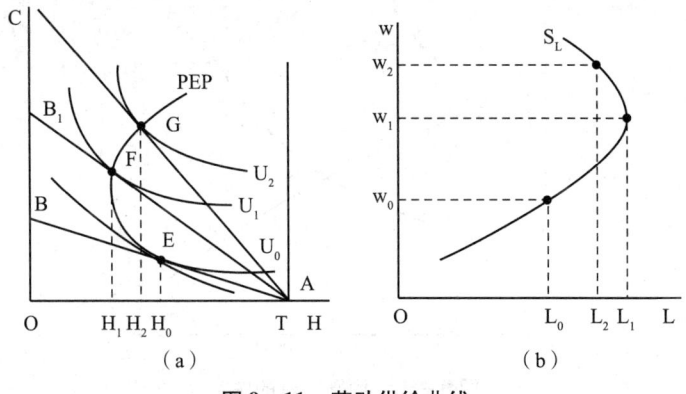

图9-11 劳动供给曲线

动供给的吸引力是有限的。当工资率涨到 w_1 时，消费者的劳动供给量达到最大。此时如果继续增加工资，劳动供给量非但不会增加，反而会减少。于是劳动供给曲线在工资 w_1 以后向后弯曲，斜率为负。

9.3.3 劳动市场均衡与工资的决定

整个劳动市场的供给是建立在个人劳动供给的基础之上的。因此，将所有单个消费者的劳动供给曲线水平相加，即得到整个市场的劳动供给曲线。尽管许多单个消费者的劳动供给曲线可能会向后弯曲，如发达国家中的律师、医生等高收入水平的自由职业者，但劳动的市场供给曲线却不一定也是如此。在较高的工资水平上，现有的工人也许提供较少的劳动，但高工资也吸引进来新的工人，因而总的市场劳动供给一般还是随着工资的上升而增加，从而市场劳动供给曲线仍然是向右上方倾斜的。

工资率作为劳动的价格，是由劳动市场中需求和供给的相互作用决定的。前面的分析指出，竞争性要素的市场需求曲线通常总是向右下方倾斜。劳动的市场需求曲线也不例外。将向右下方倾斜的劳动需求曲线和向右上方倾斜的劳动供给曲线综合起来，即可决定均衡工资水平。参见图 9-12。图中劳动需求曲线 D 和劳动供给曲线 S_L 的交点 E 是劳动市场的均衡点，均衡工资为 w^*，均衡劳动数量为 L^*。当工资率高于均衡工资率时，劳动的供给超过了劳动需求，市场上存在过剩的劳动力；当工资率低于均衡工资率时，劳动供给小于需求，市场存在劳动力短缺。在一个竞争性的劳动市场上，当存在供求失衡时，工资率会作出相应的调整，直到劳动供求平衡为止。

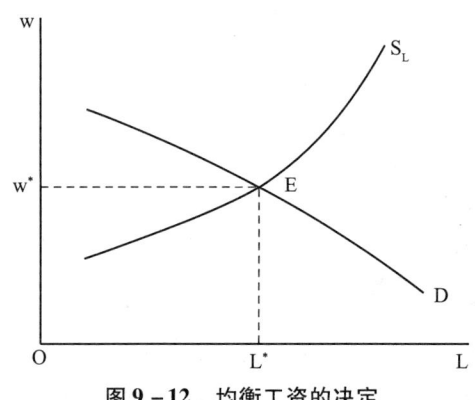

图 9-12 均衡工资的决定

均衡工资水平由劳动市场的供求曲线决定，且随着这两条曲线的变化而变化。劳动供给曲线的变化显然有如下几个原因：（1）非劳动收入即财富。对于绝大多数人来说，非劳动收入增加，劳动供给就会减少。（2）社会习俗。例如某些社会中不容许妇女参加工作而只能做家务，改变这个习俗将大大增加劳动供给。（3）人口。人口的总量及其年龄、性别构成显然对劳动供给有重大影响。

9.4 土地市场与地租

9.4.1 土地的供给与地租

地租是使用土地而支付的价格。它是由土地的供给和需求决定的。

经济学上的土地，泛指一切自然资源。就一个国家的全部土地来说，土地没有其他用途，因此没有机会成本。它与劳动力不同：如果工资率过低，即低于人们的保留工资——一个人愿意提供劳动的最低工资水平，人们可以在家休息。而土地是大自然的赐予，它的数量虽然有限，但它除了供人使用外，别无选择。土地供给量是固定的，土地的供给曲线完全没有弹性，其供给曲线表现为一条垂直线。在图 9-13 中，横轴表示土地数量，纵轴表示地租。

土地市场与地租

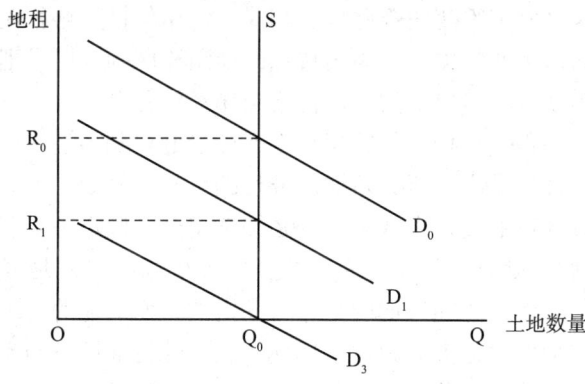

图 9-13 土地的供给曲线与地租

土地的需求取决于它的边际产量价值。边际产量价值越高，它的需求量就越大。反之，它的需求量就越小。在边际生产力递减规律的作用下，土地的边际产量价值是递减的，因此，土地的需求曲线是向右下方倾斜的，土地需求曲线为 D_0。

土地供给量固定，意味着地租主要取决于对土地的需求。土地供给曲线和需求曲线的交点决定了均衡地租 R_0。当土地的需求减少时，均衡地租趋于下降，但土地供给量仍保持不变。如果土地需求曲线在 OQ_0 线段通过横轴，则地租为零。如果土地的边际生产力提高，或土地产品（如粮食）的需求增加所导致的土地产品价格上升，就会造成地租的上升。随着经济增长，从长期看，对土地的需求不断增加，所以地租存在不断上升趋势。

垂直的供给曲线是仅就一国的全部可利用土地而言的。但从个别使用者而言，土地是有多种用途的。因此，就个别使用者或个别产品而言，这种多用途性就产生了机会成本。因此，地租也和其他价格一样，有引导生产人们所最需要的物品的价格机制。例如，当地租上升，人们一方面会使用以前未利用的次佳土地，如开垦荒地，或由市中心向郊区逐渐发展。另一方面，对于那些原已使用的土地，则会更小心谨慎地使用。

9.4.2 经济租金

按照上面的定义，地租是当土地供给固定时的土地使用价格，因而地租只与固定不变的土地有关。但在很多情况下，不仅土地可以看成是固定不变的，而且有许多其他资源在某些情况下，也可以看成是固定不变的，例如某些人的天赋才能，就像土地一样，其供给是自然固定的。这些固定不变的资源也有相应的使用价格。这种使用价格显然与土地的地租非常类似。为与特殊的地租相区别，可以把这种供给同样固定不变的一般资源的使用价格叫作经济租金。

所谓经济租金是指支付给某种生产要素的报酬超过该要素的生产性服务得以被提供出来所必须加以补偿的余额。例如，在一些著名演员和职业运动员的收入中有一部分是经济租金。假定一个著名足球运动员的年薪为 50 万美元，他所以能得到如此高的收入是因为像他这样的专门人才的供给在短期内是相对固定的，而对他的需求却增长很快，因此，他的收入大大超过了使他留在足球行业所必须支付的最低报酬比如 3 万美元，那么他的经济租金就是 47 万美元。如果他除了踢足球以外，找不到任何其他可以获得收入的职业，他从事踢球的机会成本为零，这时，他的 50 万美元的收入全部是经济租金或称剩余的租金。

地租就是一种经济租金。因为土地的供给是固定的，不管地租怎样变化，土地的供给量仍然保持不变。换言之，即使地租降到接近于零的水平，土地所有者也会提供土地，故使土地提供生产性服务而必须向土地所有者支付的收入完全可以看作是零。这时地租全部都是经济租金。

在大多数情况下，一种生产要素的实际报酬既有机会成本，也有经济租金。如图9-14所示，当生产要素的供给曲线 S_0 完全有弹性即水平的时候，对生产要素支付的报酬全部都是机会成本，即为防止该要素转移到别的用途而必须支付的报酬。这意味着如果对这种生产要素不按 P_0 支付，就不能得到这种生产要素。当生产要素的供给曲线 S_1 完全没有弹性即垂直时，对生产要素支付的报酬全部是经济租金，这意味着即使把这种生产要素的价格降到接近于零，也不会导致它的供给量的减少。如果生产要素供给曲线有一定的弹性，即供给曲线 S_2 向右上方倾斜，经济租金就只是该要素收入中的一个组成部分而不是全部。

在图9-14中，当生产要素价格从 P_0 降到 P_1 时，生产要素供给量在减少。所以 P_1E 线是使不同数量的生产要素不转移到其他用途所支付的最低价格。当生产要素价格为 P_0，要素使用量为 Q_0 时，生产要素所有者得到的机会成本是曲线 P_1E 下面的面积 OP_1EQ_0，经济租金是曲线 P_1E 上面的阴影面积 P_1P_0E。马歇尔将此租金称作"生产者剩余"，它是要素收入超过其成本（或机会成本）的部分。

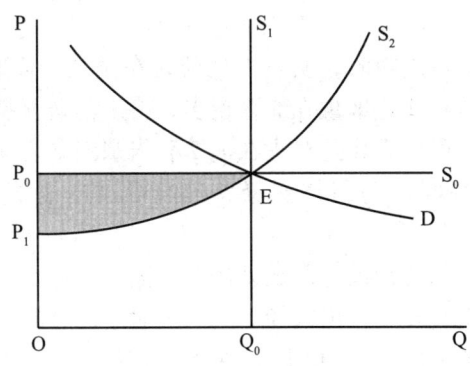

图9-14 经济租金

准租金则是指在短期内供给固定不变的生产要素的报酬。例如，在短期内，工厂或机器设备的供给量是固定不变的。要建造一座新的工厂或增加一部分新的机器设备都需要有一段时间。因此，在这段时间内，如果需求增加了，生产要素所得到的报酬就要提高，这部分增加的报酬就是准租金。但是，在长期内，这些生产要素的供给不是固定不变的。随着需求增加，它的供给也将增加。因此，在长期中，准租金将消失。这种生产要素报酬所以称为"准租金"，是因为它在短期内和地租的特点相似，属于一种租，但又不是真正的租，它在长期里将消失。

9.5 资本市场与利率

9.5.1 资本供给

企业生产产品不仅使用劳动和土地，而且使用资本。资本是指由劳动和土地生产出来的、再用于生产过程的生产要素，如机器设备、厂房建筑等。与劳动力一样，资本也是家庭所供给的。当然，家庭并不是直接提供这些资本品，而是由家庭把收入的一部分提供给企业：购买企业的股票或债券、去银行储蓄，再由银行向企业发放贷款等。企业就是用家庭提供的这些收入来购买或租用生产所需的资本品。确切地说，消费者提供给厂商的资本是他们的收入中去掉消费后的剩下部分，也就是消费者的储蓄。因此，资本供给理论实际上是储蓄决策理论。

个人进行储蓄决策时，实际上也就是在做关于何时消费的决策。消费者现在消费越少，即现在储蓄越多，将来消费就越多。因此，消费者的储蓄决策可以看作是对现在消费和未来消费之间的选择。经历时间的消费选择叫作跨时期选择。我们可以用消费者选择理论来分析。

我们先讨论预算约束。假定某消费者面对一种商品，在时期 1 和时期 2 中分别消费多少作出选择。这两个时期拥有的货币量分别为 I_1 和 I_2，市场上的利率为 r。根据这些变量，我们可以在图 9-15 中画出预算线为 MN。图中横轴表示时期 1 的消费（C_1），纵轴表示时期 2 的消费（C_2）。对于该消费者，一种可能的选择是既不借钱也无储蓄，即在每个时期恰好消费掉其全部收入，即时期 1 消费 I_1，时期 2 消费 I_2。该选择组合必然构成 MN 线上的点 $a(I_1, I_2)$。

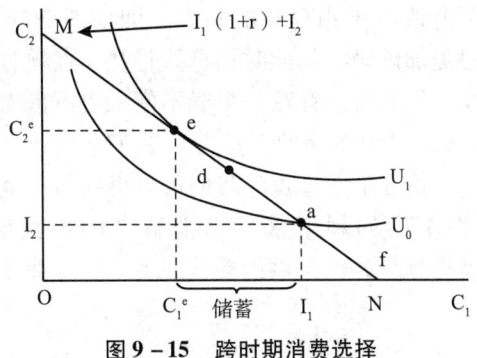

图 9-15 跨时期消费选择

另一种可能的选择就是时期 1 的消费低于他的收入，也就是从第一时期的收入中储蓄（S），以增加将来的消费。假定他在时期 1 消费 (I_1-S_1) 单位，那么他在时期 2 的消费将会增加 $S_1(1+r)$ 单位，也就是将图中的 a 点沿 MN 线上移至 d 点。同样，他可能在时期 1 借款（B）消费，即他的消费超过收入。假定消费者储蓄和借贷货币的利率相同，那么他在时期 2 的消费将减少 $B(1+r)$ 单位，如图中 f 点。重复上述过程，我们还可以找出两个时期消费的所有可能组合。显然，预算线的斜率为 $-(1+r)$。该预算线斜率的负值代表了现在的消费相对于将来消费的机会成本或相对价格。

预算线上的 M 点代表时期 1 的消费为零时第 2 期的消费数额。如果该期收入（I_1）全部被储蓄，到时期 2 的本息为 $I_1(1+r)$，再加上时期 2 的收入（I_2），第 2 期的消费总额为 $I_1(1+r)+I_2$。预算线上的 N 点代表消费者把时期 2 的收入（I_2）全部预支到时期 1 中消费，即以将来收入为抵押而借款。为了保证他在时期 2 的收入能够还上借款数额（B_1）加利息，即 $B_1(1+r)$，他在时期 1 的最大借款额为 $I_2=B_1(1+r)$，从而 $B_1=I_2/(1+r)$。再加上本期的收入（I_1），他在时期 1 的最大消费额为 $I_2/(1+r)+I_1$。

现在讨论无差异曲线的形状。在大多数场合，消费者愿意将一部分现在的消费来替代将来的消费。因此无差异曲线一般是凸状，它表明时期 1 的消费对时期 2 的消费的替代率是递减的。

消费者的均衡位置显然位于预算线与无差异曲线的切点 e，两个时期的最优消费选择为：时期 1 消费 C_1^e，时期 2 消费 C_2^e。从图中可以看出，由于时期 1 的收入为 I_1，消费 C_1^e 小于收入 I_1，即储蓄为 $I_1-C_1^e$。

如果利率发生变动，消费者的均衡选择也会发生变动。如图 9-16 所示，假定最初利率为 r_1，均衡组合为点 $e(C_1^1, C_2^1)$。现在利率上升

到 r_2，利率的上升改变了预算线的斜率，即期消费的机会成本上升了，预算线变得更加陡峭了。此时预算线将绕 a 点顺时针转动，因为无论利率是多少，消费者总存在一个既不借入也不借出的情形。均衡点从 e 点变为 f 点，这时本期的消费为 C_1^2，储蓄为 $S_1 = I_1 - C_1^2$。如果利率再提高到 r_3，重复上述过程，我们可以得到另一个均衡点及储蓄量和消费量。将不同的利率水平下消费者的最优储蓄量描绘在图 9 - 17 中，就得到一条储蓄供给曲线或资本供给曲线。

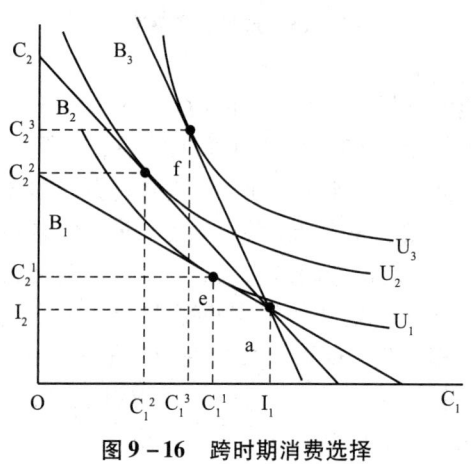

图 9 - 16　跨时期消费选择

与劳动供给曲线相似，储蓄曲线也可以用替代效应和收入效应来解释。对一个储蓄者来说，在低利率水平时，储蓄增加的财富较少，利率上升的替代效应大于收入效应，因此，随着利率的上升，当前消费减少，储蓄增加；而在高利率水平，储蓄增加的财富增加，则有可能使收入效应超过替代效应，这样，随着利率的上升，当前消费反而增加，储蓄则相应减少。因此，储蓄曲线先是向右上方倾斜，而当利率处于很高水平时，储蓄曲线可能出现向后弯曲的情况。

图 9 - 17 表示了单个消费者的资本供给曲线，把所有消费者的资本供给曲线水平相加，可得到资本市场的供给曲线。资本市场供给曲线表示了资本供给量与利率之间的关系。就整个经济来说，随着利息率的增加，储蓄额也在增加，故资本市场的供给曲线向右上方倾斜。

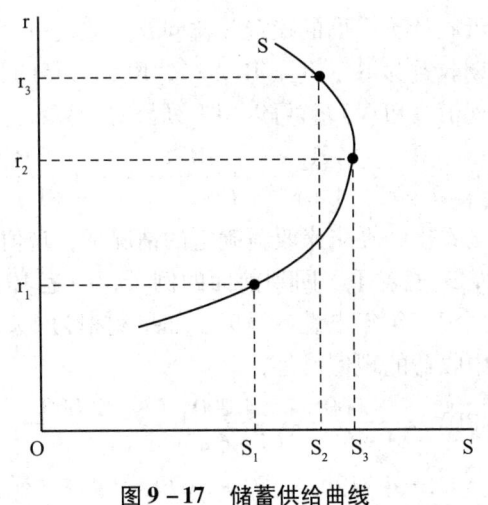

图 9-17 储蓄供给曲线

9.5.2 资本需求

资本投入不同于劳动投入。资本投入生产过程后，一般需要若干年后才能取得收益。因此，投资者经常需要将现在投资的费用与该项投资在未来产生的收益进行比较，才能够作出是否投资的决策。例如，某厂商在现在花费 10 000 元购置生产设备，这套设备 3 年后完全报废。这笔投入每年给投资者带来的收益分别是 5 000 元、4 000 元和 2 000 元。在这种情况下，投资者是否愿意投资呢？要回答这个问题，必须了解投资未来收益的现值问题。

我们先来计算现在投资的未来价值。假定你现在把 100 元存入银行，年利率为 5%，1 年后你将得到 $100(1+5\%) = 105$（元）。如果再存 1 年，按复利计算（对以前的利息所支付的利息），第 2 年后的本利和为 $105(1+5\%) = 110.25$（元），或写作 $100(1+5\%)^2$，第 3 年后的本利和为 $100(1+5\%)^3$ 元，类似地，第 n 年后将得到 $100(1+5\%)^n$ 元。这就是现在投资 100 元的未来价值的计算方法。

一笔未来收益的现值就是为了能在未来得到这笔收益，现在所愿意支付的最大数额。如果 1 年后收到 100 元，当利率为 5% 时，1 年后的 100 元的现值约为 $100/(1+5\%) \approx 95.24$（元）；2 年后的 100 元的现值为 $100/(1+5\%)^2 \approx 90.70$（元）。n 年后的 100 元的现值为 $100/(1+5\%)^n$ 元。这就是说，货币是有时间价值的，未来的 1 元比现在的 1 元价值低，它必须按一定利率进行折扣，因而利率经常被称为贴现率。

现在我们可以计算厂商的投资收益问题。假定一笔投资在未来各不同年份的预期收益为 R_1，R_2，R_3，…，R_n，每年的利率为 r，则各年收益之和的现值（PDV）就可以用下列公式计算：

$$\text{PDV} = \frac{R_1}{1+r} + \frac{R_2}{(1+r)^2} + \frac{R_3}{(1+r)^3} + \cdots + \frac{R_n}{(1+r)^n}$$

由上式可以看出，在未来收益确定的情况下，现值的大小取决于利率 r，r 越大，现值越小。回到前面的例子，一笔 10 000 元的投资可以用三年，到第三年年末设备报废。如果利率为 6%，那么这笔投资在未来三年中收益的现值就是：

$$\text{PDV} = \frac{5\,000}{1+6\%} + \frac{4\,000}{(1+6\%)^2} + \frac{2\,000}{(1+6\%)^3}$$
$$= 4\,717 + 3\,560 + 1\,679 = 9\,956 \text{（元）}$$

由上式可知，10 000 元的投资在三年的预期总收益为 11 000 元，三年内全部预期收益的现值却只有 9 956 元。折现值小于初始资本品的价值。这笔投资是不值得进行的。

如果厂商每年所获收益相等，即 $R_1 = R_2 = \cdots = R_n$，则所有预期收益的现值为：

$$\text{PDV} = \frac{R}{(1+r)} + \frac{R}{(1+r)^2} + \cdots + \frac{R}{(1+r)^n} = \frac{R}{r}$$

在实践中，厂商投资决策通常采用净现值（NPV）标准。

设某项投资的成本为 C，预期未来 n 年内所得到的收益分别为 R_1，R_2，…，R_n，贴现率为 r，净现值的公式为：

$$\text{NPV} = \sum_{i=1}^{n} \frac{R_i}{(1+r)^i} - C$$

其中，成本 C 是初始发生量，无须贴现。如果投资追加一个项目的净现值 NPV≥0，则这项投资是可行的，否则投资是不可行的。

我们可以用第一节的要素投入规则来表达上式。即：

$$\sum_{i=1}^{n} \frac{R_i}{(1+r)^i} = C$$

等式左边就是投入的边际产量价值的现值，等式右边就是边际要素成本的现值。该式表明，追求利润最大化的厂商必须在边际产量价值的现值等于边际要素成本的现值处投资资本。

上式中的 r 是预期收益的贴现率。贴现率是厂商使用投资资本的机会成本。因为如果厂商不进行这项投资，就可能投资于另一项带来不同预期收益的项目，也有可能投资于产生不同收益率的证券。所以，一般把借贷利率或债券利率作为投资项目预期收益的贴现率。因此，利率对厂商的投资决策具有决定性作用。利率的变动将影响厂商的资本需求量。如果利率 r 上升了，所有投资的边际收益的现值就降低了，也就是净现值减少了，从而厂商的资本需求量也就下降了。厂商对资本需求量的变动与利率变动的方向相反，因此，厂商的资本需求曲线是向下倾斜的。图 9 – 18 显示了这个向下倾斜的厂商的资本需求曲线。将所有厂商的资本需求曲线叠加，就得到整个市场的厂商资本需求曲线。资本市场的厂商资本需求曲线也是向下倾斜的。

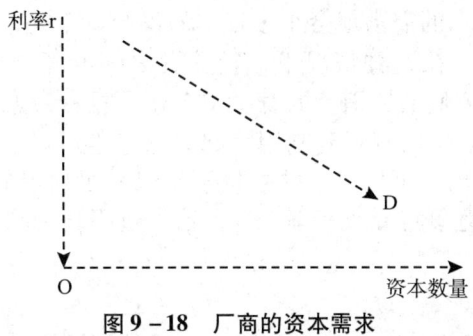

图 9 – 18　厂商的资本需求

从整个社会来看，资本市场的可贷资本的需求由两个部分组成。一部分是厂商的投资需求，资本市场上厂商对资本的需求曲线如图 9 – 19 中的 D_f。另一部分是个人借贷消费引发的需求。人们想要购买的某些商品，如住宅、轿车等，往往超出了他们当前的收入水平，这时他们可能希望通过向银行等金融机构贷款来满足这些消费需求，并用将来收入的一部分偿还贷款本金和利息。其中，利息就是人们提前消费需要付出的代价。利率越高，人们为提前消费而付出的代价就越高，从而其借贷意愿就越低；故利率越高，人们对资本的需求量就越小。所以资本市场上个人对资本的需求曲线是一条自始至终向下倾斜的曲线 D_C。那么，社会对资本的总需求曲线 D 就是 D_C 曲线和 D_f 曲线的水平相加。

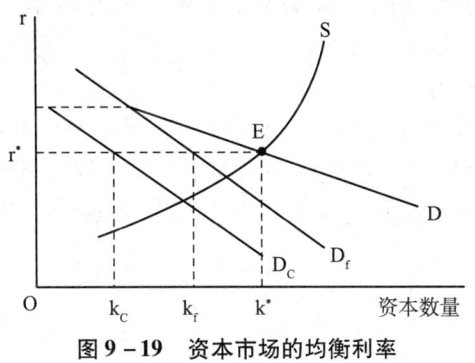

图 9 – 19　资本市场的均衡利率

9.5.3 均衡利率的决定

利率是资本的价格，利率也是由资本市场供给与需求决定的。在图 9-19 中再加上资本的供给曲线 S，就能得到一个完整的资本市场均衡。资本市场的均衡点为 E，对应的均衡利率为 r^*，在该利率水平下，市场的可贷资本总量为 k^*，其中 k_C 满足对消费资金的需求，而 k_f 满足对投资资金的需求，市场总需求为 $D = k_C + k_f$。如果利率超过 r^*，对资本的需求就会小于资本的供给，于是，资本市场上存在过剩的资本。在这种情况下，贷款者之间的竞争将促使利率下降。这将增加人们借钱消费的意愿和企业的投资意愿，最终将使市场上所有的可贷资本都得到利用，利率也将达到 r^*。反之，当利率低于 r^* 时，市场上可供资本的数量不足以满足所有对资本的需求，借款者之间的竞争将导致利率上升，这一过程直到利率水平达到 r^* 才停止。

9.6 要素分配原理

9.6.1 产量分配净尽定理

在完全竞争市场的长期均衡中，某种生产要素的价格总是等于边际收益产量：$w = P \cdot MP_L$。如果将等式两边同时除以产品价格 P，得到：

$$MP_L = \frac{w}{P}$$

式中，等式右边的 w/p 为劳动价格与产品价格之比，可以看作是劳动的实际价格或实际工资。于是，上式表示劳动的实际价格等于劳动的边际生产力。

由此可以得出边际生产力分配论的两个重要的命题：（1）生产要素按照其边际生产力确定价格，即生产要素的实际价格等于要素市场供求平衡时的要素的边际生产力；（2）要素所有者根据要素的边际生产力取得报酬,即在各种要素共同创造的总产量(总收入①)中,每种要素所占份额等于每种要素的边际生产力。

如果市场是完全竞争的,生产函数是一次齐次函数,即规模报酬不变,那么可以证明,所有生产要素所取得的报酬总和正好等于社会所生产的产品总和,这就是产量分配净尽定理。由于这个定理可以用数学上的欧拉定理加以证明,所以,它也被称为欧拉定理。

假设生产中使用两种生产要素 L 和 K,生产函数为 $Q = f(L, K)$。如果生产函数是一次齐次式,即符合规模报酬不变的条件,即:

$$\lambda Q = f(\lambda L, \lambda K)$$

对 λ 求导,则可以推导如下结果:

$$Q = L \cdot \frac{\partial Q}{\partial L} + K \cdot \frac{\partial Q}{\partial K}$$

其中,$\frac{\partial Q}{\partial L}$ 表示劳动的边际产量即 MP_L,$\frac{\partial Q}{\partial K}$ 表示资本的边际产量即 MP_K。

等式两边乘以价格 P,则:

$$P \cdot Q = P \cdot MP_L \cdot L + P \cdot MP_K \cdot K$$

在完全竞争的长期均衡中,$P \cdot MP_L = w$,以及 $P \cdot MP_K = r$。因此,上式又可以表示为:

$$P \cdot Q = w \cdot L + K \cdot r$$

这就意味着,当要素价格等于其边际产量价值时,产品总价值正好够分配给各种要素报酬。

需要指出,欧拉定理只有在规模报酬不变的条件下才是适用的。在规模报酬递增的情况下,产量会不够分配给各个要素之用;而在规模报酬递减的情况下,产量在分配给各个要素之后又会有剩余。

9.6.2 洛伦兹曲线和基尼系数

到此为止,我们已经分析了要素价格决定理论。生产要素价格的决定理论是分配论的一个重要部分,但并不构成分配论的全部内容。除了要素价格决定之外,分配论还包括收入分配的不平等程度等。为了研究国民收入在国民之间的分配,美国统计学家洛伦兹提出了著名的洛伦兹曲线。

---

① 要素收入形成国民的主要收入,但国民的收入不全来自要素收入。如财产收入和养老金、补助金等转移支付的收入,都形成国民的收入,但它们与要素价格无关。分配理论主要研究收入中经由要素市场决定的部分(即初次分配)。

洛伦兹曲线是表示收入分配平均程度的图像。在图 9-20 中，横轴表示人口的百分比，纵轴表示收入的百分比。对角线 OD 表示占人口一定百分比的人一定得到同样百分比的收入，因而它叫作绝对平均曲线。直角边 OCD 表示占人口 99% 的人没有得到任何收入，而 1% 的人得到了 100% 的收入，所以它叫作绝对不平均曲线，实际的收入分配曲线位于绝对平均曲线和绝对不平均曲线之间，这就是洛伦兹曲线 LC。它表示在一个现实的经济社会里，占人口一定百分比的人究竟得到了多少百分比的收入。

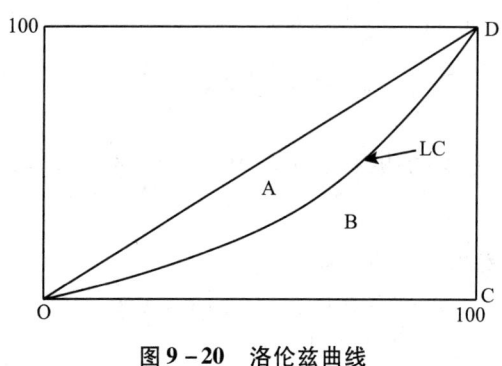

图 9-20　洛伦兹曲线

如果用 A 表示绝对平均曲线和洛伦兹曲线之间的面积，用 B 表示洛伦兹曲线和绝对不平均曲线之间的面积，那么，表示收入分配平均程度的基尼系数的计算公式是：

$$G = \frac{A}{A+B}$$

当 A 等于零时，基尼系数等于零，洛伦兹曲线与绝对平均曲线重合。这时收入分配是绝对平均的。当 B 等于零时，基尼系数等于 1，洛伦兹曲线和绝对不平均曲线重合。这时收入分配是绝对不平均的。因此，基尼系数的数值从零到 1。基尼系数越大，表示收入分配越不平均。由于基尼系数根据洛伦兹曲线衡量收入分配的平均程度，它也被称为洛伦兹系数。

本 章 小 结

1. 在完全竞争的产品市场和要素市场上，任何追求利润最大化厂商遵循要素投入规则：在每种要素边际产量价值等于该要素的价格时投入要素。

2. 市场要素需求曲线不是将所有厂商对某投入的需求曲线简单

加总而成的，因为市场要素需求曲线必须考虑到所有厂商的产量变动所引起产品价格的变化。

3. 在不完全竞争条件下，追求利润最大化的厂商按照边际收益产量等于边际要素成本的原则确定要素的使用量。在产品的卖方垄断市场上，厂商（垄断卖主）将按照 MRP = w 的原则确定要素使用数量；而在要素的买方垄断市场上，要素供给曲线是垄断买主的平均要素成本，而其边际要素成本则高于平均要素成本。厂商按照 MRP = MFC 原则确定要素数量，并根据要素市场供给曲线来支付使用这些要素的价格；在要素市场买卖双方均被垄断的情况下，要素的价格和使用数量是不确定的，没有单一均衡价格。

4. 劳动供给涉及消费者对收入（消费）和闲暇之间的最优选择问题。在均衡时，工资率等于在收入和闲暇之间的边际替代率。当工资率变动时，对闲暇的需求或对劳动供给产生两种效应：收入效应和替代效应，这两种效应的方向相反。工资率的上升是否会增加或减少劳动供给，取决于这两种效应的净效应，因此可能产生向后弯曲劳动供给曲线。

5. 地租是使用土地的价格，土地资源具有总量固定的特点，其供给曲线为一条垂直线，地租的高低完全取决于土地的需求。经济租金是指支付给某种生产要素的报酬超过该要素的生产性服务得以被提供出来所必须加以补偿的余额。

6. 资本市场的均衡取决于资本市场的供求关系。资本的供给者也是消费者，资本的供给取决于个人的储蓄决策，即消费者对现在消费与未来消费之间的选择。1元现在消费的机会成本是 $(1+r)$ 元的未来消费。资本的需求取决于厂商的投资决策和个人的消费决策。

7. 欧拉定理表明，在给定条件下，全部产量正好够分配给劳动要素 L 和资本要素 K。劳动者的实际报酬等于其实际贡献，资本的实际报酬等于资本的实际贡献。

关 键 概 念

边际收益产量	边际要素成本	边际产量价值
经济租金	准租金	产量分配净尽定理
洛伦茨曲线	基尼系数	

复习思考题

1. 在完全竞争的产品市场和要素市场上,假定厂商使用两种生产要素 L、K,生产一种产品。厂商使用任一种生产要素的利润最大化投入原则是什么?它与利润最大化的产量决策是什么关系?请证明。

2. 假定工资率上升,用收入效应和替代效应说明劳动供给曲线向后弯曲的原因。

3. 边际产量价值和边际收益产量有什么联系和区别?

第 10 章　一般均衡与福利经济学

本章要点

◇ 了解局部均衡与一般均衡、效率与公平、阿罗不可能性定理；
◇ 理解交换均衡条件、生产均衡条件，以及生产与交换的均衡条件；
◇ 理解并掌握帕累托最优条件；
◇ 完全竞争与帕累托最优条件。

迄今为止，我们已经分别考察了产品市场和要素市场的均衡价格和数量的确定问题。我们在分析时往往把被研究的市场与其他市场孤立开来，也就是说，我们假定某一商品的需求函数和供给函数仅仅取决于该商品的价格，而其他商品的价格被看作是固定不变的。这种方法叫作局部均衡分析。本章我们将开始探讨一般均衡分析，即各个市场的需求与供给条件是如何互相影响的，从而决定多种商品的价格。在此基础上讨论福利经济学问题。

10.1　一般均衡

局部均衡与
一般均衡

10.1.1　局部均衡与一般均衡

在实际生活中，社会经济的各个部门或市场是相互依存、相互制约的，没有一个市场能在不影响其他市场的情况下做出自己的变化调整,在有些情况下,其他市场所受的影响甚至可能是很大的。首先,从各种产品的关系看,当对某商品(比如猪肉)的需求,由于任何原因发生变化时,通过替代效应和互补效应引起其他的有关商品(如羊肉、牛肉、植物油等)的需求的变化,由此导致这些商品的价格和供求的变化,打破这些市场的均衡。这些商品的价格和供求的变化反转来又会引起对某商品的需求以及供给和价格的变化,如此循环往复,永无止境。其次,从产品和生产要素的相互关系看,任一种商品的供求变化将影响制造该商品所需生产要素的供求和价格的变化。再次,从各种不同生产要素之间的关系看,存在要素之间的替代效应和互补效应。最后,在国民产品的生产和再生产中,生产要素的所有者同时是产品的需求者,而生产要素的需求者同时又是产品的供给者。生产要素价格既代表要素所有者的收入又表现为厂商的生产成本,而要素所有者花费的收入即是产品的销售价值。总之,在社会经济的各部门或市场,各种价格之间是相互联系的,任何一种产品或要素的价格或供求发生变动,必然会引起一连串许多市场价格和供求的调整与再调整。

10.1.2 一般均衡模型

帕累托最优

一般均衡理论是 19 世纪法国经济学家里昂·瓦尔拉斯首先创立的。他构建了一般均衡模型,试图解决一般均衡的存在性、稳定性、唯一性及其效率等问题。20 世纪 50 年代的经济学家利用集合论、拓扑学等数学方法,证明了瓦尔拉斯一般均衡的存在性、稳定性及其经济效率。

为了简化分析,我们将讨论的范围限于完全竞争市场的行为。如果经济处于完全竞争条件下,所有市场上的买者和卖者都是价格的接受者,当经济中出现一组价格(包括所有产品和要素的价格在内),能使所有消费者对商品的消费选择和生产者对投入—产出组合的选择都满足下列条件时,整个经济便达到一般均衡状态:(1)消费者的偏好是连续的、严格凸的和非饱和性,每一消费者都在其既定的收入下达到了效用最大化;(2)任何生产都不存在规模报酬递增,每一厂商都在其生产函数决定的投入—产出组合下达到了利润最大化;(3)所有市场同时出清,即各自的供求都相等;(4)每一厂商都只获得正常利润,即其经济利润为零。

我们将分两个阶段来考察一般均衡问题。我们先开始考察一种人们具有固定的商品拥有量的经济,考察在他们之间是如何相互交换这些商品的,不涉及生产问题,这就是所谓纯交换的情况。一旦我们对纯交换经济有明确的了解之后,再来考察一般均衡模型中的生产行为。

1. 交换均衡

假定参与交换行为人 A 和 B,所交换的商品 X 和 Y。我们来分析消费者 A 和 B 怎样通过相互交换各自持有的产品,使交换后的个人持有的两种产品的数量组合所提供的效用总和达到最大。

在消费者 A 和 B 的偏好为一定的条件下,商品 X 和 Y 的各种组合对于他们来说也就有一定的效用。也就是说,消费者 A 和 B 都有各自的无差异曲线图。如果把消费者 B 的无差异曲线图绕着原点按顺时针方向旋转 180°,并且使它的横轴和纵轴与消费者 A 的无差异曲线图的纵轴和横轴相接,就得到一个盒状图,即埃奇沃思盒状图①,如图 10-1 所示。

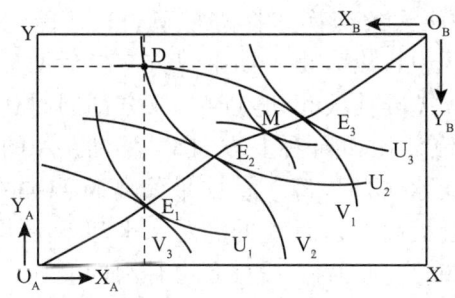

图 10-1 交换契约曲线

在图 10-1 中,盒状图的横轴的长度等于该社会已有的 X 商品的数量,纵轴的长度等于 Y 商品的数量。O_A、O_B 分别表示消费者 A、B 的无差异曲线图的原点。U_1、U_2、U_3 表示对消费者 A 有不同效用水平的无差异曲线,$U_3 > U_2 > U_1$。V_1、V_2、V_3 表示对消费者 B 有不同效用水平的无差异曲线,$V_3 > V_2 > V_1$。

在埃奇沃思盒状图中任选一点 D 表示两种商品在两个消费者 A 和 B 的初始分配。A 拥有的商品组合为 (X_A, Y_A),B 拥有的商品组合为 (X_B, Y_B)。该经济中两种商品的总量为 X 和 Y,$X_A + X_B = X$,

---

① 以英国经济学家 F. Y. 埃奇沃思(Edgeworth)来命名。

$Y_A + Y_B = Y$。由于假定效用函数是连续的,D 位于消费者 A 的无差异曲线 U_2 上,同时 D 点也位于消费者 B 的无差异曲线 V_1 上。交换从 D 点开始,如果 A 消费者用商品 X 与 B 消费者的商品 Y 进行交换使得点 D 移向 E_3,那么,A 所得到的效用将从 U_2 上升到 U_3 的水平,消费者 A 效用增加但消费者 B 并未受到损失即效用不变;同样,B 减少 X 的拥有量而增加 Y 的拥有量,即用 Y 与消费者 A 交换 X 使 D 点移向 E_2 点,消费者 B 得到的效用则从 V_1 上升到 V_2 表示的效用水平,B 的效用增加但 A 的效用没有受到损失。

自愿交换是互利的,通过交换各自拥有的商品,从而改变拥有的商品组合,使得交换双方的效用水平在新的商品组合下都有所提高。事实上,如果 D 点既不沿着 V_1 也不沿着 U_2 移动,而是在 V_1 与 U_2 这两条无差异曲线相交的两个交点所围成的梭形区域内的任何一点,A 和 B 两人均将移到比初始状态更高的一条无差异曲线上,A、B 两人均从交换中得到好处。

显然,任何两条无差异曲线的交点所围成的区域都是一个互利区域。A、B 两人的交换怎样进行下去,才能使双方效用都达到极大呢?从图中可以看出,如果双方交换后两种商品组合位于 M 点,即两条无差异曲线相切点时,双方都同时达到了均衡。因为只要偏离 M 点,比如向右上方向 E_3 移动,A 的满足水平提高了,而 B 的满足水平却下降了;如果偏离 M 点向右下方移动,B 的满足水平将会提高了,而 A 的满足水平却下降了。这就意味着只要偏离切点 M,将不存在对双方均有利的交换,即不可能使一方的满足水平提高而又不使另一方的满足水平下降。因此,M 点即是一个均衡点。同样的道理,在埃奇沃思盒状图中,A 的一族无差异曲线与 B 的一族无差异曲线中各自一条曲线相切之点,都是交换的均衡点,把切点 E_1、E_2、E_3……连接起来的一条曲线,称为交换契约曲线。它表示两种产品在两个消费者之间的所有最优分配的集合。

在交换双方的无差异曲线的切点上,两条无差异曲线的斜率相等,即交换双方以 X 替代 Y 的边际替代率相等。因此,交换的均衡条件是:两种商品的替代率对交换双方都相等。用公式表示,即:

$$MRS_{XY}^A = MRS_{XY}^B \text{①}$$

交换的契约曲线上的任一点都对应着交换双方一定的效用水平，如图 10-1 中 E_1 表示的 A 获得的效用水平为 U_{A1}，B 获得的效用水平为 U_{B3}；在 E_2 点 A 获得的效用为 U_{A2}，B 获得的效用为 U_{B2}，如果将契约线上各点所代表的效用水平组合描绘在坐标为效用的空间里，就可以得到效用可能性曲线，它表示在其他条件不变的情况下，消费者 A 和 B 能得到的最大的效用组合，它也被称作效用可能性边界。

效用可能性曲线如图 10-2 所示。图中的横轴表示 A 的效用水平，纵轴表示 B 的效用水平，在效用可能性边界线与横轴的交点 O_B，A 获得的效用最大，B 获得的效用为 0，表示社会现有的全部商品 (X，Y) 被 A 所消费，B 的消费量为 0。在效用可能性边界线与纵轴的交点 O_A，B 获得的效用最大，A 获得的效用为 0，表示社会现有的全部商品 (X，Y) 被 B 所消费，A 的消费量为 0。当我们沿着效用可能性曲线从 O_B 向 O_A 移动时，消费者 A 通过牺牲消费者 B 的利益而效用增加。

---

① 我们可以证明 A、B 两消费者效用最大化条件。假定 B 的效用水平 U_0 给定，我们来求 A 的效用最大化。最优化问题为：
$$\max U_A(X_A, Y_A)$$
$$\text{s.t. } U_B(X_B, Y_B) = U_0$$
$$X_A + X_B = X_A^0 + X_B^0$$
$$Y_A + Y_B = Y_A^0 + Y_B^0$$

其中，$X_A^0 + X_B^0$ 为现有 X 商品总量，$Y_A^0 + Y_B^0$ 为现有 Y 商品总量。$X_A + X_B = X_A^0 + X_B^0$ 和 $Y_A + Y_B = Y_A^0 + Y_B^0$ 表明每种商品的供给量等于需求量。

构造拉格朗日函数：
$$L = U_A(X_A, Y_A) - \lambda[U_B(X_B, Y_B) - U_0]$$
$$- \mu_1(X_A + X_B - X_A^0 - X_B^0) - \mu_2(Y_A + Y_B - Y_A^0 - Y_B^0)$$

这里，λ 是效用约束的拉格朗日乘数，μ 是禀赋约束的拉格朗日乘数。最大化的一阶条件是：
$$\frac{\partial L}{\partial X_A} = \frac{\partial U_A}{\partial X_A} - \mu_1 = 0$$
$$\frac{\partial L}{\partial Y_A} = \frac{\partial U_A}{\partial Y_A} - \mu_2 = 0$$
$$\frac{\partial L}{\partial X_B} = \frac{\partial U_B}{\partial X_B} - \mu_1 = 0$$
$$\frac{\partial L}{\partial Y_B} = \frac{\partial U_B}{\partial Y_B} - \mu_2 = 0$$

如果我们用第一个方程除第二个方程，第三个方程除第四个方程，我们得到：
$$MRS_{XY}^A = \frac{\partial U_A / \partial X_A}{\partial U_A / \partial Y_A} = \frac{\mu_1}{\mu_2}$$
$$MRS_{XY}^B = \frac{\partial U_B / \partial X_B}{\partial U_B / \partial Y_B} = \frac{\mu_1}{\mu_2}$$

从而得到交换的一般均衡条件：
$$MRS_{XY}^A = MRS_{XY}^B$$

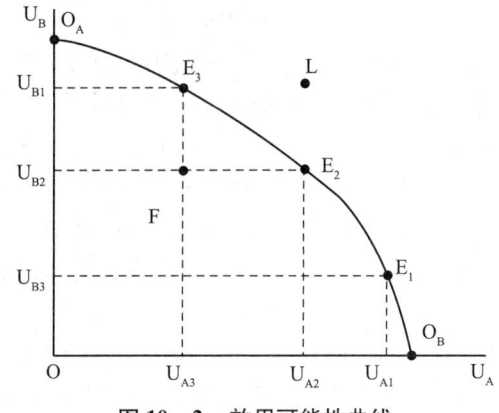

图 10-2 效用可能性曲线

在效用可能性边界与坐标构成的区域内的各点都不是双方效用最大点,如果 F 点向效用可能性边界线上的 E_2、E_3 点移动,都可以至少增加某一方的效用。

2. 生产均衡

假定有两个生产者 A 和 B,他们都利用两种生产要素 L 和 K 生产不同的产品 X 和 Y。生产者 A 用生产要素 L 和 K 的不同组合所生产的同一产量用等产量线 X_1 表示。根据同样道理,生产者 A 增加生产要素 L 和 K 所能达到的其他产量,用等产量曲线 X_2,X_3,…来表示,$X_3 > X_2 > X_1$。相应地,生产者 B 的一族等产量线用 Y_1、Y_2、Y_3 表示,$Y_1 < Y_2 < Y_3$。

把生产者 B 的等产量曲线图绕原点按顺时针方向旋转 180°并使它与生产者 A 的等产量曲线图相吻合,便得到另一种类型的埃奇沃思盒状图,如图 10-3 所示。

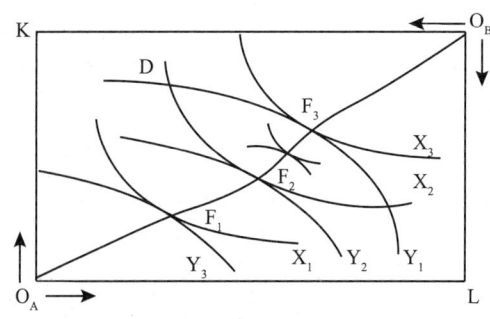

图 10-3 生产契约曲线

假定目前生产者 A 用 D 点表示的生产要素组合生产等产量曲线 X_2 表示的产量，生产者 B 同样用 D 点表示的生产要素组合生产等产量曲线 Y_1 表示的产量。这时，虽然既定全部要素 L 和 K 被全部利用，但生产者 A 和 B 的产量并没有达到最大化，没有做到最有效率的生产。如果生产者改变其生产要素的组合，将生产要素的分配从 D 点移至 F_2 点、F_3 点或它们之间的任何一点，都可能会提高总产量水平。如果使 D 点沿 X_2 移向点 F_2 时，X 的产量和 D 点的产量相同，都是 X_2，但是 Y 的产量已经从 Y_1 提高到 Y_2；如果使 D 点沿 Y_1 线移向点 F_3，Y 的产量和 D 点的相同，都是 Y_1，而 X 的产量已经从 X_2 移至 X_3；如果 D 点既不沿着 Y_1 也不沿着 X_2 移动，而是在 X_2 与 Y_1 这两条等产量曲线相交的两个交点所围成的梭形区域内的任何一点，A 和 B 两人的产量都增加了。当生产者 A 和 B 的要素组合到达等产量线的切点时，他们得到了最大产量。

由于生产者 A 和 B 利用生产要素可以生产出不同的产量，假如产量可以无限细分，他们都有无数条等产量曲线。因此，在盒状图中，他们的等产量曲线必定相切。在图中，生产者 A 的等产量曲线 X_1、X_2、X_3 分别与生产者 B 的等产量曲线 Y_1、Y_2、Y_3 相切于 F_1、F_2、F_3。把切点连接起来的曲线叫作生产契约曲线。在等产量线的切点上，两种要素用于生产商品 X 的技术替代率等于用于生产商品 Y 的技术替代率。因此，生产的最优条件是：生产要素的边际技术替代率必须对生产者双方都相等。用公式表示：

$$MRTS_{LK}^X = MRTS_{LK}^Y$$

生产契约线是等产量曲线切点的集合。离开生产契约线的移动意味着不是使其中一种产量减少，就是两种产量都减少。沿着生产契约曲线的移动意味着一种产量增加，而另一种产量减少。

生产契约线是生产要素配置的最优曲线，生产契约线上的任一点都是最有效率地被生产出来的两种商品 X 和 Y 的不同数量的组合。因此，把图中的不同的切点所代表的两种商品的不同数量组合 $F_1(X_1, Y_3)$、$F_2(X_2, Y_2)$、$F_3(X_3, Y_1)$ 描述在以横轴代表商品 X、纵轴代表商品 Y 的坐标平面中，就可得到一条生产可能性曲线或称产品转换曲线，它表示用既定数量的生产要素所能生产的商品 X 和 Y 的最大数量组合。在生产可能性曲线以内的 D′点表示社会最初的资源配置所生产出来的商品 X 和 Y 的组合，在 D′点，增加两种商品的产量是可能的，因而 D′点是资源配置无效率点。在生产可能线以外的点表示即使充分利用现有生产要素也不可能生产的两种商品的数量组合，如图 10 - 4 所示。

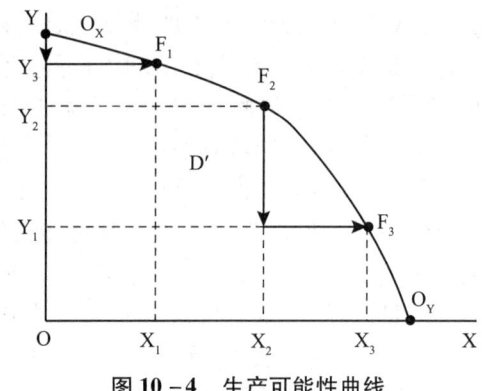

图 10-4 生产可能性曲线

生产可能性曲线具有以下特点：

第一，生产可能性曲线的斜率为负。因为在社会资源总量固定的情况下，要增加一种商品 X 的产量，必须把更多的资源从商品 Y 的生产转换到商品 X 的生产上，商品 Y 的产量必须相应减少。生产可能性曲线的斜率称为边际转换率（MRPT），即为增加 1 单位产品 X 必须放弃的另一种产品 Y 的数量。如同 MRS_{XY} 是无差异曲线斜率的负值一样，$MRPT_{XY}$ 是生产可能性曲线斜率的负值。

$$MRPT_{XY} = -dY/dX$$

第二，生产可能性曲线凹向原点，即曲线自上而下变得越来越陡峭。当我们沿着生产可能性曲线增加 X 的产量时，$MRPT_{XY}$ 是递增的。这是因为，两种生产要素的总量是固定的，而且两种产品的生产是以不同的比例和强度来使用劳动和资本数量的。假定 X 产品的生产是劳动密集型的，Y 产品的生产是资本密集型的。也就是说，X 生产中的劳动—资本投入比例大于 Y 生产中的劳动—资本之比。当把一部分劳动与资本从 Y 产品的生产中调动到 X 产品的生产上时，将会引起劳动和资本的边际生产力的变化，导致边际报酬递减规律发生作用。

让我们从生产可能性曲线上的 O_X 点开始，用全部的资本只生产 Y 产品。现在，我们将一部分劳动和资本从 Y 产品的生产中调动出来，投入 X 产品的生产，沿着生产可能性曲线向 F_1 点移动，X 的边际产量将高于 Y 的边际产量，而增加一单位 X 的产量所必须放弃的 Y 产品的数量很小（MRPT 小于 1）。但是，当我们沿生产可能性曲线继续增加 X 的产量并减少 Y 的产量而移向 F_3 点时，必须不断从 Y 产品的生产中转移生产要素，X 的边际生产力递减而 Y 的边际生产力递增，MRPT 将大于 1。这就是说，要不断得到每单位 X 产品是以牺牲越来越多的 Y 产品的数量为代价的。

生产可能性曲线的形状取决于生产技术的性质。如果两种产品的资本与劳动比例始终相同,并且两种产品的生产均具有不变的规模报酬,那么生产契约曲线就是一条对角线,从而生产可能性曲线就是一条直线,边际产品转换率为常数。

第三,边际产品转换率等于两种产品的边际成本之比。在生产可能性边界上,由于多生产一种商品 X 的数量(ΔX),就得付出少生产另一种商品 Y 的数量(ΔY)的代价。ΔY 就是 X 产量增加 ΔX 而增加的机会成本,即 $\Delta Y = MC_X$。同样地,$\Delta X = MC_Y$。因此,生产可能性曲线的斜率度量的是用一种产品来表示的另一种产品的边际成本。当 ΔX 或 ΔY 为无限小时,边际产品转换率可以表示为:

$$\text{MRPT} = -\frac{dY}{dX} = \frac{MC_X}{MC_Y}$$

3. 生产和交换的一般均衡

将生产可能性曲线与表示产品在消费者之间分配的埃奇沃思盒状图合在一起,就可以分析生产与交换的共同均衡,也就是整个经济的一般均衡。

如图 10-5 所示,假定最初的生产均衡已经确定在生产可能性曲线上的 O′ 点生产 X_0 和 Y_0 的产量组合。这时对消费者而言,他们必须在这一既定的产品数量限制下分配这两种产品。矩形 $OY_0O'X_0$ 就是 A 和 B 进行产品分配和交换的埃奇沃思盒状图。其中,原点 O 为 A 的分配原点,O′ 为 B 的分配原点,U_A 和 V_B 分别为 A 和 B 的无差异曲线。

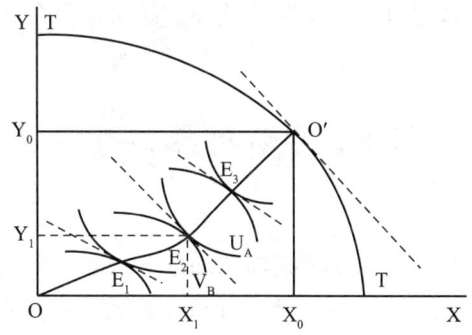

图 10-5 生产与交换的一般均衡

交换和生产的最优条件是:两种商品的产品转换率等于商品的替代率,也就是产品转换曲线的斜率等于无差异曲线的斜率。在图 10-5

中，通过产品转换曲线上 O′ 点的切线，平行于通过无差异曲线 U_A 和 V_B 的切点 E_2 的切线。这就是说，O′ 点的产品转换率等于 E_2 点的商品替代率。O′ 点所表示的产量 X_0 和 Y_0 在两个消费者之间按照 E_2 点所表示的比例分配：消费者 A 的两种商品数量为 (X_1, Y_1)；消费者 B 的两种商品数量为 $(X_0 - X_1, Y_0 - Y_1)$。

生产和交换的一般均衡条件，用公式表示：

$$MRS_{XY} = MRPT_{XY}$$

为什么 $MRS_{XY} = MRPT_{XY}$ 意味着整个社会的消费、交换和生产达到全面均衡？让我们假设在交换达到均衡时，A、B 两个拥有的 X 和 Y 的各一定数量的边际替代率 MRS_{XY} 为 $1X:1Y$，即 A 和 B 两人最后一单位 X 的效用等于最后一单位 Y 的效用，再假设 X 和 Y 数量组合的边际产品转换率 $MRPT_{XY}$ 为 $1X:3Y$，这就是说，少生产一单位的 X 可以多生产 3 单位 Y，即 $MRS_{XY} \neq MRPT_{XY}$。此时，若生产 1X 就可相应地多生产 3Y，这表示消费者保持原有效用水平以外还可有多余的 2Y。因此，继续减少 X 的产量而相应增加 Y 的产量，一直到 $MRS_{XY} = MRPT_{XY}$ 为止。既定生产资源总量在两种产品的配置所提供的效用水平才达到极大值。

需要指出，这里所说的 $MRS_{XY} = MRPT_{XY}$ 是仅就图 10-5 上的 O′ 点而言的。除了 O′ 点以外，在产品转换线上还可以找出许多其他的点，与其中任一点也有一个与之相应的 MRPT，也就有一个与该点相应的埃奇沃思盒状图。在新的盒状图中的交换契约线上，同样可以找出一个 MRS 与该点的 MRPT 相等之点。这两者的相等之点也符合一般均衡条件。故符合最优条件的点有很多。至于整个经济社会要选择哪一点，应从所有消费者（这里有两个人）的无差异曲线推导出一条社会无差异曲线，并使之与转换曲线相切来求得全社会的均衡。

10.2 福利经济学

福利经济学是在一定价值判断的基础上提出社会福利目标和判断福利大小的标准，用以评判经济运行和资源配置的优劣。福利经济学具有规范经济学的性质。

福利经济学认为，个人是他自己福利的唯一判断者，所有个人的福利的总和构成社会福利。这种福利，不仅包括人们从物质享受中得到的满足，还包括从精神生活中得到的满足，甚至包括所处社会环境的状况等。但我们这里只考察社会福利中可以直接或间接用货币衡量的部分，即经济福利。

福利经济学按其发展阶段可分为旧福利经济学和新福利经济学。前者是以基数效用学说为理论基础，假设效用大小可以用基数标准进行衡量，个人之间的效用水平可以相加、比较。旧福利经济学有两个基本命题：一是国民收入总量越大，社会经济福利就越大；二是国民收入分配越平等，社会经济福利就越大。

然而，人们之间的效用是无法比较的，根本无法有意义地指出某一件商品给 A 的满足比 B 大。这就是说没有一个标准能衡量人们的效用。大多数公共政策问题都涉及收入分配的变动，人们很难评价大多数公共政策的好坏。在 19 世纪末、20 世纪初，新福利经济学应运而生，其理论基础是序数效用学说。新福利经济学避开收入分配问题，以效率作为福利分析的唯一标准。代表人物是意大利经济学家帕累托。

10.2.1 帕累托标准

根据前面的分析，如果一般均衡存在，经济就会处于某种稳定状态。这种稳定状态是否有效率地配置了有限的资源？这样的经济制度还有没有可能进一步提高社会每一成员的福利？帕累托提出了一个用来比较不同经济制度结果的标准，这就是著名的帕累托效率或经济效率标准。

在产品和投入品的分配方法中，如果改变分配方法已经不可能在不损害任何一个人的前提下使任何一个人的处境变得比以前更好，这就意味着这样一种资源分配状态达到了最优状态，称作帕累托最优。例如，产品在消费者之间的分配已经达到了这样一种状态，即使一个人境况更好的唯一方法是使另一个人境况更坏的这样一种分配。那么，这种状态就是最优的或最有效率。如果改变社会资源的配置可以使每个人的处境都变得比以前更好，或者在其他人的处境没有变坏的前提下使至少一个人的处境变得比以前更好，称为帕累托改进。

帕累托最优意味着社会经济福利达到了最优化。达到帕累托最优的条件称作帕累托最优条件，简称帕累托条件。显而易见，对于一个具有帕累托效率的经济来说，它必须满足交换的帕累托最优、生产的帕累托最优、生产与交换的帕累托最优条件：

（1）交换的帕累托最优条件。给定的商品供给总量的分配必须位于交换契约曲线上。消费效率的必要条件就是：任何两种商品的边际替代率对每个消费者都相等。

（2）生产的帕累托最优条件。所有投入要素组合必须位于生产契约曲线上。生产效率条件是：每一个生产者生产两种产品所使用的两种投入要素之间的边际技术替代率必须相等。

（3）生产与交换的帕累托最优条件。经济在生产可能性曲线上的某一点上所生产的产品组合必须反映消费者的偏好。产品组合效率条件是：任何两种产品之间的边际转换率必须等于每个消费者的边际替代率。

10.2.2 完全竞争市场与帕累托效率

至此，我们已经得到了帕累托效率的三个条件，任何一种导致帕累托效率的资源配置方式都必须满足这三个条件。西方学者认为，在完全竞争的市场机制下所形成的均衡状态，将是帕累托最优状态。现在我们详细讨论竞争市场均衡是否自动满足经济效率的三个条件。

首先它满足交换的帕累托最优条件，即任何两种商品的边际替代率对各个消费者都相等。前面分析证明，如果所有的交易者都是市场价格的接受者，所有的个人都会面临相同的价格，消费者为了多获得一单位某种商品所愿意减少的另一种商品的消费量，都要比较它们的代价，也即它的价格。为了实现效用最大化，每个消费者都会遵循两种商品的边际替代率等于两种商品的价格比率的原则。由于两种商品价格和价格比率对所有消费者都相同，所以两种商品的边际替代率对所有消费者也都相同。即：

$$MRS_{XY}^A = MRS_{XY}^B = P_X/P_Y$$

我们可用埃奇沃思盒状图来说明交换的均衡过程和条件。假设有一个第三方愿意充当交易者 A 和 B 的"拍卖商"，他为商品 X 和 Y 各选定了价格，并把所定价格告诉了交易者 A 和 B。每个交易者估算，按这样的价格（P_{X1}，P_{X2}）持有其商品组合是否合算，从而决定按这样的价格应该买进或卖出多少两种商品。

现在假定 A、B 两个消费者分别消费 X 和 Y 产品的数量为 A（X_{A1}、Y_{A1}）和 B（X_{B1}，Y_{B1}），我们还假定 MN 线为 A、B 最初共同的预算线，由该预算线 MN 上的斜率的负值，可以给出初始的价格比率 P_{X1}/P_{Y1}，如图 10 - 6 所示。如果预算线 MN 与消费者 A 的无差异曲线 U_0 相切于 F 点，与 B 消费者的无差异曲线 V_0 相切于 C 点，F 和 C 点不重合。A 消费者应以 Y 交换 X 从 D 点向 F 点移动，在 F 点 A 的边际替代率等于价格比率，使其效用极大化。同样，为了使效用最大化，消费者 B 应该以 X 交换 Y，从 D 点向 C 点移动。此时，两个消费者的边际替代率是相等的，但这个价格比率没有使供求双方达到均衡。因为按照这个价格比率，消费者 A 愿意购买的商品 X 的数量大于消费者 B 愿意出售的数量，消费者 A 愿意出售的商品 Y 的数量大于消费者 B 愿意购买的数量。这就是说，商品 X 的价格相对商品 Y 来说过于便宜，使它的需求量大于供给量。

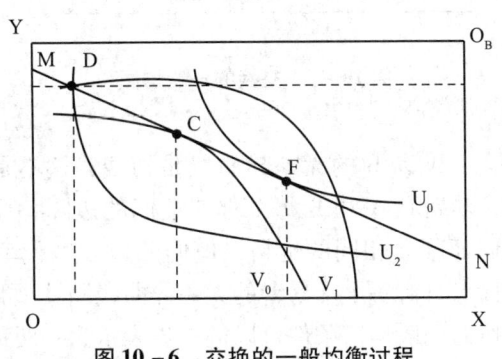

图 10-6 交换的一般均衡过程

消费者 A 为了买到他愿意购买的商品 X 的数量，他宁愿对商品 X 支付更高的价格，或者，为了卖出他愿意出售的 Y 的数量，他宁愿对 Y 要求更低的价格。这样，价格比率将上升，预算线就会更加陡峭地倾斜，从而引起围绕 D 点旋转的预算线和无差异曲线切点的移动，即引起两个消费者各自的消费均衡点的移动。将他们各自的均衡点连接起来，就可以分别得到 A 的价格—消费曲线 PC_A 和 B 的价格—消费曲线 PC_B。如图 10-7 所示。由于价格—消费曲线是效用最大化点的轨迹，因此，当 PC_A 与 PC_B 相交于 E 点时，A、B 双方都达到最大的效用，价格比率由通过 D 点和 E 点的预算线的斜率的负数给定。这时，消费者 A 的无差异曲线 U^* 与预算线 DE 的切点，同消费者 B 的无差异曲线 V^* 与预算线 DE 的切点相重合。按照这个新的价格比率 P_X^*/P_Y^*，A 希望购买的 X 的数量同 B 希望出售的数量相等，消费者 A 希望出售的商品 Y 的数量与消费者 B 希望购买的数量相等。因而这个价格比率就是 A、B 双方交换的一般均衡价格比率。A 和 B 的均衡效用水平分别是 U^* 和 V^*，消费者 A 以 $(Y_{A1} - Y_{A2})$ 单位的 Y 与消费者 B 交换 $(X_{B1} - X_{B2})$ 单位的 X。

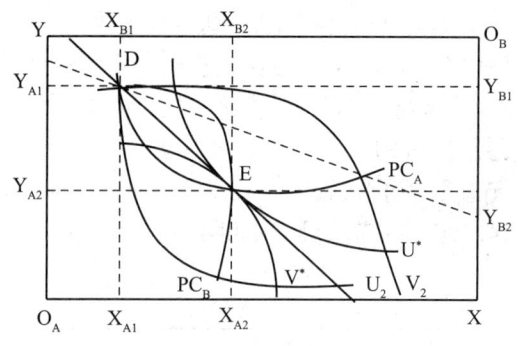

图 10-7 交换的一般均衡

注意在 E 点，A 和 B 的无差异曲线是切线，这不是偶然的。作为效用最大者，消费者 A 和 B 每个都使他们的边际替代率等于价格比率，因为他们面临着相同的价格，他们的边际替代率必须是相等的。图中的均衡点具有每个交易者的无差异曲线同其预算线相切的特征。所以，交换的一般均衡条件可以进一步表示为：两种商品之间的边际替代率都必须等于这两种商品的价格比率，即：

$$MRS_{XY}^A = MRS_{XY}^B = P_X/P_Y$$

其次它满足生产的帕累托最优条件，即任何两种生产要素的边际技术替代率，对于任何两个生产者都必须相等。如果生产要素市场和产品市场是完全竞争的，厂商无论是在要素市场还是产品市场都是价格的接受者，任何部门在生产某种产品上所使用的两种投入要素的价格完全相同，也就是说，所有厂商都面临着相同价格的劳动（w）和资本（r）。追求利润最大化的厂商，要使生产产品 X 和 Y 的成本最小，必须使它的边际技术替代率等于劳动和资本价格的比率，即：

$$MRTS_{LK}^X = MP_L/MP_K = w/r$$
$$MRTS_{LK}^Y = MP_L/MP_K = w/r$$

从而：
$$MRTS_{LK}^X = w/r = MRTS_{LK}^Y$$

最后产品组合效率条件，即任何两种商品的边际技术替代率，必须等于这两种商品对任何生产者的边际产品转换率。一个追求利润最大化的竞争厂商一定会把生产推进到使商品的价格等于商品的边际成本的那一点为止。即：

$$P_X = MC_X, \quad P_Y = MC_Y$$

由于边际转换率可以表示为两种产品边际成本的比例：

$$MRPT_{XY} = MC_X/MC_Y = P_X/P_Y$$

由于每个消费者的最优选择必定符合两种商品的边际替代率等于它们

的价格比率 MRS = P_X/P_Y，所以，商品转换率就必定等于商品替代率。即：

$$MRS_{XY}^A = MRS_{XY}^B = MRPT_{XY} = P_X/P_Y$$

1. 福利经济学第一定理

在完全竞争条件下，如果经济满足以下条件：（1）消费者偏好具备完备性、反身性、传递性和非饱和性，边际替代率递减规律成立；（2）边际技术替代率递减规律成立，规模报酬不变；（3）生产和消费不存在外部性。那么每一个完全竞争的一般均衡都是帕累托有效配置。这就是福利经济学第一定理。

福利经济学第一定理的一个重要含义是，全部由价格接受者组成的经济体系——完全竞争经济体系——能够自动地有效配置有限的稀缺资源，在这样一个完全分散的市场竞争环境中，不需要任何的集中计划指导，它是由每个分散的个人观察价格并单个地做出使自己福利最大化的抉择过程中产生的结果。需要获得效率的协调是由价格来完成，它提供各类商品相对稀缺的信号。因为相对价格为人们传递了有效地配置资源所需要的全部信息，每个消费者做出消费决策时只需要掌握一个信息，即他想消费的商品价格。在竞争市场中消费者不必知道商品是如何生产，属何人所有，从何而来之类的情况。每个消费者只要知道商品价格，就可决定他的需求。如果市场运行良好足以确定竞争价格，我们就能确保有效率的配置结果。竞争市场能大大减少每个人所需掌握的信息量这一事实，有力地证明它不失为一种配置资源的好方法。

福利经济学第一定理赋予了亚当·斯密的"看不见的手"这一古老观点以明确的理论内容。这就是，个人在完全竞争经济中只是追求个人利益最大化，而均衡的结果却达到了社会经济的最高效率。这"看不见的手"就是市场均衡价格。

需要指出，福利经济学第一定理并没有论及经济利益的分配问题。在竞争均衡状态中，某些人可能拥有一切——如果 A 开始时拥有一切，则交易后他仍拥有一切。因此竞争可能导致一个有效的经济结果，但同时伴随着非常不"公平"的资源分配。这一点我们稍后进行讨论。这里只表明，有效率总比缺乏效率更好。

2. 福利经济学第二定理

福利经济学第一定理指出完全竞争均衡是帕累托最优的。它的逆定理是否成立呢？假定初始分配是帕累托最优配置，那么我们能否找到这组使市场均衡的价格吗？答案由福利经济学第二定理提供：如果所有消费者的无差异曲线都是凸性的，每一个帕累托有效配置均能达到竞争均衡，即总会获得一组作为一般竞争均衡配置的价格。

图 10-8 证明了这一论点。图中两条无差异曲线均呈凸状，这两条曲线在 e 点上相切，该点代表着某一帕累托有效配置。让我们过 e 点作一条它们共同切线的直线。如果这条直线代表两个交易者的共同预算线，这条直线的斜率等于两种商品的相对价格，按这一价格条件，两个消费者的需求与供给均相等，达到完全竞争均衡。这就是说，如果初始分配点是帕累托有效配置的，在凸性偏好条件下，所有的帕累托有效配置都可以通过某些竞争价格来实现。

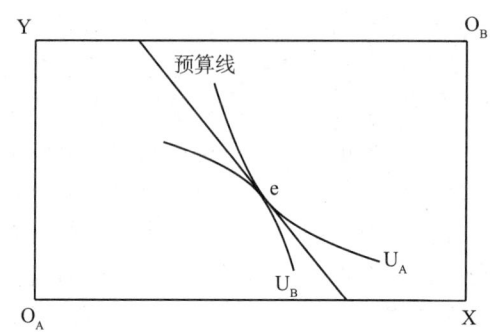

图 10-8 帕累托效率与竞争均衡

福利经济学第二定理的意义在于：分配与效率问题可分开来考虑。任何帕累托有效配置都能得到市场机制的支持。市场机制在分配上是中性的，不管商品或财富公平分配标准如何，都可利用竞争市场来获得这种市场机制。价格在这种市场体制中起着两种作用。一是配置作用，即表明商品的相对稀缺性，二是分配作用，即确定不同的交易者购买各种商品的数量。福利经济学第二定理认为这两种作用可以区别开来，即如果政府认为现有的收入分配不公平，政府可以对最初的财富进行重新分配以确定各人拥有多少财富，然后，再利用价格来表明商品的相对稀缺性，不需要政府干涉市场价格，而且对市场价格进行的任何干预事实上都将会导致经济低效率。如同我们在前面几章所分析的价格管制与征收数量税——改变商品的相对价格——导致的低效率结果一样。

10.3 效率与公平

我们前面所讨论的是评估资源配置的帕累托效率，并没有涉及人们之间的收入分配问题，即没有比较和衡量个人获得效用的数量，因而它所表达的是在既定收入分配状况下，实现生产资源有效配置所需具备的三个边际等值条件。这种配置的结果也可能不符合某种社会价值标准。因此，一个社会的经济福利不仅依赖于其产品总量，也依赖于这一总量在个人之间的分配状态。检验社会经济福利的标准包括两个方面，即生产资源配置的效率标准和收入分配的公平标准。

10.3.1 最大效用可能性边界与社会福利函数

我们在上一节指出，生产可能性曲线上的每一点，都会有一个最佳的产品分配点，这一点可使两个消费者同时达到最大效用，只要这些点在契约曲线上满足公式 MRS = MRPT。显然，MRS = MRPT 之点有无数个，每一个都符合帕累托效率必要条件，故帕累托最优状态不是一个而是无数个。例如图 10-5 中的 O′ 点，所代表的两种产品的某种产出水平决定了一个交换的埃奇沃思方框图，就可以得到一条交换契约曲线 $U_A O'$，并在契约曲线上找到两种产品的边际替代率等于边际转换率之点 E_2（也许还有其他点满足这一条件），从而我们可以转换成一条效用可能性曲线 UU_0，并在效用可能性曲线上找到某一点 a 与 E_2 相对应。如图 10-9 所示。

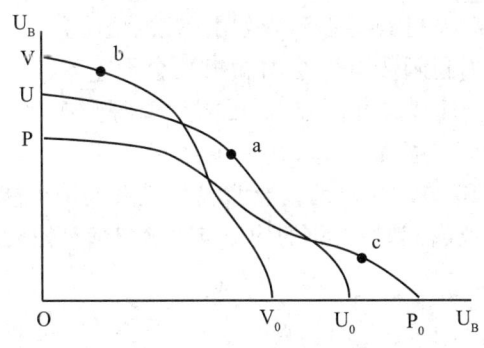

图 10-9 最大效用可能性边界

我们在生产可能性曲线上选择任意其他点，与埃奇沃思方框图画在一起，得到另外一条契约曲线，并找到另外的帕累托产品组合效率点，相应地，在图 10-9 中可以画出效用可能性曲线 VV_0，并且在该效用可能性曲线上得到一个效用最大化点 b。同样，我们还可以得到其他的契约曲线及许多效用可能性曲线，且每条效用可能性曲线上都会有一相应的最大效用组合点。把这些点连接起来，就可以得到最大效用可能性边界。

在图 10-9 中,最大效用可能性边界是由无数的效用可能性曲线之最外部的部分构成的一条弯曲的线段。如果存在无限的效用可能性曲线,最大效用可能性边界就是这些曲线的包络线。最大效用可能性边界表示社会在既定的资源、技术和个人偏好次序的条件下,A 和 B 两人所有可能的符合帕累托效率的效用组合。

帕累托效率本身是一个理想的目标,即社会的任何一个成员境况变得更好而又不损害其他人的利益。但是,每个帕累托效率结果并不都是那么明显地称心如意。在 A 和 B 两人之间代表着非常不同的实际收入分布,例如,在帕累托效率点 V,A 没有商品或收入,其效用为零,而 P_0 点则完全相反。社会在哪一点选择上能够实现社会福利最大呢?答案取决于人与人之间的效用比较,即能否排列出个别消费者的偏好,并加总得到某种"社会偏好"。

为了解决这一问题,通常需要借助社会福利函数来讨论。如果个人的福利依赖于他消费的商品数量,社会福利是社会每个人效用的函数。即:

$$W = W(U^1, U^2, \cdots, U^n)$$

式中 W 表示社会福利,U^1 表示第一个人的效用水平,U^n 表示第 n 个人的效用水平。假定每个消费者的效用函数既定,并且在不降低其他消费者效用水平的条件下,增加一个消费者的效用会导致社会福利增加,即社会福利函数是个人效用函数的增函数。

根据社会福利函数可以绘出一组社会无差异曲线 W_1、W_2、W_3 等。社会无差异曲线又称社会福利曲线。离原点越远的社会福利线代表的社会福利水平越高。如图 10-10 所示。

在图 10-10 中,社会无差异曲线与最大效用可能性曲线 UU 的切点 c,就是社会福利最大化的均衡点。该点满足帕累托效率的。根

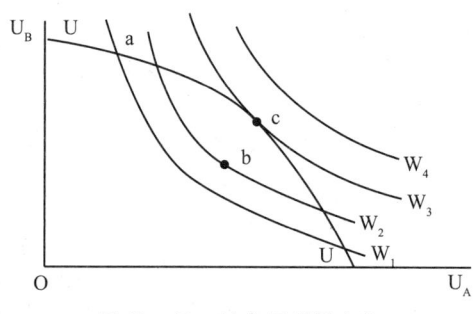

图 10-10 社会福利最大化

据帕累托效率和市场均衡之间的内在关系——福利经济学第一定理和第二定理，我们可以得到如下结论：所有的福利最大化都是竞争均衡，且所有的竞争均衡都是某一社会福利函数的福利最大化。

10.3.2 阿罗不可能性定理

在讨论个人偏好加总得到"社会偏好"——社会福利函数时，我们是基于个人偏好具有良好性状而分析最优化行为的。正是基于个人偏好这些良好的性状，我们才可以对个人的偏好顺序进行排序，通过这种排序而了解对于任意多组商品组合，消费者可以确定它们是无差别的，还是一种组合优于另一种组合。没有这些前提条件，我们就无法建立消费者的无差异曲线。

阿罗认为，在面临三种或三种以上选择方案的情况时，各种各样的社会成员的个人选择要符合单一的社会选择，就必须满足一定的条件：

（1）完全序列化。一切可能的社会选择方案都能用偏好排定其次序，并且排列次序具有传递性。在分配方案 A、B 和 C 中，对 A 的偏好大于 B，对 B 的偏好大于 C，那么对 A 的偏好就大于 C。

（2）不相关选择的独立性。任意两个备选方案之间的社会选择必定仅仅取决于人们对这两个备选方案的排序，而与其他备选方案的排序无关。假定当三种选择 A、B 和 C 都可利用时，社会的优先选择顺序是从 A 到 B 到 C，如果 C 不再可以利用，社会必定不可能因而优先选择 B 而不选择 A。

（3）非强加性。如果每个人偏好选择 A 超过选择 B，社会偏好就应当把 A 排在 B 的前面。

（4）非独裁性。社会偏好不应以一个人或少数人的偏好来决定，即如果只有一个人对 B 的偏好胜于 A，社会必须宁愿选择 A 而不选择 B。如果社会偏好服从某个人的偏好，则这条公理就违背了。

（5）对个人偏好的敏感性。假定从社会偏好角度讲，A 比 B 可取。如果某一个人或几个人的偏好发生了变化，把 A 提高到更高的等级，并且没有任何人在等级上降低 A，则从社会角度看，A 比 B 更可取。如果某一个人反对这种意义上的社会差别，增加某种选择时，这个公理就违背了。

如果上面这五个条件都能满足，个人偏好的排列就能代表社会偏好的排列。事实上，建立满足所有五个条件的社会偏好是不可能的。因此，企图在任何情况下从个人偏好次序达到合乎理性的社会偏好次序是不可能的，这就是阿罗不可能性定理。以传递性而言，只要所选择的商品组合超出三组以上，我们无法在对个人偏好加总的基础上建立一个具有传递性的社会偏好，因为个人的偏好是不同的。如果排除个人之间效用的比较，那么在从个人偏好过渡到社会偏好时，即使社会偏好得到满足而用能代表广泛的个人偏好排列的方法，唯有强制或独裁。

阿罗不可能性定理证明，当个人偏好不一致时，由此基础上所建立的社会偏好不可能和社会所有成员的偏好一致。满足所有人偏好的社会福利函数是不存在的。

10.3.3　效率与公平

每一个追求社会福利最大化的经济学家对社会福利函数的见解存在着极大的分歧。因为他们对公平的理解不同。

平均主义者认为，只有将所有的社会产品在社会成员之间平均分配，才最有利于全社会的利益。其社会福利函数为：

$$W = W(U^1(X_1), U^2(X_2), \cdots, U^n(X_n))$$

其中，X_i 是第 i 个人获得的商品束，且 $X_1 = X_2 = \cdots = X_n$。平均主义的福利函数最强调平等。在极端的情况下，强调社会产品绝对平均分配将导致绝对的平均主义。

功利主义者[①]的社会福利函数是个人效用函数的加权数函数：

$$W = \sum_{i=1}^{n} a_i U^i$$

其中，$a_1, a_2, \cdots, a_n$ 表示每一个社会成员的效用在整个社会福利中重要性的权数。按照功利主义福利函数，不管社会成员中谁的效用提高了，只要加总的社会成员效用总量提高了，就说明社会福利增进了。功利主义倾向于要求社会境况最好和最糟的人之间有所不同。显然，功利主义的效用函数把效率放在了较重要的位置上。当然，如果给每个人的效用以相同的权数，加总后的社会总效用水平也是最大化的。

当代伦理哲学家罗尔斯认为，社会福利最大化标准应该是使境况最糟的人的效用最大化，因为境况最糟的人的效用最小。罗尔斯社会福利函数又被称为最大最小函数：

$$W = \max \min \{U^1, U^2, \cdots, U^n\}$$

---

① 奠基者为功利主义哲学家杰里米·边沁（Jeremy Bentham，1748 – 1832）。

按照罗尔斯福利函数，即使加总的社会成员效用总量提高了，但是如果其中有一个原来境况最糟的成员在社会成员效用总量提高后境况变得更糟了，则说明社会福利下降了。与平均主义福利函数不同的是，罗尔斯福利函数并不要求社会产品在各个成员间的平均分配，实际收入的平均分配可能会消除使最有生产力的人努力工作的积极性。为了不影响效率，允许社会成员在产品上的差别。对生产力较高的人给予更高的奖励，使其生产出更多的商品和服务，其中的一些可通过再分配使社会最穷的成员的境况变好。

在资源配置与收入分配上，平等与效率是一个两难的选择。如果只强调效率而忽视平等将会影响社会安定。如果只强调平等而忽视效率，就会限制经济的增长，导致普遍的贫穷。如果一种配置既是平等的，又是有效率的，我们把它称为公平的配置。社会最好能够选择一种兼顾公平与效率的分配，符合这种公平分配标准的一种分配方式是无妒忌分配。所谓无妒忌分配是指分配的最终结果使得社会没有一个人会觉得对别人所拥有的产品的偏好胜过对自己所拥有的产品的偏好。如果某人 A 觉得对别人 B 所拥有的产品的偏好胜过对自己所拥有的产品的偏好，表明 A 妒忌 B。

本 章 小 结

1. 帕累托效率是指这样一种状态，如果改变产品的分配方法已经不可能在不损害一个人的前提下使另一个人的境况变得比以前更好，或者说，产品在消费者之间的分配已经达到了这样一种状态，即要使一个人境况更好的唯一方法是使另一个人境况更坏的这样一种分配。

2. 要使一种配置是帕累托效率的，每个消费者在任何两种商品之间的边际替代率必须相等，每个生产者在任何两种投入之间必须有相同的边际技术替代率，并且在消费中的边际替代率必须等于在生产中的边际转换率。

3. 福利经济学第一定理指出，竞争是有效率的，在完全竞争条件下所形成的竞争均衡为帕累托有效配置。福利经济学第二定理指出，如果所有个人的偏好都是凸性的，则每一帕累托效率结果都必定是一般竞争均衡。

4. 在资源配置与收入分配上，平等与效率是一个两难的选择。经济学家通常利用不同的社会福利函数来表示其对产品或实际收入分配的某种价值判断。

5. 阿罗的不可能性定理表明不存在一种把个人偏好加总为社会

偏好的理想方法。

关 键 概 念

局部均衡　　　　　一般均衡　　　　　交换契约曲线
效用可能性曲线　　生产契约曲线　　　生产可能性曲线
边际产品转换率　　福利经济学　　　　帕累托最优
帕累托改进　　　　福利经济学第一定理　福利经济学第二定理
阿罗不可能性定理

复习思考题

1. 为什么完全竞争可以实现帕累托效率的三个必要条件？

2. 如果某消费者的 X 对 Y 产品的边际替代率为 -2，而这两种商品的边际转换率为 -1。如果他要增加效用，应该如何选择？

3. 是否存在这样一种帕累托效率状态：

（1）在该状态下，有些人的境况比其在非帕累托效率分配时的境况更糟；

（2）在该状态下，每个人的境况比其在非帕累托效率分配时的境况更糟。

第 11 章 市场失灵与公共决策

> **本章要点**
>
> ◇ 掌握信息不对称;
> ◇ 区分逆向选择与道德风险;
> ◇ 理解外部性与效率;
> ◇ 掌握纠正外部性的办法;
> ◇ 理解公共产品与效率。

前面几章所讨论的是,在一系列假定条件下,竞争市场均衡能够达到资源有效配置。但是,在现实经济中,这些假定是不存在的,因此,由市场决定的资源配置不可能是有效率的。市场机制不能发挥有效配置资源的作用,我们称为市场失灵。导致市场失灵的原因主要有这样几种:信息不对称、外部性、公共产品及垄断。垄断在前面的章节中已经讨论过,本章将主要讨论信息不对称、外部性、公共产品问题,并阐述政府在经济活动中的角色、作用与限制。

11.1 信息不对称

信息不对称

11.1.1 信息不对称

完全竞争模型假定消费者和厂商对于市场销售的商品的具有完全

的信息。例如，厂商应当具有的信息包括：他们知道最合适的生产技术、雇员的生产率；每一种可能的投入要素的价格以及所有投入品的特征、产品的市场价格及消费者对产品需求的信息；不仅知道现在的价格，而且也知道将来在每种可能条件下的价格等。消费者需要具有的信息包括：市场上所有产品的价格和质量，产品的性能和用途；他们不仅知道自己的偏好，而且还知道怎样达到效用最大化等。这些条件对于完全竞争市场是不可缺少的。

然而，在现实经济中，厂商并无法准确预测市场上各种产品需求和要素供给变动的情况，消费者也无法了解所有商品市场上待售商品的质量和价格情况；求职者并不知道所有空缺职位的信息，而雇主也无法了解每一位雇员的才能和潜力。因此，决策者所面对的信息都是不完全的。

信息的不完全往往表现为信息不对称。信息不对称就是指市场上买方与卖方所掌握的信息是不对称的，其中的一方比另一方掌握更多的信息。在一些市场上，卖方所掌握的信息多于买方。例如，产品的卖者对自己的产品的质量和性能比消费者知道得多；雇员们对他们自己的技术和能力的了解也大大超过他们的雇主。有些市场买方所掌握的信息多于卖方。例如，医疗保险的投保人肯定比保险公司更了解自己身体状况和发病的可能性。因此，信息在市场参与者之间的分布是不均匀的，或者说是不对称的。

在交易中，如果一方了解自己的一些特征（如商品的质量、身体的好坏），而另一方不了解，我们把这种信息不对称结构称为隐藏特征；由于交易的一方能采取行为影响对方，而对方不能直接辨别，我们把这种信息不对称结构称为隐藏行为。例如，保险公司不可能每时每刻地监督每个购买车辆保险的人的行为；买了医疗保险的人病已痊愈而迟迟不肯出院，保险公司也无法看见。

这种信息的不对称会给市场的有效运转带来很大的问题。下面将考察信息不对称所导致的逆向选择、道德危险、委托—代理问题等，并探讨解决这些问题的方法。

11.1.2 逆向选择

我们先来看双方信息不对称的旧车市场的例子。

设想这样一种情形：在一个市场上有100个人想卖出他们用过的旧车，在这100辆旧车中，50辆是质量较好的，50辆是质量较差的。恰好有100人想要购买旧车。假定购买者对质量较好的车愿意出

10 000 元的价格购买，对质量较差的车愿意出 5 000 元的价格购买。车辆的出售者对质量较好的车希望能以 8 000 元的价格卖出去，对质量较差的车希望能卖 4 000 元。

如果卖方和买方都知道哪一辆车是质量较好的，哪一种是质量较低的，即他们对于旧车市场的信息是对称的，则市场达到供求相等的有效均衡是没有问题的。旧车市场就会形成两个均衡价格，即质量较好的车将在 8 000 元到 10 000 元之间的某个价格售出；质量较差的车将在 4 000 元到 5 000 元之间的某个价格售出。每种车出售的数量是 50 辆，高质量车和低质量车市场都达到均衡。

但是，实际上买卖双方关于旧车质量的信息是不对称的。旧车的卖方对车的质量比买方要知道得多，车主可以隐瞒实际的行驶里程。买方无法凭观察来判断旧车的质量，而只能猜测旧车的实际价值。因此，一辆旧车的未来买主总是对车的质量充满疑虑。买者只知道在待出售的 100 辆旧车中有一半质量是较好的，另一半质量是较差的。因此每一个旧车购买者买到好车与差车的概率各为 0.5。在这种情况下，买方将只愿意支付车的预期价值：$0.5 \times 10\,000 + 0.5 \times 5\,000 = 7\,500$（元）。也就是说，买主会把所有的车看作是"平均质量"的。

哪一个卖者愿意以 7 500 元的价格出售旧车？毫无疑问，只有那些拥有较差质量旧车的人愿意按 7 500 元的价格出售旧车。由于具有较好质量旧车的出售者愿意接受的价格是 8 000 元，因此在 7 500 元的价格水平上，不会有一辆质量较好的旧车成交。

但是，如果旧车的购买者知道，在 7 500 元的价格水平不会有一个出售者出售质量较好的旧车，他就会不再愿意对它支付 7 500 元。这个市场的均衡价格将位于 4 000 元和 5 000 元之间的某个地方。对于这个范围内的价格来说，只有质量较差的车主才出售汽车，从而质量较差的车将充斥整个旧车市场，没有一辆较高质量的车能够完成交易，试图出售质量较好的旧车的人将受到严重损害，因为没有人会相信他。在这里就出现了逆向选择：在买卖双方信息不对称的情况下，不同质量的产品以单一价格出售时，低质量的产品会将高质量的产品逐出市场。

其他市场也存在逆向选择，最典型的人寿保险市场。保险的买卖双方所掌握的信息是不对称的。每一个希望购买医疗保险的人最了解自己的健康状况，而保险公司并不了解每个投保人的健康状况，只知道他们的平均健康状况，保险公司只能根据每个人的平均健康状况或者说平均的患病率收取保险费。在保险公司按照平均健康状况收取保险费的情况下，谁会购买保险？当然是那些身体不太健康的人。对那些身体健康的人来说，保费太高，他不会去购买保险。为了减少保险公司的支出而增加保险公司的收入，保险公司将提高保险费，按照这些不太健康人的平均健康状况收取保险费。保险费上涨后，只有那些患病率较高的人仍然愿意购买保险，这将导致保险公司进一步提高保险费，这又赶走了一批较健康的人，最终只有那些患有严重疾病或绝症的人才购买保险，而他们正是保险公司所最不想要的顾客。这样保险公司对买主进行逆向选择。其结果是，提高价格来进行逆向选择将赶走健康状况好的顾客。

因此，如果交易双方的信息是不对称的，当信息多的一方进行自我选择往往会损害信息少的一方时，信息少的一方就会进行逆向选择。

11.1.3　发送信号

信息不对称问题在许多领域都存在，但是并不一定都导致逆向选择问题，通过某些有效的制度安排或有效措施的实施可以消除因非对称信息而产生的逆选择问题。如果市场上信息多的一方通过某种方式将信号传递给信息少的一方，即向市场发送信号①，就可以消除因信息不对称而产生的逆向选择问题。

以我们上述的旧车市场为例，劣品充斥市场是因为购买者并不确知旧车的质量，因而只愿出较低的价格购买旧车，从而导致卖者只愿拿劣品出售。如果出售者能够向购买者发送某些有关产品质量的信号，使购买者能够确知其旧车的质量，则不会产生旧车市场的逆向选择问题。例如向旧车购买者提供有关旧车的质量证明书，一旦买者在某一期间使用的旧车出现问题，卖者将负责赔偿或保修，这种措施将有助于消除旧车市场的逆向选择问题。

市场上信息多的一方向信息少的一方发送信号并不仅仅限于旧车市场，在其他具有隐藏特征的市场上也存在。像电视机、空调、小轿车和冰箱这样的耐用品市场上，有许多厂商在进行生产，品牌众多。如果消费者不知道哪些品牌更为可靠，较好的品牌就不可能以较高的价格出售。因此，生产质量较高、较可靠的产品的厂商就会愿意让消费者意识到这一点，通过提供质量保证书的方法来使消费者明白他们出售的产品是可靠的。保证书里一般都保证产品在相当长一段时间内的修理服务由生产者来提供，有些产品甚至可以调换。出于自身的利益，低质量产品的生产者就不会提供内容广泛的保证书，因为一项内

---

① 向市场发送信号的概念由迈克尔·斯潘思（Michael Spance）首先建立。

容广泛的保证书对低质量产品的生产者来说要比高质量产品的生产者成本更高，伪劣品与优质品相比在成本上已不再具有任何优势。因此，消费者就能把一项内容广泛的保证书看作是高质量的信号，并为提供保证书的产品支付更高的价格。

一些著名商品的牌号本身也是一种信号，因为名牌是靠长期稳定过硬的质量建立起来的，在消费者心里名牌代表优质，为此他们愿意支付一定的溢价来取得质量的保证。

虽然伪劣品的生产者难以创造出这种信号，但是模仿这些信号的成本却并不高。因此，市场上充斥着大量的、假冒的名牌产品会使真正名牌产品生产者的信号成为一种"负信号"——尽量避免购买这种品牌产品，甚至导致真正优质产品的厂商退出市场。在这种情况下，名牌厂商的一种有效对策是传送"二次信号"以证明自己的产品是真正名牌的信号。这种信号既可以在产品上增加某种很难仿制的防伪标志，也可以是名牌厂商与名牌商店的结合。销售商的名望对消费者来说也是一种信号，消费者相信有名望的商店是不会轻易让伪劣产品上柜台销售的。名牌产品的厂商会努力让自己的产品出现在名牌商店的柜台上，两种优质信号的结合能使消费者放心地购买。当然，名牌商店能将售价定在比一般商店高的水平，这也是消费者愿意支付一定的溢价来取得质量的保证。

假冒、伪劣产品充斥的市场也可以由中间商或经纪人来重建秩序。中间商或经纪人利用自己的专长来鉴别优质产品和劣质产品，他们的信誉可以通过以合理的价格出售商品而建立起来。只要他们能赢得消费者的信赖，由于信息不对称而失灵的市场能够重新运转起来。经纪人得到的报酬称为佣金或介绍费，卖主愿意支付佣金是因为它比优质产品在不对称信息市场上直接出售所遭受的价值损失要小；消费者愿意支付佣金是因为它比消费者直接在不对称信息市场上搜寻优质产品的成本要低。一个具有比较全面信息的中间人的介入使市场运转的效率大大提高了。在某些情况下，这些中间人的角色是由某个机构来承担的，比如，同业商会、政府机构或民间组织可以对某类产品进行等级评定，使之成为传送给消费者的信号。

如果信息不对称所产生的问题很严重，以至于破坏市场的运作时，政府有必要进行干预，或通过法律解决问题。例如，在老年人健康保险或与此相类似的雇员医疗保险领域出现的市场失灵通常需要政府干预，由政府、企业和个人共同出资对个人实行集体保险。由于这种保险对于每一个员工都是强制性的，保险公司要赔付的就是平均风险，集体收费较对单个人低得多，所以就没有逆向选择问题。药品市场因信息不对称而产生的假药充斥市场的问题更需要政府出面干预，或者对假药生产者或出售者绳之以法。

11.1.4 道德风险

信息不对称的另一种情形是隐藏行为，即由于交易的一方采取行为影响另一方，而另一方无从判断或辨别。隐藏行为也被称作道德风险，它是指在协议达成后，信息多的一方通过改变自己的行为，来损害对方的利益。因为在信息不对称的情况下，达成协议的另一方无法准确地核实对方是否按照协议办事。隐藏行为会破坏市场的运作。在严重的情况下，会使得某些服务的私人市场难以建立。

我们仍以保险市场为例说明道德风险问题。在个人没有购买家庭财产保险的情况下，个人会采取多种防范措施，如安装防盗门以防止家庭财产失窃，家庭财产失窃的概率较小，假定家庭财产损失的概率为0.001。但是，在购买了全额保险之后，人们的行为可能会变得不合情理。由于家庭财产失窃后由保险公司负责赔偿，个人有可能不再采取防范性措施，如购买了家庭财产盗窃险的人不愿花钱加固门锁；买了汽车偷盗保险的车主不再愿意安装先进的防盗装置等。所有这些行为都是保险市场上的道德危险。

道德风险对保险公司带来什么不利影响呢？说到底，它们改变了损失发生的概率。例如，假定某保险公司为某一地区的1万户居民提供完全的家庭财产保险。即家庭财产一旦遭受损失，保险公司将给予百分之百的赔偿。假定每个家庭的财产额相同，都是10万元。保险公司按照平均每个家庭以0.001的损失概率作为收取家庭财产保险费的依据，向每户收取100元的保险费，保险公司共收取100万元的保险费。由于家庭财产发生损失的概率平均为0.001，所以这1万个家庭的财产总额中将遭受100万元的损失。对于保险公司而言，收支相抵。但是，一旦每个家庭在购买了财产保险后都出现了道德风险，结果将使保险公司遭受巨大的损失。比如这种隐藏行为使每个家庭财产损失的概率由0.001提高到0.01，那么保险公司要对这1万个家庭支付1 000万元赔偿费，这是保险公司在开办该业务时未曾预料到的，保险公司不得不付出比预计多得多的赔偿费支出。所以，在有道德风险的情况下，保险公司可能被迫提高他们的保险费或者甚至拒绝出售保险。

道德风险是在承保人无法觉察或监督投保人行为的情况下所发生的。解决的办法只能是通过某些制度设计使投保人自己约束自己的行动。例如，在家庭财产保险中，保险公司并不对投保人实行全额保险，而规定某些最低数量的免赔额。一旦投保人的财产发生损失，投保人自己也将负担一部分损失；医疗保险公司根据参加医疗保险的人实际就医情况，经常调整医疗保险费用，以便消除投保人的道德风险。即使由政府统筹解决个人的医疗保险问题，也要让个人承担相应的份额，否则个人的道德风险将会使任何形式的政府医疗保险方案难以维持。

11.1.5　委托—代理问题

当一方当事人即委托人雇用另一方当事人——代理人——代表委托人完成某些任务时，代理人可能不以委托人所请求的方式行为，且委托人不能直接监督代理人的行为。这就是"委托—代理问题"。

委托—代理问题实际上是隐藏行为问题。委托—代理问题有三个重要特征：（1）委托人利益的实现取决于代理人的行为；（2）委托人的目标不同于代理人的目标；（3）有关代理人行为的信息是不对称的。代理人的信息明显要多于委托人的信息，代理人的行为不易直接被委托人观察到。

委托—代理关系在经济生活中广泛存在。企业是一个复杂的实体，至少包括三种类型的成员：工人、管理者和所有者。现代企业理论把企业看作是一种团队生产方式。团队生产是指一种产品是由若干个集体内成员协同生产出来的，而且任何一个成员的行为都将影响其他成员的生产率。但是，企业成员之间的目标存在着差异，企业成员的目标函数实际上是在约束条件下的个人效用最大化。

谁在追求利润最大化？在企业内部，企业的所有者是企业行为的最终责任者，是企业行为的收益的获得者和代价的付出者。企业所有者是委托人，企业的雇员包括经理与工人都是代理人。利润最大化是资本所有者或者说是企业财产所有者的目标。而这一目标需要通过经理与工人等代理人的行为来实现。

但是，代理人有自身的目标。管理者的效用可能取决于他的收入的高低，工作的条件和与工作相关的地位或声誉等。例如，假定管理者的威望同公司的收益或销售额相关，管理者就可能追求企业规模的扩张而不考虑它对成本的影响；工人可能追求工资收入的最大化，或者在工资收入既定的条件下追求闲暇的最大化，因而可能在工作时偷懒、怠工。企业主当然可以对经理与工人的努力程度进行监督，但监督本身是需要成本的。即使企业主可以做到在经理或工人的工作时间监督他们，他仍然不完全知道经理或工人是否以百分之百的努力在工作，因为只有经理或工人本人才知道他自己工作努力的程度。正是由于企业所有者与经理或工人所追求的目标不同，并且他们所掌握的信息不对称，经理或工人可能追求他们自己的目标而以牺牲所有者的利益为代价。这样，委托—代理问题就出现了。

企业出现委托—代理问题后，其后果不仅是企业所有者的利润受损，也使社会资源配置的效率受损，因为在不发生委托—代理问题的情况下，社会将生产出较高的产量。当代美国经济学家莱宾斯坦所提出的"X—非效率"就是指厂商在给定资源下所生产的实际产量低于它能够达到的最大产量。产生 X—非效率的重要原因之一就是厂商内部各微观经济行为主体并没有按照利润最大化的目标行事。

解决委托—代理问题的关键是激励。委托人需要确定某种适当的激励促使代理人采取某种适当的行为，企业所有者在支付给生产要素的报酬上作出某些改进。我们分别就经理与工人两种类型的生产要素讨论委托人如何设计一种有激励意义的合约来解决委托—代理问题。

一种可供选择的方法是将管理者和所有者的利益协调起来。在一般情况下，管理者对他们的收入感兴趣，企业主（如股东）对企业的利润感兴趣。把这两个目标协调起来的一个方法就是使管理者的收入与企业的利润挂钩。管理者的收入取决于企业的经营状况的体制被称为以业绩评定薪水体制。另一种方法是，委托人不仅把代理人的薪水水平同利润挂钩，而且还把公司股票作为衡量代理人薪水的标准，即公司把一定数量的股票或者期权作为管理者薪水的一部分。这种利润分享方式可能具有较强的激励特征。

利润分享的激励合约虽然能够提高管理者获取最大利润的动力，但是管理者也必须承担巨大的风险。这是因为，不确定性是现实世界的一个普遍特征，公司的利润有时受到非管理者所能控制的自然或其他客观因素的影响。例如，经理尽力地工作了一年，但因市场不景气，利润仍然很低。在激励合约下，经理的努力就不能得到适当的报酬。让代理人承担风险是有代价的。如果代理人是风险规避者，让他承担风险，就降低了他获取最大利润的动力。为使代理人接受合同，委托人需要补偿代理人因承担风险而遭受的损失。代理人承担的风险越大，这种补偿也就越大。反过来，代理人不承担任何风险的报酬制度是毫无激励作用的。最优激励机制必须权衡激励和分享风险这两个作用。绝大部分的报酬制度都反映出风险分享和激励这两种考虑①。

风险的分享取决于委托人与代理人对待风险的相对态度。一般说来：（1）委托人是风险中立（或爱好）者而代理人是风险规避者。最佳分配原则应该是代理人取得固定收入，委托人承担产量的一切波动风险；（2）委托人是风险规避者而代理人是风险中立（或爱好）者。分配方法应该是代理人向委托人上缴固定的租金；（3）双方都是风险规避者。双方都承担一定的产量波动，并且风险厌恶程度相对较小的那一方承担较大的风险。

任何一个有效的激励合约必须满足两个约束条件：（1）代理人参与工作所获得的效用至少等于他在其他选择中可能获得的效用，这是参与约束；（2）委托人预期效用最大化的激励合约能够使代理人所获得的总效用最大化。这是激励相容约束。

激励合约模型一般都比较复杂，因为它涉及委托人与代理人的双重优化，激励合约实际上是委托人与代理人之间以及企业与企业之间博弈的结果。下面所介绍的是一个简化的例子。

令 X 表示代理人付出的"劳动"量，Y 表示产量，假设产品的价格为 1，因此 Y 也是产品价值的测度。其函数关系为：

$$Y = f(X)$$

令 S（Y）表示委托人在代理人生产了价值 Y 元的产品后将支付给代理人的报酬。其函数关系为：

$$S(Y) = S[f(X)]$$

委托人的目标是使 Y - S（Y）最大化。那么，委托人面临的预算约束是什么呢？这需要从代理人的角度来思考问题。代理人付出劳动或努力是有成本的，这种劳动 X 的成本记作 C（X）。假定其总成本和边际成本都随着劳动的增加而递增。

对于代理人来说，他可以选择从事其他工作，也可以是完全不工作。委托人所设计的激励方案必须使代理人选择 X 劳动数量的效用（收益）至少等于他在其他选择中可能获得的效用（收益）U_0。这样，我们就得到参与约束条件：

$$S[f(X)] - C(X) \geqslant U_0$$

给定参与约束条件下的委托人的利润最大化为：

$$\max \pi(X) = f(X) - S[f(X)]$$

---

① 根据罗森（Rosen）的统计，薪水同公司股票回报率的弹性应为 0.10。Rosen, Sherwin, "Contracts and the Market for Executives," Working Paper No. 3542. National Bureau of Economic Research, Cambridge, MA, Dec. 1990.

$$s.t. \ S[f(X)] - C(X) \geq U_0$$

假设代理人选择的 X 刚好满足约束条件，即 $S[f(X)] - C(X) = U_0$，这样我们就很容易解出利润最大化的 X^* 的值。这就是：

$$MP(X^*) = MC(X^*)$$

代理人劳动的边际产值等于劳动的边际成本。委托人想要得到最优的劳动或努力水平为 X^*。

委托人付给代理人多少报酬才能使代理人愿意提供 X^* 数量的劳动水平？委托人必须使激励合约的设计成能够使代理人努力劳动所得到的效用（收益）大于他选择其他劳动量而获得的效用（收益）。因此，激励相容约束条件为：

$$S[f(X^*)] - C(X^*) \geq S[f(X)] - C(X)$$

上式表示，代理人选择 X^* 的效用一定大于他选择其他劳动水平（比如偷懒时的劳动水平）而获得的效用。

以雇佣劳动为例。由于信息不对称，雇主不知道雇员的生产力，为了防止雇员在工作时偷懒，雇主采取的激励性报酬形式为：

$$S(X) = wX + K$$

使单位劳动工资率 w 等于工人在最优选择水平 X^* 上的边际产量 $MP(X^*)$。常数 K 应等于劳动者在其他任何可能的选择中获得的报酬。这样，$S[f(X)] - C(X)$ 的最大化问题变为：

$$\max \ wX + K - C(X)$$

这意味着工人将选择能使他的边际成本等于工资的劳动量，即 $w = MC(X^*)$。这恰好也是雇主所希望的水平。这种激励性工资被称作效率工资。效率工资高于市场均衡工资率。在效率工资下，将会导致一部分工人失业。失业工人的存在对在业工人构成一种潜在威胁。工资越高，被解雇的损失越大。为了避免解雇，工人就必须尽力工作而不敢偷懒。

11.2 外 部 性

外部性

11.2.1 外部性的含义

完全竞争形成帕累托最优配置的结论，是以一个消费者的效用水平不取决于其他消费者的消费水平，一个企业的总成本不取决于其他企业的产出水平为前提的。也就是隐含地假定私人成本与社会成本、私人利益与社会利益之间没有差别的情况下进行分析的,即生产者的成本等于社会成本,而社会成本等于私人成本;同样,生产者的利益等同于社会利益,社会利益等同于私人利益。如果在生产和消费中存在外生变量,例如,生产者给社会其他成员带来了利益,但自己却不能因此而得到报酬;或者生产者的行为给社会其他成员带来了风险,但他们自己却又不一定为此支付足够抵偿这种风险的成本,在这种情况下,对私人利益的追求就不会促进社会福利,帕累托最优境界可能无法实现。

所谓外部效应或外部性,就是指一个经济行为主体的经济活动对社会其他成员造成了直接影响而未将这些影响计入市场交易的成本与价格中。外部效应有两种类型:一是消费或生产上的正外部性,二是消费或生产上的负外部性。

当一个经济行为主体采取的行动对他人产生了有利的影响,而自己却不能从中得到补偿时,便产生了正外部性。例如,一个大戏院的建立可能给周围饮食店带来了生意,但是这些饮食店却无须向大戏院付费;一个飞机制造商的大规模扩展有可能使铝生产者得到规模经济的好处,并由此使其他的金属制造企业也能买到较便宜的铝,这些企业并不会为此作出额外付费;种花人家使周围邻居都享受了芳香和美丽,邻居并不会为此向他作出任何支付。在上述情况下,私人收益和社会收益之间都存在差异,社会收益都大于私人收益。

相反,当一个经济行为主体采取的行动使他人付出了代价而他人又不能得到补偿时,就产生负外部性。例如,一个企业可能因为排放废物而污染了一条小河或因为排放烟尘或废料而污染了空气,企业的这种行为便使他人付出了代价,而造成污染的企业和城市并不因为它们对水质的风险及对依赖较好水质进行生产的行业的风险而支付费用。这时私人成本就不足以反映社会成本。除此之外,如生产的扩大或人口的增多而造成的交通拥挤及对风景的破坏,等等,都是外部不经济。

一般地说,如果一个消费者的效用水平取决于其他消费者的消费数量,一个企业的总成本取决于其他企业的产出数量,那么就可以说存在外部效应。如果这种外部效应大于零,就产生外部经济;反之,外部效应小于零,就产生外部不经济效果。

11.2.2 外部效应与社会福利

这些外部经济和不经济是如何使完全竞争条件下资源配置的最佳

条件发生改变的呢？实际上，外部效应是私人成本和社会成本、私人收益与社会收益之间存在差异的结果。私人成本是生产者在生产中支付的所有投入的价格。某种产品的社会成本是一个经济行为主体的私人成本加上他给其他经济行为主体造成的没有补偿的损失，也就是加上强加给其他经济行为主体的成本。当存在外部不经济时，社会成本高于私人成本。

资源的有效配置要求市场的价格等于社会成本。在完全竞争条件下，厂商的产品价格等于边际私人成本，即 $P = MC_P$，MC_P 代表私人边际成本。当不存在外部性时，边际私人成本等于边际社会成本。当存在外部效应时，比如存在外部不经济，边际私人成本等于价格，但小于边际社会成本 MC_S，即 $MC_S > MC_P$。这种情况不符合价格等于边际社会成本的要求，造成了不合理的资源配置。如图 11-1 所示。

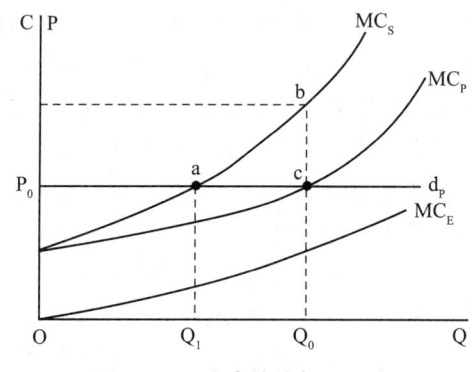

图 11-1 生产的外部不经济

假定市场是完全竞争的。厂商是价格接受者，面临一条等于价格 P_0 的水平的需求曲线 d_P。边际私人成本曲线 MC_P 和需求曲线 d_P 的交点 c 决定的产量为 Q_0。厂商在这一产量下利润达到极大值。可是该厂商的生产造成外部不经济，该厂商生产产品所造成的边际外部成本曲线为 MC_E。边际社会成本等于边际私人成本加边际外部成本：$MC_S = MC_P + MC_E$。当产量为 Q_1 时，边际社会成本大于边际私人成本。边际社会成本高出个人愿意支付的价格的差额为 bc。这时，与边际社会成本相比，价格过低，产量过高，资源配置效率太低。从整个社会来看，符合社会最优的产量水平为 Q_1，因为在 Q_1 的产量水平上，边际社会成本等于价格，即 $P = MC_S$。在 Q_1 产量水平，生产者承担了决策的社会成本，资源配置通过减少产量得到了改善。

如果某种产品的生产是外部经济的，则完全竞争条件下该产品的产量就可能低于使社会达到最佳状况的数量,因为生产者不愿增产,原因仅仅是这可能使其他厂商的成本得到降低。不论是存在外部经济还是外部不经济,都没有达到帕累托最优状态。在外部经济的情况下,产量小于帕累托最优状态下的产量;在外部不经济的情况下,产量超过了帕累托最优状态下的产量。

11.2.3 政府对外部性的反应

从社会角度看,外部性扭曲了价格机制,使价格体系不再传递为获得效率所必需的正确信息,结果是资源配置不能达到帕累托最优状态,导致市场失灵。当外部性存在时,政府能够以下列方式进行干预。

1. 标准与费用

我们以污染企业(化工厂、造纸厂等)为例说明。对这些企业,政府所面临的问题是:对污染的最佳控制程度是多少,如何确定最优污染标准和收费标准,才能使污染物的排放达到社会最佳水平。

从理论上讲,污染程度为零是最优。但是,在一定的技术水平下,某些产业只要进行生产,就不可避免地造成污染,要想彻底消除污染,除非该产业的企业全部停产。因此,最优的污染程度只能是较轻的污染程度。那么用什么标准来衡量这一较轻的污染程度?对于一个企业而言,其产出的最优条件是边际私人成本等于边际收益;对整个社会而言,产出的最优条件是边际社会成本等于边际社会收益。由于污染也是一种产品,只不过是一种有害产品,所以其产出的最优条件也是边际社会成本等于边际社会收益。

污染的边际社会成本与边际社会收益是什么呢?我们知道,在厂商的生产不产生外部成本的情况下,不存在私人成本与社会成本的区别,其私人成本就是社会成本。一旦厂商的行为产生外部成本,厂商的私人成本不再等于社会成本。我们考虑一家化工厂排放废气破坏邻近地区的空气质量,化工产品生产的全部成本应该是化工厂在生产中所耗费的成本加上其污染造成的损失。为了便于分析最优污染程度的确定,我们单独讨论污染的边际社会成本和边际社会收益。图11-2描绘了污染的边际社会成本与边际社会收益,以及最优污染程度。

图11-2中横轴表示化工厂排放的废气水平,纵轴表示污染造成的边际成本或者降低污染所花费的成本。MC_S曲线表示每增加一单位污染排放所产生的边际社会成本。MC_S曲线向右上方倾斜,表明随着污染量的增加,损害程度的速度递增。

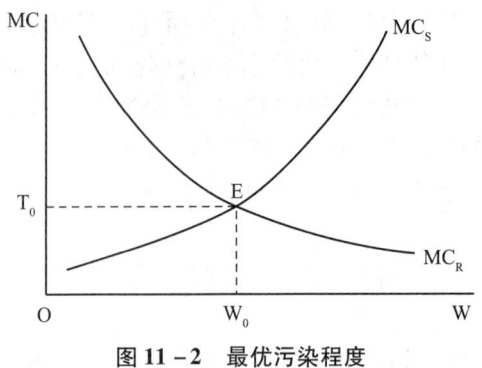

图 11-2 最优污染程度

MC_R 曲线是减少废气所花费的边际成本。MC_R 也可以解释为降低污染给社会带来的边际利益曲线。减少污染的工作可以由厂商做，也可以由政府做。例如，厂商可以安装降低污染的装置或采用新的生产技术减少污染，政府可以在污染产生后清除污染等。不管降低污染的工作由厂商做还是由政府做，都要花费成本。在不同的污染程度下，降低污染所花费的边际成本不同。在污染比较严重时，要使污染降低一个单位所花费的边际成本较小。随着污染程度的降低，每减少一单位污染所发生的成本增量越来越大。MC_R 曲线向右下方倾斜。

显然，在污染所造成的边际社会成本与降低污染的边际成本相等时决定最优污染程度。因此，均衡点是图 11-2 中 MC_S 曲线和 MC_R 曲线的交点 E 点，对应于该点的社会最优污染量是 W_0。在 E 点右边，污染程度较为严重，污染所造成的边际社会成本大于降低污染的边际成本，继续降低污染是有利的。在 E 点左边，污染程度很轻，清除污染的边际成本大于污染本身所造成的边际社会成本，污染量可以适当扩大。因此，只有达到 W_0 的污染量才是社会最优的污染程度。

如何将对污染的控制引导到最优污染标准呢？以我们上述的化工产品生产为例，政府应该把化工企业的污染标准定为 W_0。如果企业的污染超出这一标准，政府将予以重罚，处以高额罚金。污染罚金的征收将会迫使企业安装降低污染的设备，从而保证企业的污染符合社会最优标准。

政府也可以采取对污染企业收费的办法控制企业的污染，使其污染量符合社会最优标准。污染费是按照平均每一单位污染量征收的。在图 11-2 中，政府可以对排放出来的每单位排污量征收 T_0 的排污费可以使污染符合社会最优水平，即达到 W_0 的水平。在单位污染排放费用为 T_0 的情况下，无论污染量超出 W_0 的标准，还是未达到 W_0 的标准，对于生产化工产品的厂商来讲都是不利的。在污染量超出

W_0 标准的情况下，厂商降低污染的边际成本低于污染排放费用，厂商减少污染是有利的，因为每减少一单位的污染，厂商都可以减少 T_0 数额的排放费用支出，而增加的降低污染开支小于 T_0。在污染量低于 W_0 标准的情况下，厂商降低污染的边际成本高于污染排放费用，厂商增加污染是有利的，因为每增加一单位的污染，厂商所节约的降低污染的开支都大于应缴纳的污染排放费用 T_0。因此厂商宁可上交污染排放费用也不愿意花费巨大的成本降低污染。只有使污染量达到 W_0，才是厂商的最优点。所以 T_0 数额的污染排放费用的征收使得厂商的产出水平符合社会最优标准。

2. 庇古税

英国经济学家庇古提出这样一个法则：如果要达到社会总福利的极大化，任何经济活动的边际社会收益与边际社会成本必须相等。因此，他认为，在存在外部不经济的情况下，政府应该对带来外部成本的经济人征税，税额等于边际外部成本。

我们仍然以图 11-1 为例。假定市场是完全竞争的，厂商是价格接受者，面临一条等于价格的水平的需求曲线 dp。边际私人成本曲线 MC_P 和需求曲线 dp 的交点 c 决定的产量为 Q_0。该厂商生产产品所造成的边际外部成本曲线为 MC_E，边际社会成本 MC_S 大于边际私人成本，边际社会成本高出个人愿意支付的价格的差额为 bc。从整个社会来看，符合社会最优的产量水平为 Q_1，因为在 Q_1 的产量水平上，边际社会成本等于价格，即 $P = MC_S$。皮古认为，政府应该对钢铁厂的每一单位产量征税，税额等于最佳产量 Q_1 下的边际外部成本。这样一来，外部成本变成了厂商的内部成本，在进行生产决策时就不得不考虑进去。于是，市场均衡达到帕累托最优。

尽管庇古的税收方案在理论上能够解决外部不经济的问题，但实际操作上比较困难。政府要确定最优产量或消费水平的税收，则必须确切知道外部成本或外部收益，而这种信息对于政府来说是很难得到的，因此，庇古的税收方案在现实中就很难有效。

11.2.4 财产权与科斯定理

解决外部性的另一种有效的方法是赋予当事人明确的财产权。我们以一个因排放污物而污染了河流的企业为例进行分析。假定河流下游的用水者对一定水质的河水拥有明确的财产权，这表明如果企业污染了水质，从而使流到下游的水质受到影响的话，这一地区的人们就可以对企业破坏水质的行为提出诉讼，要求企业赔偿因水质污染给他们带来的损失。如果这时双方进行谈判协商的成本不是太大，则给带来了外部利益或造成损害的当事人就可以与受到这种外部影响的当事人进行谈判和协商。在这种情况下，使他人受到风险的企业或个人必须为这种风险支付代价，而给他人带来利益的企业或个人又能从这种利益中得到补偿，个人成本就等于社会成本。

科斯定理：只要法定权利可以自由交换，且交易成本等于零，那么法定权利的最初配置状态对于资源配置效率而言就是无关紧要的。

通过产权的明确化而解决外部性问题的思想是以科斯为代表的产权经济学家提出的。产权是一系列的法定权利，例如按某种方式使用河水的权利、避免河水受污染的权利、对事故进行赔偿的权利、按照契约行事的权利等。产权学派经济学家指出，只要明确界定产权，经济行为主体之间的交易行为就可以有效地解决外部性问题。以化工厂污染所造成的外部性为例。只有在污染的权利不明确的情况下才会偏离帕累托效率状态。只要明确界定污染的权利，不管是给予化工厂污染的权利，还是给予居民不受污染的权利，都可以通过化工厂与居民之间的自由交易使污染量符合帕累托效率条件，也就是符合社会最优标准。

科斯定理表明，对有明确规定的财产权的转让可以有助于促进经济效率。例如，为了解决由污染排放所引起的外部不经济，社会可能会发现让个人和企业对一定的环境质量拥有财产权是有益的。在这里，财产权必须是可转让的，是明晰的，也就是说，个人或企业可购进或出售他的这种财产权。然后假定进行谈判协商、签订合同所费的成本相对来说是较小的，甚至等于零。否则当存在着数量较多的当事人时，这种谈判协商的成本可能会高到使谈判和交易成为不可行的程度。如果谈判是可行的，在某个特定的区域内，有关的当事人就有可能努力进行谈判协商，以达到社会所要求的最佳水平。

11.2.5 合并企业

合并企业是解决外部性问题，改进资源配置效率的另一种方法。

我们以造纸和养鱼为例。造纸厂 A 生产了 Q_A 数量的纸，同时产生了 W 数量的污染物流入河中，渔场位于河的下游，受到造纸厂排出的污染物的不利影响。如果通过某种产权的分配，使造纸厂和渔场同属于一个公司或业主，那么造纸给养鱼所增加的成本仍然是该公司的内部成本，合并使得外部效应内部化了，公司在决定造纸产量时，不能不考虑污染成本。为了最大化总利润，公司必须考虑外部经济效应，协调造纸和养鱼两项业务的决策。这种协调会带来帕累托改进。

在造纸厂和渔场没有合并前，它们的决策取决于各自的边际成本与边际收益。假定造纸厂的成本函数为 $C_A = C_A(Q_A, W)$。其中，Q_A

表示造纸厂所生产的纸的数量，W 表示污染物的数量。

养鱼厂生产一定数量鱼的成本需要考虑造纸厂所生产的污染物的数量 W。养鱼厂的成本函数为 $C_B = C_B(Q_B, W)$。其中，Q_B 表示养鱼厂所生产的鱼的产量。我们还假定污染既可以使鱼的生产成本增加，即 $\partial C_B/\partial Q_B > 0$，又可以使纸的生产成本下降，即 $\partial C_A/\partial Q_A \leq 0$。

造纸厂与渔场的利润函数分别为：
$$\pi_A = P_A Q_A - C_A(Q_A, W)$$
$$\pi_B = P_B Q_B - C_B(Q_B, W)$$

造纸厂的利润最大化条件为：
$$P_A = \partial C_A(Q_A, W)/\partial Q_A$$
$$0 = \partial C_A(Q_A, W)/\partial W$$

渔场的利润最大化条件为：
$$P_B = \partial C_B(Q_B, W)/\partial Q_B$$

当这两个企业合并为一个企业时，合并企业将同时考虑污染对造纸厂和渔场的成本的影响。合并企业的总利润函数是：
$$\pi = P_A Q_A + P_B Q_B - C_A(Q_A, W) - C_B(Q_B, W)$$

利润最大化条件是：
$$P_A = \partial C_A(Q_A, W)/\partial Q_A$$
$$P_B = \partial C_B(Q_B, W)/\partial Q_B$$
$$0 = \frac{\partial C_A(Q_A, W)}{\partial W} + \frac{\partial C_B(Q_B, W)}{\partial W}$$

最后这个条件表明，当造纸厂和渔场边际成本之和等于零，合并企业才不会再排放更多的污染。当造纸厂考虑生产纸的私人成本最小化时，它的生产将调整到新增污染的边际成本等于零的水平上。在没有任何干预的情况下，造纸厂的污染排放量将达到这样的水平，在该水平上，造纸厂愿意为新增一单位污染支付的代价应该等于新增污染带来的社会成本。

事实上，现存的许多企业已经使互相影响生产的单位之间的外部效应内部化了。比如，渔场同时种植水生作物，出于使花粉受精的目的，苹果园养蜜蜂是十分普遍的事情。

11.2.6 公共资源的滥用

在讨论外部效应问题时，我们知道，只要产权是明确的，且交易成本为零，就可以有效地解决外部性问题。但是，如果产权界定不清，外部性问题就难以解决。对于海洋、湖泊、草场等资源，它并没有明确所有者，人人都可以自由获得、免费利用。这种资源就是公共资源。在资源为公众共有的情况下，公共资源通常会受到过度利用。

我们以公共湖泊中捕鱼为例说明产权界定不清如何导致公共财产的滥用。

图11-3是单个捕鱼者的成本和收益曲线，横坐标表示捕鱼者的捕鱼数量，纵坐标表示捕鱼者的成本与收益。相对于整个市场需求来说，单个捕鱼者的捕鱼量是微不足道的，因而捕鱼者将鱼的价格看作是给定的。于是捕鱼者的边际收益曲线MR是水平的。MC_P是捕鱼者的边际私人成本，MC_S是捕鱼者的边际社会成本。边际社会成本等于边际私人成本加上私人捕捞给社会造成的边际外部成本，所以边际社会成本大于边际私人成本。对捕鱼者来说，他追求的是个人利润最大化，捕鱼的有效水平是由边际收益曲线和边际私人曲线相交所决定的Q_P水平。但是从社会角度来看，最优的捕捞量应该是Q_S的数量，因为在这种捕捞量下，边际社会成本等于边际收益。但是，由于湖泊是公共资源，外部成本不会被考虑，只会导致滥捕滥捞的现象。如果能够对公共资源的产权进行重新构造，使之界定明确，则可以改进资源配置效率。如果无法界定产权，则必须通过法律或行政手段进行严格控制，才能使公共资源免遭滥用。

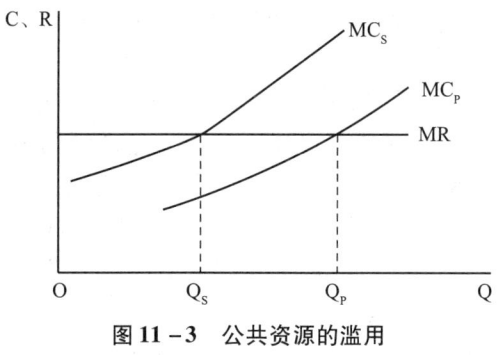

图11-3 公共资源的滥用

11.3 公共产品

11.3.1 公共产品的特征

产品有公共产品与私人产品之分。在此之前我们所讨论的产品都属于私人产品。本节我们专门讨论公共产品,分析公共产品如何导致市场失灵与政府的干预。

私人产品是指那些在消费上具有竞争性与排他性的产品。私人产品具有排他性。一个人能否使用某种产品,取决于他是否支付了价格。只有支付了这种产品的价格,才能使用这种产品。没有支付这种产品的价格就不能消费或享用这种产品。

私人产品的另一个特征是竞争性。当一个人在消费或享用某一产品时,其他人就无法同时消费或享用同一产品。如果一个面包被我吃了,你再也不能吃到它了。一辆新车被你开了一年,别人再开时就不是新车了。这就是说,私人产品的消费是有竞争对手的。

与私人产品相对应,公共产品是指那些在消费上具有非竞争性与非排他性的产品。公共产品有两个重要的特征:非竞争性与非排他性。非竞争性是指,对于任一给定的公共产品产出水平,增加额外一个人消费该产品不会引起产品成本的任何增加,即消费者人数的增加所引起的产品边际成本等于零。公共产品这一特征不同于私人产品。当产品是私人产品时,增加一个消费者的消费就要增加产品的数量,从而增加产品生产的成本。公共产品一旦用既定的成本生产出来以后,增加消费者数量也不需要额外增加成本。典型的例子是海上的航标灯。航标灯一旦建起以后将为所有过往的船只指示航向,增加过往船只的数量并不需要额外增加维持航标灯的成本。

非排他性是指很难禁止他人不付代价消费该种产品。非排他性表明要采取收费的方式限制任何一个消费者对公共产品的消费是非常困难、甚至是不可能的。任一个消费者都可以免费消费公共产品。例如,国防就是一种公共产品,不管人们是否为此缴纳了赋税,他们都可以受到保护。

严格地讲,只有同时具备非竞争性与非排他性两种特征才是真正的公共产品。但是现实生活中同时具备这两种特征的公共产品并不多。国防通常被认为同时具有这两种特征的公共产品。有些产品只具有两种特征的其中一种特征。

根据非竞争性与非排他性的程度,公共产品又被进一步划分为纯公共产品与准公共产品。纯公共产品具有完全的非竞争性与完全的非排他性。国防可以被视为一种纯公共产品。准公共产品只具有局部非竞争性与局部非排他性。例如公路上的桥梁具有非竞争性,但却不具有非排他性。在交通不拥挤的时候,在桥上通行是非竞争的,因为桥上增加一辆车并不影响其他车辆的速度,即增加额外一辆车通过大桥所引起的边际成本近似于零。但是通过设立收费关卡却可以排斥任何不交费的车辆通过大桥,即具有排他性。有线电视也是如此,只有交了费用的用户才可以接收到电视信号,但对于供应商来说,增加一个用户不会对他产生额外的成本。

与大桥和有线电视相反,在公共湖泊上捕鱼是非排他性的,但不是非竞争性的。只要湖泊是社会成员共有的,就不能排斥任何一个捕鱼者在湖中捕鱼,但是捕捞者的不断增加会减少湖内可供捕捞的鱼的数量,这无疑会增加每一个捕鱼者捕鱼的成本。现实中纯公共产品种类较少,准公共产品种类较多。

公共产品与由公共开支生产的产品不是同一概念。公共产品通常是由政府提供的,但是并非所有由公共开支所生产的产品都是公共产品。有些公共开支所生产的产品并非就是公共产品。例如一国的邮政可能是由公共开支维持的,或者至少部分费用是由公共开支维持的,但是邮政业务既不具有非竞争性,又不具有非排他性。政府用公共开支所生产的具有非竞争性与非排他性(包括局部非竞争性与局部非排他性)的产品才属于公共产品。也并非只有政府才提供公共产品,社会团体也同样可以提供公共产品。

11.3.2 免费搭车与市场失灵

公共产品具有的非竞争性和非排他性两种特性,对市场机制在达成最大经济效率方面所能发挥的功能,将构成严重的障碍。

由于公共产品具有非排他性,若公共产品由私人生产并在市场销售,其产量一定会偏低。因为公共产品很容易产生免费搭车问题。所谓免费搭车,就是指某些个人不付费也可以同享公共产品的好处,完全依赖于他人付费。在这种情况下,愿意支付代价而消费的人必将大幅度减少。例如,假设同住一层楼的八户居民,其公共走廊并没有照明,出入十分不便。一旦有人付费安装电灯,其他人则可以不付任何费用享受电灯所带来的好处。这就产生了免费搭车的问题:既然不付费也同样可以享受公共产品,那何必要自己支付公共产品的费用呢?如果每个人都不支付成本或支付很低的成本来享受公共产品,那么就没有公共产品可以提供出来。在上例中,公共走廊必定是一团漆黑。

显然,分散决策的市场机制在这里不起作用了。在这里,公共产品具有很强的外部效应。在存在外部效应的情况下,市场机制无法达到帕累托效率。即使有些消费者不存在免费搭车的心理,愿意自己付费购买,他也只会根据这种公共产品给他个人所带来的私人利益,来决定其所愿意支付的价格的高低,他不会根据社会利益来决定其愿意支付的价格和需求量。因此，如果由私人生产并销售公共产品，必将与具有外部经济特征的私人产品相同，使产量小于社会福利最大的产量。

免费搭车问题是一个"囚犯困境"问题。为了说明这一点，假定一层楼只有两户人家 A 和 B，安装电灯的成本是 30 元，每户对路灯的评价是 20 元。由于他们对电灯的评价总和超过安装电灯的成本，安装电灯是有帕累托效率的。如果他们认为应该安装，那么他们就平均分摊安装成本，各户的净价值为 5 元。如果他们都认为不应该安装，那么每户的净价值为 0 元。如果其中一户认为应该安装而另一户认为不应该安装，并假定认为应该安装的一户就有义务独立承担全部成本，那么安装电灯的一户的净价值为 -10 元，而另一户的净价值为 20 元。以上情况概括于图 11-4 的支付矩阵中。

	B 安装		B 不安装	
A 安装	5	5	-10	20
A 不安装	20	-10	0	0

图 11-4　免费搭车与囚犯困境

显然，如果 A 决定安装则 B 决定免费搭车符合自身利益，如果 B 决定安装则 A 决定免费搭车符合自身利益。如果 A 选择不安装则 B 也会选择不安装。这样，他们都选择不安装（0，0）就是一种占优策略。这种选择并不具有帕累托效率。

此外，公共产品的非竞争性还会给市场机制带来另一种困扰。公共产品一旦被提供出来，在消费时是没有竞争性的，把它提供给另一个人享用的边际成本为零。消费者从公共产品中都得到了一定的效用，而其消费的边际成本为零。从效率的角度——价格等于边际成本来看，应该让所有的人都免费享用公共产品。如果这种产品是由私人来生产，那么他将会破产。

既然市场机制对公共产品的有效配置无能为力，那么，由政府或公共部门开支安排生产并根据社会福利原则来分配公共产品就成为解决免费搭车的唯一选择。这也是为什么公共产品通常要由政府来提供的原因。

11.3.3 公共产品的最优数量

要使资源得到有效配置,应该生产多少公共产品呢?或者说,在什么条件下,公共产品的供给量才能达到社会最优水平?

为了简化分析,假定某社会只有 A、B 两个消费者,d_A 和 d_B 是这两个消费者对某种产品的需求曲线,产品的市场供给曲线为 S。如果这种产品是私人物品,把消费者 A 和 B 的需求曲线在水平方向上相加,就可以得到市场的需求曲线 D,如图 11-5(a)所示。市场需求曲线和供给曲线的交点 e,决定了均衡产量 Q_0 和均衡价格 P_0。前面章节说明,消费者的需求曲线实际上是边际效用曲线,生产者的供给曲线实际上是边际成本曲线,因此,在均衡产量水平 Q_0 上,每个消费者得到的边际利益(边际效用)等于商品的边际成本。消费者 A 的边际利益是 Ch,消费者 B 的边际利益是 Fg,企业在 Q_0 的产量水平上,增加一单位商品生产的边际成本是 Q_0e。显然,Ch = Fg = Q_0e,即每个消费者的边际利益均等于边际成本。

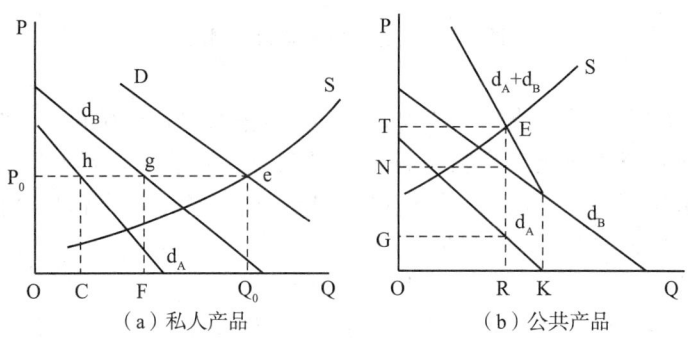

图 11-5　私人产品与公共产品的最优数量

如果这种商品是公共物品,如图 11-5(b)所示。两个消费者对公共产品的需求曲线分别为 d_A 和 d_B,公共产品的市场供给曲线为 S。在这种情况下,市场的需求曲线是由个人的需求曲线垂直相加,而不是水平相加而得到的。在这里,之所以要在垂直方向上把个人的需求曲线相加,是因为公共产品具有非排他性和非竞争性的特点。每个消费者都可以消费同等数量的某种公共产品,因此,我们可以把每个消费者为同一数量产品付出的价格相加就得到所有消费者愿意为该产品支付的价格之和。显然,在 E 点,社会边际成本等于社会边际利益,公共产品的最优产量为 R。

现在我们推导公共产品的总需求函数，并找出公共产品的效率条件。

假设两个消费者必须决定安装路灯，安装路灯的成本为 $C(G)$，其中，G 为路灯的数量。x_1 和 x_2 为每人的私人产品消费量。我们不妨以货币来度量他们的私人产品消费。两人所拥有的货币总量为 W_1 和 W_2。

两个消费者所面临的约束条件就是他们花在公共产品和私人产品上的货币总量必须等于两人所拥有的货币量。即：

$$x_1 + x_2 + C(G) = W_1 + W_2$$

根据帕累托效率的定义，在给定某消费者的效用水平的条件下，如果另一消费者的效用达到最大化，就是帕累托有效配置。我们把消费者 2 的效用固定为 U_0^2，求使消费者 1 效用最大化条件。它可以归结于以下的有约束条件的最优化问题：

$$\max_{x_1, x_2, G} U^1(x_1, G)$$
$$\text{s.t. } U^2(x_2, G) = U_0^2$$
$$x_1 + x_2 + C(G) = W_1 + W_2$$

构造一个拉格朗日函数：

$$L = U^1(x_1, G) + \lambda[U^2(W_1 + W_2 - x_1 - C(G), G) - U_0^2]$$

对 L 关于 x_1 和 G 求一阶偏导数：

$$\partial L / \partial x_1 = U_x^1 - \lambda U_x^2 = 0$$
$$\partial L / \partial G = U_G^1 - \lambda U_x^2 \cdot C'(G) + \lambda U_G^2 = 0$$

从而得到：

$$\frac{U_G^1}{U_x^1} + \frac{U_G^2}{U_x^2} = C'(G)$$

上式中，U_G^1/U_x^1 和 U_G^2/U_x^2 分别是消费者 1 和消费者 2 的对私人产品与公共产品之间的边际替代率。即：

$$MRS_1 + MRS_2 = MC(G)$$

上式表明，在帕累托效率条件下，每个消费者的边际替代率相加之和应该等于生产公共产品的边际成本。在这里，私人产品的消费是用货币来度量的，因此，边际替代率是指为了增加一单位的公共产品的消费，消费者 1 愿意放弃 U_G^1/U_x^1 元的私人产品的消费。因此，边际替代率可以看作是对一个额外单位公共产品的边际支付意愿的度量。公共产品的效率条件就是边际支付意愿相加之和应该等于边际成本。

上述的效率条件可以用个人对公共产品的需求函数来表示：

$$P_1(G) + P_2(G) = MC(G)$$

11.3.4 表决机制

在现实的经济生活中，由于公共物品具有非排他性的特点，公共物品的产量不是简单地由公共物品的需求和供给的相互关系决定的。消费者不支付费用也可以消费公共物品，对公共物品也就不存在他愿支付的价格，而且在享用公共物品时都想免费乘车，即不支出成本就得到利益。市场不存在公共物品的需求曲线。也就是说，适用于私人部门的选择原则——市场定价和资源配置等原理，未必适用于公共部门，必须采用其他的方法。

公共物品的生产可以由投票的方式来决定。在私人部门中，人们对物品的偏好是通过他们所愿支付的价格表达的。在公共部门中，人们对物品的偏好是通过他们投票来表达的。公共部门根据人们的投票结果作出决策，叫作公共选择。

投票的原则主要有两个：一致同意规则和多数票规则。一致同意规则是指候选人或方案须经全体投票人赞成才能当选或通过的规则。例如，地方政府须得到全体投票人一致通过在本地区建造一座桥梁。如果方案未能获得全体投票人一致同意，那么公共部门就需要修改这个方案，直到全体投票人一致同意为止。一致同意原则和完全竞争一样可以达到帕累托最优状态，因为按照这一规则通过的提案不会使任何一个人的福利受到损失。因此，凡是一致同意规则通过的方案都是最优的，它可以满足全体投票者的偏好，不存在任何把一些人的偏好强加于另一些人的因素。但是，一致同意规则的实现需要花费大量的时间和资源，社会机会成本较大。

多数规则是指候选人或方案只需经半数以上投票人赞成就能当选或通过的规则。多数规则可分为简单多数规则和比例多数规则。按照简单多数规则，只要赞成票过半数，提案即可通过；比例多数规则规定赞成票必须占应投票的一个相当大的比例，比如必须占 2/3 或 3/4 才算有效。究竟采取哪一种多数，取决于提案对人们影响的程度。在采取多数规则做出公共选择时，往往会出现两个问题：一是多数人投票同意而少数人投票反对，则意味着增进了多数派的福利而使少数派福利受损，满足多数派的偏好而不能满足全体成员的偏好。在多数规则下做出的决策是投赞成票的多数给投反对票的少数加上的一笔负担。由于福利的大小在不同个人之间是不能比较的，这样多数规则下做出的方案不但不能达到帕累托最优状态，而且还难以确定社会总效用是增加了还是减少了，除非社会对受损者进行补偿，才不致如此。二是出现不确定的投票结果。无明确投票结果的民主决策是无效率的。

11.3.5 公共决策与政府失灵

上面各节表明,现实社会对市场机制的发挥存在着许多限制。这些限制或多或少可以借助政府的力量,求得某种程度的缓和或解决。政府的经济职能一般有三个,即效率、平等和稳定。然而,由于现实经济社会的极其复杂,用来弥补市场经济缺陷的政府职能本身并不是完美无缺的。在许多情况下,政府未能发挥作用,或者因这种干预而引发了不良的副作用。我们称之为政府失灵。

虽然有那么多市场失灵的情况需要政府的干预,但是政府对市场的调节受到很多因素的限制:

(1) 信息不完全。市场信息的不足是造成市场失灵的一个因素,政府往往要承担起提供信息的职能,或者代替某些市场交易者进行决策。但由于现实生活是相当复杂而难以预计的,政府也很难做到掌握充分信息,政府不能准确确定介入市场的最佳时机无法准确确定社会福利的补助应该发放给哪些人。

(2) 政府部门生产公共物品往往会缺乏效率和动力。这是因为:①政府部门垄断着公共物品的供给,因而政府部门在生产公共物品时没有受到私人部门的竞争,因而处于垄断的地位。这种垄断地位使公共物品的生产缺乏效率;②政府部门是非营利机构,因而缺乏一种动力去实现成本的最小化和利润的最大化;③政府部门的支出来自预算,不同的政府部门为了各自的利益,往往都强调本部门所生产的公共物品的重要性,希望获得尽可能大比例的预算。其结果是造成公共物品的过度供给,损害了效率。

(3) 时滞限制。政府的公共政策从决策到执行都受到时滞的限制,比如从问题产生到被纳入政府考虑日程的这一段时间称为认识时滞,从政府已认识到某一问题到政府最后得出解决方案的这一段时间称为决策时滞,从政府公布某项决策并付诸实施到引起私人市场反应的时间称为执行与生效时滞。任何公共政策都难逃这些时滞。这一问题在宏观经济政策方面显得尤为突出。

(4) 有限决策。政府的经济决策都会涉及利益的重新分配,即使政府拥有充分信息,通过政治过程在不同方案之间选择仍会产生困难。少数个人或利益集团为了维护既得的经济利益或对既得利益进行再分配而对政府决策或政府官员施加影响,这种非生产性行为被称为"寻租行为"。

要促进政府部门的经济效率,可以采用下述方法:①让私人承包公共物品的生产,政府部门需要向社会提供公共物品,而不是非自己生产不可。政府部门可以用招标的方式,让私人部门投标承包公共物品的生产。由于私人部门相互之间存在竞争,政府部门就可以花费较小的成本生产出同样数量的公共物品。②政府部门还可以和私人部门一起生产同一种公共物品,以促进两个部门之间的竞争,提高政府部门的效率。③使公共部门的权力分散化。在私人部门,公众并不希望将类似通用、福特和克莱斯勒三大汽车公司那样的企业加以合并来提高汽车行业的效率.相反地,倒是希望把大公司分解为一些较小的公司以加强竞争。同样,不应当把一些看起来业务有重复,实际上有利于竞争的公共部门加以合并。一个城市有几个给水排水机构总比只有一个好。公共部门的权力分散有利于减少垄断成分,增加竞争因素,提高效率。权力集中会带来规模不经济的坏处,但权力分散可以带来劳务质量高而价格低的好处。因此,可以把过于庞大的公共机构分解成几个比较小的、有独立预算的机构。

本 章 小 结

1. 信息不对称就是指市场上买方与卖方所掌握的信息是不对称的,其中的一方比另一方掌握更多的信息。在许多信息不对称的市场上,信息少的一方与信息多的一方做交易时,信息少的一方面临交易对手的逆向选择。逆向选择可能会导致效率损失。

2. 市场信息多的一方通常通过发送信号将信息传递给信息少的一方,以消除因信息不对称而产生的逆向选择问题。

3. 隐藏行为也被称作道德风险。它是指在协议达成后,信息多的一方通过改变自己的行为,来损害对方的利益,而对方无从判断或辨别。解决的办法是通过某些制度设计使行为人自己约束自己的行动。

4. 委托—代理问题实际上是隐藏行为问题。解决委托—代理问题的关键是激励。一个有效的激励合约必须满足参与约束和激励相容约束条件。

5. 外部效应是指一个经济行为主体的经济活动对社会其他成员造成的影响而未将这些影响计入市场交易的成本与价格中。外部效应有两种类型:一是消费或生产上的外部经济,二是消费或生产上的外部不经济。在外部效应存在的情况下,市场对资源的配置是无效率的。

6. 纠正外部效应的方法包括:征税或补贴、以某种方式转让产权以及合并企业等。

7. 公共产品是指那些在消费上具有非竞争性与非排他性的产品。

由于免费搭车问题，市场机制对公共产品的有效配置无能为力。政府的介入或许是需要的。

8. 一种公共产品的有效供给要求每个消费者的边际替代率相加之和等于生产公共产品的边际成本。

关 键 概 念

信息不对称　　　　逆向选择　　　　道德风险
委托—代理问题　　外部性　　　　　庇古税
科斯定理　　　　　公共产品

复习思考题

1. 为什么市场失灵？市场失灵有哪些表现？
2. 什么是"委托—代理委托问题"？它产生的根源是什么？
3. 什么是外部效应？外部效应是如何导致资源的帕累托无效的？
4. 政府解决外部效应有哪些方法？解决外部效应只有依靠政府干预吗？
5. 公共产品与私人产品有何不同？
6. 什么是免费搭车？公共产品为什么不能靠市场有效率提供？

各章复习思考题答案

第1章 导 论

1. （1）错；（2）错；（3）对。

2. 稀缺是相对于无限多样性的需要，物品的数量不足。稀缺性存在于任何社会和时代；短缺是相对于特定的需要——相对于购买力的需求，物品供给数量不足。短缺存在于特殊时期或时代。在自由的市场经济中，仍然存在稀缺，但不存在短缺。因为稀缺的物品将会卖给那些出价最高的人。

3. 略。

第2章 需求、供给与均衡价格

1. （1）错；（2）错；（3）对；（4）错。

2. 消费者。

3. 其他条件不变，油价上升导致轿车需求减少，特别是大排量的中级车（B级）需求下降幅度大；作为替代品，小排量的经济型轿车（A级）需求可能增加。

4. 不相等。相对平坦的需求曲线弹性大，陡峭的需求曲线弹性小。

5. 参见"谷贱伤农"。

6. （1）$dQ_X/dI = 5 > 0$，X 是正常品。

（2）由 $80 - 2P_X + 5 \times 3 = 4P$，$P = 15.83$，$Q = 63.3$。

7. $Q = e_P \times 1\% = -1.2\%$，下降 1.2%。由于交叉弹性 $e_{XY} = 0.2$，天然气的价格调整量为 $1.2\% \div 0.2 = 6\%$ 才能抵销由于电价上升对用电消费的影响。

8. （1）$300 - P = -30 + 0.5P$，$Q = 80$，$P = 220$；

（2）$300 - P = -30 + 0.5(P - 9)$，$P = 223$，$Q = 77$，消费者承担 $223 - 200 = 3$（元）的税款，生产者承担 $[220 - (223 - 9)] = 6$（元）的税款，征税总额 $T = 9 \times 77 = 693$（元）。

（3）$300 - P = -30 + 0.5(P + 12)$，新的均衡价格 $P = 216$，均衡数

量 Q = 84。

第 3 章 消费者行为理论

1. 略。

2. (1) ②；(2) ①；(3) ②。

3. 在 MRS 递增时，均衡点在边角点，消费者只购买其中的一种商品；当 MRS 为非零常数时，如果 MRS 不等于预算线斜率时，最优选择点通常在边角上，消费者只购买其中一种商品。如果 MRS 等于预算线斜率时，满足预算约束的任何两种商品组合都是最优的；当 MRS 等于零时，消费者在预算约束线上选择按固定比例同时购买两种商品。

4. 两个均表示完全替代，MRS = -1。

5. 令 X 为消费者购买的牛奶量，则 2X 是他购买的油条量，他必须满足预算约束 $2P_1X + P_2X = M$，求解 X 可得：$X = M/(2P_1 + P_2)$。

6. 消费者收入的 4/5 = 4/(1+4) 用于 Y 的支出上。

7. 发放现金可能给消费者带来更高的效用。

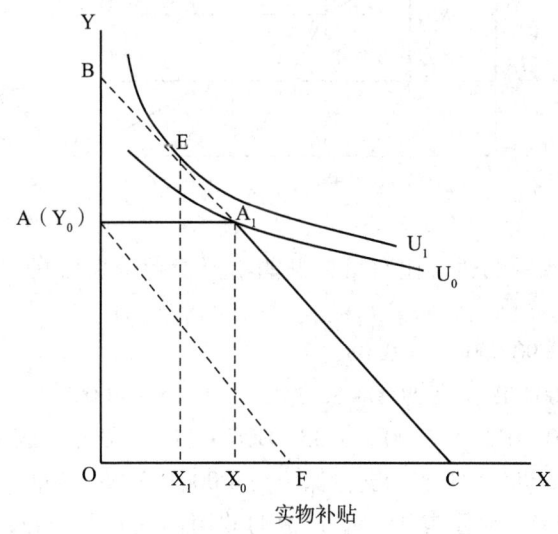

实物补贴

免费发放给消费者一定实物量 X_0 后，对应的预算线由 AF 变为拐折的线 AA_1C。当消费者对 X 商品的最优购买量低于 X_0 时，他花费在其他商品上的货币恒定为 Y_0，消费者均衡点为 A_1 点，效用水平为 U_0。如果将这些实物折合成货币，以收入补贴的形式发放给消费者，对应的预算线为 BC，消费者可以按照自己的偏好任意购买 X 商品，达到更高的满足。例如，消费者会选择 E 点为均衡点，对 X 商品的购买量是 X_1，$X_1 < X_0$，达到的效用水平为 U_1，$U_1 > U_0$。如果消费者对 X 商品的最优购买量超过了 X_0，这时不论是实物补贴还是收入补贴对消费者来说是完全一样的。均衡点会位于预算线 A_1C 这一段。可见，把实物补贴改变为同等货币的收入补贴，通常会给消费者带来更大的效用，至少也不会降低原来的效用。

8. 略。

9. 完全互补品的替代效应为零，收入效应等于价格效应。

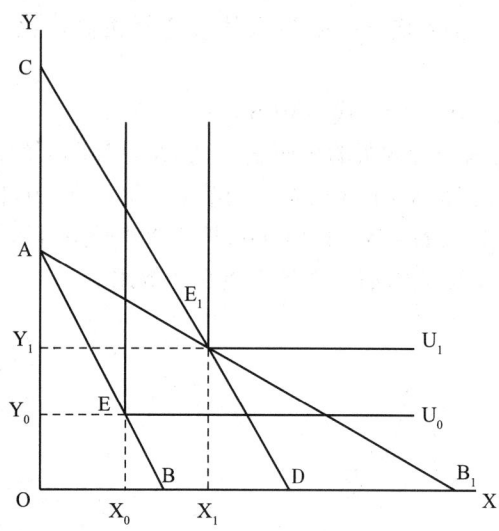

10. 收入补贴通常比数量补贴能给消费者带来更高的满足水平。图略。

11. $W = 90\ 000$，$P = 0.05$，

$U(90\ 000 - R) = (90\ 000 - 80\ 000)^{1/2} \times 0.05 + 90\ 000^{1/2} \times (1 - 0.05)$。

$(90\ 000 - R)^{1/2} = 100 \times 0.05 + 300 \times (1 - 0.05)$。他愿意支付的保费为 $R = 5\ 900$ 大于实际支付保费为 $8\ 000 \times 0.05 = 4\ 000$，该消费者为风险规避者，愿意参加保险，他的效用函数是凹函数，因为 U 对 M 的二阶导数为负。

第 4 章 生 产 理 论

1. （1）错；（2）错；（3）错。

2. （1）规模报酬递增；（2）规模报酬递减；（3）规模报酬递减；（4）规模报酬不变。

3. (1) $f(tL, tK) = 2(tL)^{1/2}(tK)^{1/2} = tf(L, K)$,规模报酬不变。

(2) 令 K 不变,$MP_L = L^{-0.5}K^{0.5}$,$\dfrac{dMP}{dL} = -0.5L^{-1.5}K^{0.5} < 0$。

令 L 不变,$\dfrac{dMP}{dK} = -0.5L^{0.5}K^{-1.5} < 0$,边际报酬递减成立。

4. 构造拉格朗日函数,得到:$L = K = 200$,$C = 1\,600$。

5. 由边际成本函数 $C' = 3Q^2 - 8Q + 100$ 积分得成本函数

$C = Q^3 - 4Q^2 + 100Q + a$(a 为常数);

又因为生产 5 单位产品时总成本是 595;

即 $595 = 5^3 - 4 \times 5^2 + 500 + a \Rightarrow a = 70$;

所求总成本函数:$C = Q^3 - 4Q^2 + 100Q + 70$;

平均成本函数:$AC = \dfrac{C}{Q} = Q^2 - 4Q + 100 + \dfrac{70}{Q}$;

可变成本函数:$VC = Q^3 - 4Q^2 + 100Q$;

平均可变成本函数:$AVC = \dfrac{VC}{Q} = Q^2 - 4Q + 100$。

第 5 章 成 本 理 论

1. (1) 错;(2) 错。

2. 构造拉格朗日函数,得到 $\dfrac{wL^{\frac{1}{2}}}{K^{\frac{1}{2}}} = \dfrac{rK^{\frac{1}{2}}}{L^{\frac{1}{2}}}$,即 $L = \dfrac{r}{w}K$ 代入生产函数

$Q = 2\left(\dfrac{r}{w}\right)^{\frac{1}{2}}K$,即 $K = \dfrac{Q}{2\left(\dfrac{r}{w}\right)^{\frac{1}{2}}}$,$L = \dfrac{Q}{2\left(\dfrac{w}{r}\right)^{\frac{1}{2}}}$。

成本函数为:$TC = wL + rK = w\dfrac{Q}{2\left(\dfrac{w}{r}\right)^{\frac{1}{2}}} + r\dfrac{Q}{2\left(\dfrac{r}{w}\right)^{\frac{1}{2}}}$,即 $TC = w^{\frac{1}{2}}r^{\frac{1}{2}}Q$。

3. 略。
4. 略。
5. 略。

第 6 章 完全竞争市场

1. (1) 对;(2) 错。
2. 价格接受者。
3. 在长期中,厂商可以调整其生产规模,厂商的数量也可以调整,只要该行业仍存在经济利润,新的厂商就会不断进入,直到长期

均衡时价格等于平均成本，厂商经济利润为零时，将处于一种长期均衡状态。在经济利润为零的长期均衡情况下，一切生产要素费用均以市场价格支付——这些要素在其他地方也可以得到同样的市场价格。该行业中每种生产要素所得到的报酬与它在其他行业所得到的报酬一样，不存在额外的报酬——没有经济利润来吸引新的生产要素进入该行业。

在短期中，完全竞争厂商需根据价格与平均可变成本的比较来决定何时停止营业。虽然价格低于平均成本，但仍高于平均可变成本，如果继续生产，不仅可以收回全部可变成本，还可以收回部分固定成本，所以，继续生产虽然有亏损，但比停止生产亏损要小，应继续生产。只有当价格等于平均可变成本时，意味着继续生产也不可能收回固定成本，还要亏损部分可变成本，因此，此时要停止生产。

4. 略。

5. 略。

6. 政府补贴会降低效率。补贴之前，总剩余为三角形面积 ABE。补贴之后，总剩余减少了阴影面积 h。

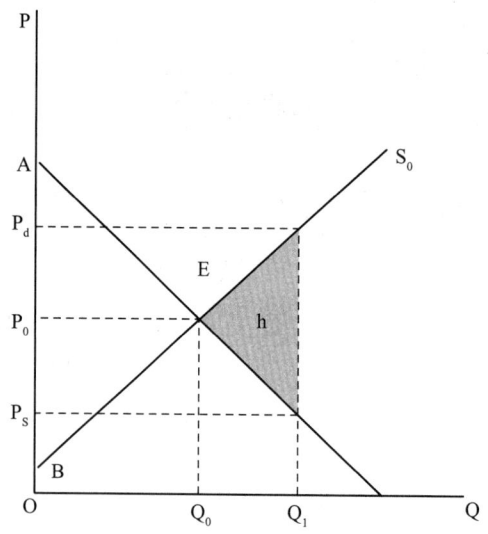

7. 在短期内，税款由生产者和消费者共同负担；在长期内，征税将使厂商退出该行业，从而减少供给量，全部税款将由消费者负担。

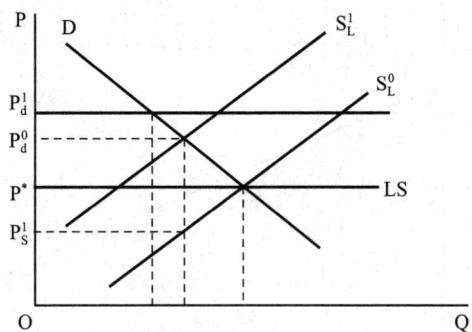

8. (1) AVC = $(0.04Q^3 - 0.8Q^2 + 10Q)/Q$，要得到 AVC 的最低点产量，令 AVC(Q) 一阶导数等于 0 得到 $0.08Q - 0.8 = 0$，解得 $Q = 10$，代入 AVC 函数，得到：AVC = 6。利润最大化要求 P = MC，厂商短期供给函数为 $0.12Q^2 - 1.6Q + 10 = P$，$P \geq 6$。

(2) $0.12Q^2 - 1.6Q + 10 = 10$，$Q = 13.33$，利润 $\pi = PQ - C = 40.41$。

(3) P < 6 时停止生产。

9. (1) LAC = LMC，$q^2 - 50q + 750 = 3q^2 - 100q + 750$，$q = 25$，LAC = 125，行业供给曲线为 P = 125。

(2) 由 Q = 200 − 4 × 125 = 1 500，厂商数目 N = 1 500/25 = 60。

(3) 供给曲线上移 P = 125 × (1 + 20%) = 150，Q = 2 000 − 4 × 150 = 1 400，N = 1 400 ÷ 25 = 56。

(4) P = 125 + 50 = 175，Q = 2 000 − 4 × 175 = 1 300，N = 1 300 ÷ 25 = 52。

第7章 完全垄断市场

1. (1) 完全竞争与完全垄断的均衡条件不同。完全竞争厂商实现长期均衡时，均衡条件为 P = MC，而完全垄断厂商实现长期均衡时，均衡条件为 MR = MC。(2) 长期均衡点位置的不同。完全竞争厂商的长期均衡点位于 LAC 曲线的最低点，而完全垄断厂商长期均衡不可能产生于 LAC 曲线的最低点。如果成本、市场需求相同，完全垄断的均衡价格 P_m 高于完全竞争的均衡价格 P_c，而完全垄断的均衡产量 Q_m 低于完全竞争的均衡产量 Q_c。(3) 实现长期均衡时，完全竞争厂商只能获得正常利润，而完全垄断厂商则可以凭借对市场的进入阻碍获得超额利润。(4) 垄断造成社会福利净损失。

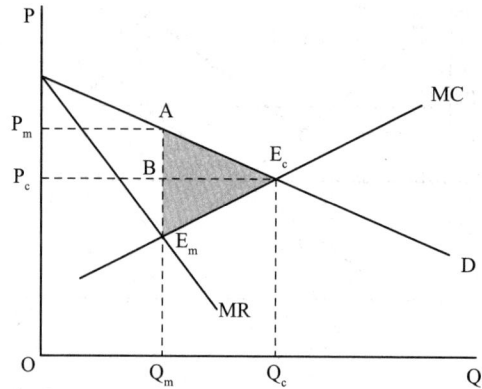

2. (1) $MR = 10 - 6Q$，利润极大时 $MR = MC$，得到 $2Q + 2 = 10 - 6Q$，$Q = 1$，$P = 7$，$\pi = 4$。

(2) $P = MC$，$10 - 3Q = 2Q + 2$，$Q = 1.6$，$P = 5.2$，$\pi = 2.56$。

(3) $P = AC$，$10 - 3Q = Q + 2$，$Q = 2$，$P = 4$。

3. (1) 为使利润最大化，应满足每个市场中的边际收益都等于边际成本，所以有：

$$80 - 10q_1 = 20$$
$$180 - 40q_2 = 20$$

得：$q_1 = 6$，$P_1 = 50$；$q_2 = 4$，$P_2 = 100$。

(2) $q_1 = 16 - 0.2P_1$，$q_2 = 9 - 0.05P_2$，$Q = q_1(P) + q_2(P) = 25 - 0.25P$。

反需求函数是：$P = 100 - 4Q$。令边际收益等于边际成本，得到：$100 - 8Q = 20$。求得 $Q = 10$，$P = 60$。

4. 对于线性需求曲线，价格的上升相当于成本变化的一半，所以答案为 3 元。

第 8 章 垄断竞争与寡头垄断

1. (1) 对；(2) 对；(3) 错。

2. 略。

3. $MR = MC$，$Q_1 = 95 - 0.5Q_2$，$Q_2 = 50 - 0.25Q_1$，$Q_1 = 80$，$Q_2 = 30$，$P = 45$。

4. (1) 领导厂商需求函数为 $Q_1 = Q - Q_2 = 1\,000 - 100P$，$MR_1 = 10 - 0.02Q_1$。

(2) 利润最大要求 $MR = MC$，$Q_1 = 500$，$P = 5$。$Q_2 = 50 \times 5 = 250$，$Q = 500 + 250 = 750$。

5. （1）厂商的总收益分别为：
$$TR_1 = PQ_1 = [100 - 2(Q_1 + Q_2)]Q_1$$
$$= 100Q_1 - 2Q_1^2 - 2Q_1Q_2$$
$$TR_2 = PQ_2 = [100 - 2(Q_1 + Q_2)]Q_2$$
$$= 100Q_2 - 2Q_2^2 - 2Q_1Q_2$$

利润函数为：
$$\pi_1 = TR_1 - TC_1$$
$$= 100Q_1 - 2Q_1^2 - 2Q_1Q_2 - 4Q_1$$
$$\pi_2 = 100Q_2 - 2Q_2^2 - 2Q_1Q_2 - 4Q_2$$

利润最大化要求：
$$\frac{\partial \pi_1}{\partial Q_1} = 100 - 4Q_1 - 2Q_2 - 4 = 0$$
$$\frac{\partial \pi}{\partial Q_2} = 100 - 4Q_2 - 2Q_1 - 4 = 0$$

得到厂商 A 和 B 的产量反应函数为：
$$Q_1 = 24 - \frac{1}{2}Q_2$$
$$Q_2 = 24 - \frac{1}{2}Q_1$$

联立 $\begin{cases} Q_1 = 24 - \frac{1}{2}Q_2 \\ Q_2 = 24 - \frac{1}{2}Q_1 \end{cases}$

得到：$Q_1^* = 16$，$Q_2^* = 16$，$Q = 16 + 16 = 32$

（2）由（1）知 B 的产量反应函数：
$$Q_2 = 24 - \frac{1}{2}Q_1$$

A 的总收益：$TR_1 = PQ_1 = [100 - 2(Q_1 + Q_2)]Q_1$
$$= [100 - 2(Q_1 + 24 - \frac{1}{2}Q_1)]Q_1$$
$$= 52Q_1 - Q_1^2$$

A 的边际收益：$MR_1 = 52 - 2Q_1$

由 $MR_1 = MC_1$ 得：
$$52 - 2Q_1 = 4$$
$$Q_1^* = 24$$

从而 $Q_2^* = 24 - \frac{1}{2}Q_1^* = 24 - \frac{1}{2} \times 24$
$= 12$

6. （1）厂商没有占优策略。

（2）纳什均衡为（1 000，800）（800，1 000）。

（3）纳什均衡为（1 000，800）。

（4）

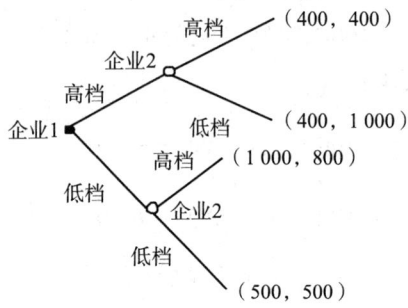

第9章 要素市场的均衡

1. $MP_L \cdot P = w$，$MP_K \cdot P = r$。$P = \dfrac{w}{MP_L} = \dfrac{r}{MP_K} = MC(Q^*)$

2. 略。

3. 略。

第10章 一般均衡与福利经济学

1. 略。

2. 略。

3. （1）存在。在帕累托效率中，如果一个人拥有全部财富，而另一个人一无所有。

（2）不存在。帕累托效率意味着某些人存在境况改善的方法。

第11章 市场失灵与公共决策（略）

参 考 文 献

1. 哈尔·R. 范里安：《微观经济学：现代观点》（第八版），费方域等译，格致出版社、上海三联书店、上海人民出版社2011年版。
2. 罗伯特·S. 平狄克、丹尼尔·L. 鲁宾费尔德：《微观经济学》（第七版），高远、朱海洋、范子英译，中国人民大学出版社2009年版。
3. 曼昆：《经济学原理：微观经济学分册》（第6版），梁小民、梁砾译，北京大学出版社2012年版。
4. 约瑟夫·E. 斯蒂格利茨、卡尔·E. 沃尔什：《经济学》（第4版），中国人民大学出版社2010年版。
5. 平新乔：《微观经济学十八讲》，北京大学出版社2001年版。
6. 高鸿业：《西方经济学》（第五版），中国人民大学出版社2010年版。